T0161694

Laurent Gerbier est maître de conférences en philosophie à l'Université François-Rabelais de Tours (Centre d'Études Supérieures de la Renaissance, UMR 7323).

LES RAISONS DE L'EMPIRE

LES USAGES DE L'IDÉE IMPÉRIALE DEPUIS CHARLES QUINT

Lorsque Husserl, dans la *Krisis*, parle après Kant des « problèmes de la raison », il n'assigne pas seulement un certain horizon théorique à la philosophie : il stipule qu'une recherche consciente d'elle-même et pleinement inscrite dans notre temps doit néanmoins s'imposer un détour par l'étude d'une modernité dans laquelle ces problèmes sont apparus pour eux-mêmes. La philosophie de la connaissance, de même qu'une raison pratique assurée de ses tâches, requièrent la compréhension d'une histoire dans laquelle l'époque qui va de la fin de la Renaissance à la fin des Lumières joue un rôle essentiel. Plus qu'une période, cette époque définit au fond le site dans lequel ont été dégagés les problèmes s'imposant à l'exigence rationnelle.

Les ouvrages qui paraîtront dans la présente collection ne se limiteront pas aux thèmes que Husserl avait en vue ; pas davantage n'illustreront-ils la conception téléologique de l'histoire de la philosophie que la *Krisis* devait justifier. Mais ils porteront témoignage, lorsqu'il y aura lieu, de ce même fait théorique : dans un certain nombre de cas, l'invention conceptuelle des auteurs contemporains s'arme d'une référence essentielle à l'âge classique au sens large, qui sert la formulation, voire la prise de conscience des diverses dimensions des problèmes actuels.

Chaque volume comportera donc deux volets diversement articulés. D'une part, en se conformant aux méthodes rigoureuses de l'histoire de la philosophie, on suivra l'élaboration d'un concept, d'une notion ou d'un domaine qui reçoivent une nouvelle expression rationnelle à l'époque moderne. D'autre part, au lieu de suivre les transformations de ces savoirs au-delà de l'âge classique, on montrera comment des figures éminentes de la pensée contemporaine ont eu besoin de cette référence à l'âge classique pour donner corps à leurs propres contributions.

Ainsi verra-t-on *in concreto* à quel point l'invention philosophique est liée à un certain usage de l'histoire de la philosophie.

André Charrak

PROBLÈMES DE LA RAISON

Collection dirigée par André Charrak

Laurent GERBIER

LES RAISONS DE L'EMPIRE

LES USAGES DE L'IDÉE IMPÉRIALE DEPUIS CHARLES QUINT

PARIS

LIBRAIRIE PHILOSOPHIQUE J. VRIN

6 place de la Sorbonne, V e

2016

© *Librairie Philosophique J. VRIN*, 2016
Imprimé en France

ISBN 978-2-7116-2632-8
www.vrin.fr

L'HUMANISME IMPÉRIAL

Problème

Si l'idée d'empire présente un intérêt problématique qui mérite que l'on s'intéresse à la manière dont elle est formulée et utilisée au début du XVIᵉ siècle, cet intérêt ne réside pas dans la clarté ni dans la simplicité de sa définition, bien au contraire. L'empire n'est pas appréhendé ici comme le principe d'un grand récit monolithique, parce que l'idée d'empire n'est ni claire ni simple : elle est multiple, complexe, équivoque. Parce qu'elle puise à des sources extrêmement diverses, qu'elle s'inscrit dans des traditions variées, et qu'elle convoque des références très différentes, elle constitue toujours le résultat d'un travail d'élaboration doctrinale qui s'apparente à une véritable digestion théorique. C'est précisément la capacité de l'humanisme à mener à bien ce type de travail de digestion théorique qui nous intéresse ici. L'humanisme s'est investi dans la vie de cour des monarchies et des principats, il s'est mis au service des républiques italiennes ou néerlandaises : nous voudrions examiner de quelle manière il est aussi parvenu à mettre au travail la variété des idées de l'empire, sans fondre leurs tensions et leurs paradoxes dans un édifice conceptuel homogène. Cependant, supposer que l'intérêt de l'idée d'empire au début du XVIe siècle ne réside pas dans la rigueur de sa détermination conceptuelle, ce n'est pas en accepter une définition faible ou floue. En effet, il ne s'agit pas seulement de maintenir ou de reconquérir la multiplicité des sens de l'idée d'empire, il s'agit d'étudier la façon dont cette multiplicité se trouve rigoureusement composée et articulée par les humanistes de l'entourage de Charles Quint : le discours de ces humanistes qui mettent au travail l'idée d'empire ne cherche pas à en réduire la diversité, mais à assumer son équivoque de manière fonctionnelle – et peut-être même à trouver dans cette équivoque la raison de sa fonctionnalité.

Les « raisons de l'empire » ne sont donc pas autre chose que les principes qui permettent d'articuler positivement, efficacement, les significations complexes et équivoques de l'empire. Il s'agit alors, d'une manière elle aussi contre-intuitive, de tourner le dos à la stricte identification de l'empire à la puissance de commander, ou à l'autorité dans son sens militaire : on pourrait en effet penser que l'*imperium*, qui est dans la philosophie latine le nom technique de la puissance efficace de la volonté, est incompatible avec le *consilium*, la puissance de délibération et de calcul prudentiel qui, des traités politiques italiens du XVe siècle jusqu'aux manifestes de la raison d'État au XVIIe siècle, définit la place de la rationalité dans la science moderne du gouvernement. Nous voudrions au contraire essayer de restituer à l'idée d'empire sa place dans la construction de la rationalité politique moderne : en étudiant la manière dont les humanistes de la cour de Charles Quint mettent au travail la notion d'empire dans toute sa complexité, nous voudrions montrer que cette dernière constitue, à sa façon, un des laboratoires de cette rationalité politique moderne.

Au principe de cette étude sur les raisons de l'empire se trouve une question simple : le règne de Charles Quint doit-il être interprété comme un signe de la vitalité retrouvée de l'idée d'empire au seuil de l'âge moderne, ou au contraire comme la marque de son échec définitif? L'historiographie du règne de Charles Quint a connu au milieu du XXᵉ siècle une controverse précisément liée à cette question. Deux grandes conceptions du pouvoir impérial de Charles Quint se sont en effet affrontées : d'un côté, une historiographie allemande représentée par Karl Brandi[1] et par son élève Peter Rassow[2] a soutenu qu'il fallait voir en Charles Quint le « dernier César du Moyen Âge[3] », c'est-à-dire l'ultime héritier de l'empire de Charlemagne et d'Othon, assumant le rêve de la monarchie universelle, et renouant avec le messianisme impérial du *De Monarchia* de Dante. D'un autre côté, et contre cette vision « germanique », Ramón Menéndez Pidal[4] a au contraire défendu une vision « hispanique » de l'action de Charles Quint, enracinée dans la politique de *reconquista* des Rois Catholiques, rapprochant sa pratique du pouvoir de celle qu'avaient dû mettre en place ses aïeux espagnols pour gouverner ensemble Castille et Aragon. L'empire n'est plus alors que le moyen par lequel les Habsbourg s'emparent d'une idée espagnole pour parvenir à gouverner leurs multiples possessions en garantissant que le contrôle en restera à leur clan ; la défense de la chrétienté ne relève plus du rêve d'une monarchie chrétienne universelle mais de l'assomption consciente de l'héritage des Rois Catholiques. Cette controverse

1. K. Brandi, *Kaiser Karl V. Werden und Schicksal einer Personlichkeit und eines Weltreiches*, Munich, F. Bruckmann Verlag, 1937.

2. P. Rassow, *Die politische Welt Karls V*, Munich, H. Rinn, 1947.

3. P. Rassow, *Karl V : der letzte Kaiser des Mittelalters*, Berlin-Francfort, Musterschmidt, 1957.

4. R. Menéndez Pidal, *La Idea imperial de Carlos V*, La Havane, 1937 (rééd. Madrid, 1941).

dessine un clivage que nous allons retrouver sous de nombreuses formes, et qui distingue dans l'idée d'empire d'un côté l'assomption chevaleresque mais sans lendemain d'un héritage archaïque, et de l'autre l'invention rusée d'une forme moderne saisie au cœur de sa mutation la plus importante.

Si l'on envisage cette alternative du point de vue de l'histoire de la philosophie politique, il est tentant de considérer que la figure de Charles Quint incarne purement et simplement l'échec définitif du rêve impérial en Occident. Charles semble en effet hériter d'une conception de l'empire forgée par le Moyen Âge, et qui paraît ne pas devoir survivre aux bouleversements de la Renaissance : l'éclatement confessionnel de l'Europe, la menace permanente des Ottomans, la conquête de l'Amérique contredisent définitivement le rêve d'une chrétienté close et unifiée. La vitalité de l'idée impériale sous son règne ne serait ainsi qu'une ultime tentative, sans lendemain, pour raviver l'ancien rêve médiéval, avant que ce rêve ne se brise sur la confession d'Augsbourg, qui entérine définitivement le principe « *cujus regio, ejus religio* ». Après Augsbourg, l'unité messianique du pastorat impérial sur l'Europe chrétienne n'a plus de sens, et Charles Quint, dernier empereur sacré par un pape, est aussi le seul empereur qui de son vivant abdique : renonçant au pouvoir impérial, il en décide aussi la fin, séparant la couronne d'Espagne de la couronne impériale, avant de se retirer dans un monastère d'Estrémadure pour y finir ses jours.

Peut-on, de cet échec du rêve impérial, conclure à l'échec de l'idée impériale elle-même ? Faut-il considérer que cette idée n'est plus adéquate aux conditions du siècle, et que la véritable révolution théorique qui détermine les architectures de la raison politique des modernes doit plutôt être cherchée dans l'affirmation des États-nations et dans la mise au point du concept de souveraineté, ou encore dans la prodigieuse vitalité des villes marchandes et dans leur relecture du républicanisme ? L'empire n'est-il plus qu'une idée creuse, qui peine désormais à rendre intelligibles les configurations effectives de la vie politique de l'Occident ? Ce livre naît tout entier d'une hypothèse délibérément inverse, selon laquelle l'avènement de Charles Quint marque une réactivation de l'idée impériale qui mérite d'être examinée de près, pour elle-même, débarrassée de la téléologie schématique qui en annulerait la fécondité dans l'anticipation de l'abdication de l'empereur. En d'autres termes, il est peut-être nécessaire de dissocier l'échec de l'empire de l'idée d'empire elle-même, ainsi que des discours qui la mettent en forme durant les premières années du règne de Charles Quint, afin de prendre la mesure de la modernité de cette idée et de ces discours.

C'est précisément le contenu problématique de cette modernité que nous avons choisi de désigner par l'expression « raisons de l'empire ». Il ne s'agit cependant pas de retracer une histoire intellectuelle du concept d'empire, du Moyen Âge à l'époque moderne : cela a déjà été fait, et nous renvoyons en bibliographie à la riche littérature de l'histoire de l'idée d'empire. Un de ses représentants les plus éminents, Franz Bosbach, propose toutefois dans la synthèse impressionnante qu'il consacre à l'idée de monarchie universelle [1] une interprétation de l'empire de Charles Quint qui peut nous offrir un moyen de préciser notre propre intention : Bosbach s'emploie en effet à montrer que l'idée d'empire, qu'elle soit définie par les défenseurs de l'empire ou au contraire par les

---

1. F. Bosbach, *Monarchia Universalis. Ein politischer Leitbegriff der frühen Neuzeit*, Göttingen, Vandehoek & Ruprecht, 1988, que nous lisons dans la traduction italienne : *Monarchia universalis. Storia di un concetto cardine della politica europea, secoli* XVI-XVIII, 1988, Milan, Vita e Pensiero, 1998. Le chapitre consacré à « La monarchie universelle de Charles Quint » est le second, *op. cit.*, p. 41-75.

propagandistes anti-impériaux des cours de France et d'Angleterre, tend à se confondre avec celle de monarchie universelle. Or ce recouvrement se heurte à un certain nombre d'obstacles textuels : ainsi, dans son discours de réponse à l'annonce de l'élection impériale par les légats des Princes-Électeurs en 1519, le grand chancelier Mercurino Arborio di Gattinara ne fait aucunement usage de l'idée de « monarchie universelle ». Bosbach, qui cite ce discours, rend compte de cette « absence » qui semble contredire sa thèse générale en supposant que Gattinara n'a pas voulu adopter un registre qui est à la même époque celui de la propagande, et s'en est prudemment tenu au lexique de l'empire [1]. Nous voudrions au contraire montrer qu'en interprétant la fonction qui échoit à Charles en termes d'empire et non de monarchie universelle, Gattinara ne fait pas un choix négatif et tactique, mais un choix positif et théorique ; il faut simplement pour cela, contrairement à ce que fait Bosbach, prendre en compte l'intégralité des discours et des écrits de Gattinara, y compris ceux que leur technicité administrative ou leurs enjeux symboliques semblent éloigner du concept de « monarchie universelle ». Nous faisons l'hypothèse que les contours théoriques de l'idée d'empire ne recouvrent justement pas ceux de la monarchie universelle, et offrent l'occasion de déterminer autrement l'intelligibilité de l'entité politique composite et inédite sur laquelle règne Charles Quint. C'est dans cette « autre » intelligibilité que nous allons chercher à saisir la modernité de l'idée d'empire, sur laquelle peut se révéler éclairant un autre discours important, que Bosbach cette fois ne cite pas, mais qui fait également obstacle à sa thèse du recouvrement de l'empire et de la monarchie

---

1. Bosbach parle de « considérations linguistiquement plus prudentes » et de « choix lexicaux mesurés » (*op. cit.*, p. 56-57).

universelle : en avril 1536, Charles Quint prononce à Rome
devant le pape Paul III un discours dans lequel il réfute
vigoureusement les accusations de la propagande française
qui le soupçonnent de briguer sur toute l'Europe chrétienne
une monarchie universelle, assimilée à la tyrannie. Il en profite
pour y définir ses véritables objectifs :

> […] Certains disent que je veux devenir monarque du monde
> (*monarqua del mundo*). Et ma pensée et mes actes montrent
> que c'est le contraire. […] Car mon intention n'est pas de
> faire la guerre contre les chrétiens, mais contre les infidèles,
> et que l'Italie et la Chrétienté connaissent la paix, et que
> chacun jouisse de ce qui lui appartient, et que nous nous
> concertions, et que nous formions une ligue (*confederación*)
> contre les infidèles […] [1].

Charles Quint ne se contente pas seulement de déclarer
ici qu'il ne recherche pas la monarchie universelle (ce que
Bosbach pourrait à nouveau interpréter comme une précaution
lexicale tactique) : il définit, positivement et précisément, la
manière dont il conçoit son rôle. Or ce rôle tient avant tout à
sa capacité à garantir l'équilibre des puissances européennes :
maintenir la paix, conserver à chacun ce qui lui appartient,
assurer la concertation et même la « confédération » des
puissances européennes, c'est là le sens véritable que
l'empereur donne à sa mission politique. C'est précisément
par ce travail de mesure et d'équilibre que nous pouvons
approcher la « modernité » des raisons de l'empire. L'Europe,
comme l'empire lui-même, est une entité multiple et composite ;
la balance de ses pouvoirs est une délicate mécanique, un

---

1. « Discorso pronunciado por Carlos V, en español, ante el Papa Paulo
III », ed. O. Morel-Fatio, *Bulletin Hispanique*, n° 15, 1913, p. 212-215, rééd.
dans Y. El Alaoui (dir.), *Autour de Charles Quint. Textes et documents*, Paris-
Amiens, Indigo-Université de Picardie, 2004, p. 80.

agencement instable dont l'équilibre précaire est constamment ébranlé, et constamment reconstruit ; par là l'équivocité théorique de la notion même d'empire semble répondre à la composition pratique des puissances politiques et territoriales européennes.

Nous voudrions tenter de comprendre cette équivocité théorique, qui répond à une composition pratique, comme la principale force de l'idée d'empire, et non comme sa faiblesse. La « modernité » de l'idée d'empire désignerait alors très précisément la possibilité, propre à cette idée, d'articuler les raisons qui assurent la solidité de cette double composition factuelle et conceptuelle. De ce point de vue, l'idée d'empire est susceptible de renfermer une richesse qui ne se laisse pas détruire par l'échec historique du régime impérial : la raison politique des modernes est peut-être en gésine dans les raisons composées de l'empire, compte non tenu de cet échec. Plus encore : nous devrons envisager la possibilité que l'échec matériel de l'empire, en libérant la pensée impériale de son assujettissement à un régime singulier, constitue le principal moteur de sa fécondité pour la pensée politique moderne. En d'autres termes, il est possible que l'échec de l'empire, en mettant fin à l'investissement des « raisons de l'empire » dans la construction de l'universalité politique, en permette en revanche l'investissement dans la construction de l'universalité conceptuelle : les « raisons de l'empire », par la vertu même de l'échec du régime qu'elles cherchaient à étayer, se trouveraient ainsi reprises dans cet « empire des raisons » qui dominera la pensée de l'âge classique.

Franco Cardini et Sergio Valziana ont récemment tenté, dans un ouvrage singulier par son propos et par sa méthode, de prendre la mesure de cette fécondité de l'idée impériale, en défendant le principe d'une histoire qui s'écrirait « avec des "si" et des "mais" [1] » : analysant les conditions dans lesquelles se met en place le « complexe supra-national » de l'empire de Charles Quint, les auteurs s'emploient à écarter la conception téléologique d'une histoire politique moderne nécessairement destinée à produire l'avènement de l'État-nation, et à rendre ainsi intelligibles les potentialités politiques de l'empire :

> La forme d'organisation politique adoptée par les possessions de Charles Quint représente une réalité alternative, différente, étrangère à celle des États nationaux : si elle avait réussi à s'imposer, elle en aurait conditionné, endigué et peut-être empêché la formation, au profit d'une autre chose, que nous ne connaissons pas, parce qu'elle n'existe pas, mais dont nous pouvons imaginer certains des caractères [2].

De cette « autre » forme d'organisation politique, Cardini et Valziana décrivent les déterminations les plus importantes, en partant de l'élection impériale de 1519, qu'ils considèrent comme le premier pas vers une unification pacifique de l'Europe : ils cherchent ainsi à mettre en évidence les contours d'un projet politique dont le monde moderne ne retrouvera à leurs yeux la cohérence et l'ambition qu'avec les premiers pas de l'intégration européenne. Cependant, cette histoire rétrospective de ce que l'empire aurait pu être se heurte selon eux à l'absence d'une véritable pensée des potentialités de l'idée d'empire dans l'entourage de Charles Quint : la « projectualité » de l'organisation politique impériale reste trop faible, et les concepts politiques qui permettraient de la construire théoriquement trop brumeux, pour que l'empereur et son entourage aient pu calculer consciemment la réalisation

---

1. F. Cardini, S. Valziana, *Le radici perdute dell'Europa. Da Carlo Quinto ai conflitti mondiali*, Milan, Mondadori, 2006, p. 15.

2. *Ibid.*, p. 49.

d'un programme assumant les caractères que Cardini et Valziana exhument patiemment. C'est ainsi dans une faiblesse théorique de l'idée impériale, et non dans l'échec pratique du régime impérial, que les auteurs identifient la véritable raison de l'avortement de cette potentialité politique au seuil de l'âge classique :

> Personne n'imagine l'existence d'une projectualité organique orientée dans cette direction. Nous voudrions plutôt soutenir que l'évolution des faits historiques avait offert une opportunité solide, concrète, cohérente, du point de vue politique, culturel, économique, et social, qui ne parvint jamais à s'affirmer complètement. Elle fut emportée avant même d'avoir trouvé sa propre définition. Et c'est peut-être d'ailleurs à cause de ce manque de conscience d'elle-même qu'elle devait disparaître [1].

Cardini et Valziana se montrent ainsi soucieux de ne pas commettre avec l'idée d'empire la même erreur téléologique qu'ils reprochent à l'histoire moderne de l'avènement de l'État-nation, et qui consiste à voir un projet cohérent et maîtrisé là où ne se sont en réalité succédé que des séries d'opportunités contingentes, parfois fécondes, et parfois stériles [2]. Ce qui, à leurs yeux, a manqué à l'empire, c'est avant tout la consistance d'un projet théorique : personne, soutiennent-ils, n'a été capable de prendre la mesure des

---

1. F. Cardini, S. Valziana, *Le radici perdute dell'Europa ...*, *op. cit.*, p. 64.

2. La thèse des « opportunités successives » est brillamment défendue par J. Pérez, « La idea imperial de Carlos V », dans F. Sánchez-Montes González y J. L. Castellano Castellano (dir.), *Carlos V. Europeísmo y universalidad*, Actas del congreso nacional de Granada, mayo 2000, Madrid, Sociedad Estatal para la Conmemoración de los centenarios de Felipe II y Carlos V, 2001, vol. I, p. 239-250, contre la lecture téléologique de l'empire comme propédeutique à la construction européenne que propose en ouverture du même volume M. Fernández Álvarez, « Carlos V y Europa. El sueño del imperador », *ibid.*, p. 19-33.

exigences et des enjeux conceptuels, symboliques, diplomatiques, institutionnels, propres au règne de Charles Quint, et de les organiser en un projet conscient. Les deux auteurs soulignent pourtant le rôle crucial joué par le grand chancelier Gattinara, seul homme de l'entourage de Charles Quint à se révéler capable de concevoir dans toute son ampleur la fonction de l'empereur et le projet de constitution d'une *Respublica Christiana*[1], mais ils n'accordent à ce personnage-clef que quelques lignes, qui ne remettent à aucun moment en cause le diagnostic qu'ils portent sur l'absence d'une véritable construction théorique de l'idée d'empire capable de servir de programme au règne de Charles Quint.

CORPUS

Cet étrange contournement de la figure du grand chancelier, commun aux deux ouvrages de Franz Bosbach et de Franco Cardini et Sergio Valziana, confirme à nos yeux l'intérêt d'une étude consacrée à la manière dont le projet impérial s'est construit dans les premières années du règne de Charles Quint : il nous semble possible d'isoler, durant les premières années du règne, une séquence d'une décennie durant laquelle les humanistes présents dans l'entourage immédiat de l'empereur produisent un ensemble de discours très divers dans leurs formes et leurs genres, mais qui contribuent tous à dessiner un usage moderne de l'empire.

Parmi eux, nous nous intéresserons donc tout particulièrement à Mercurino Arborio di Gattinara (1465-1530), grand chancelier de Charles Quint, mais aussi à Alfonso de Valdés (ca. 1490-1532), frère du plus grand érasmien

---

1. F. Cardini, S. Valziana, *Le radici perdute dell'Europa, op. cit.*, p. 56.

d'Espagne, et secrétaire de Gattinara puis de l'empereur lui-même. En associant ces deux hommes, étroits collaborateurs, et qui disparaissent presque au même moment de la scène politique impériale, on exclut une fresque d'ensemble de l'entourage humaniste de Charles Quint, et on concentre l'étude sur les dix premières années du règne : il ne s'agit en effet pas de proposer un tableau complet des humanistes de la cour, et encore moins de juger l'ensemble du règne de Charles Quint. Il ne s'agit que d'examiner, à travers les travaux de deux humanistes « impériaux » parmi les plus importants, l'émergence interrompue d'une véritable pensée de ce qui était politiquement rendu possible par l'avènement de Charles, qu'il n'a lui-même probablement jamais conçu sous cette forme, et dont le manque, comme le soutiennent Franco Cardini et Sergio Valziana, est peut-être une des causes précoces de l'échec du rêve impérial.

Pour mener à bien ce travail, nous allons chercher à prendre en charge l'ensemble des registres dans lesquels Gattinara et Valdés saisissent l'idée d'empire. L'humanisme impérial qu'ils incarnent à nos yeux produit en effet un discours théoriquement très complet, parce que ses auteurs se montrent capable d'articuler toutes les figures de l'empire : l'équivocité de la notion, depuis ses origines romaines jusqu'aux affrontements entre pouvoir temporel et pouvoir spirituel, en passant par les figures de la tradition prophétique, n'est pas pour les humanistes une difficulté mais une ressource. Pour saisir la manière dont ils l'emploient, il faut commencer par renoncer à une définition univoque de l'empire, et en reconquérir la multiplicité, comme sédimentation lexicale et conceptuelle d'une grande complexité. On ne renonce pas par là au concept d'empire lui-même, on cherche au contraire à comprendre au service de quelles formes de rationalité politique son exceptionnelle souplesse permet de le faire jouer.

Afin de dominer cette multiplicité et cette équivocité, deux autres figures de la pensée humaniste vont nous servir de contrepoids, ou de repères, au croisement desquels nous espérons pouvoir, pour ainsi dire par triangulation, saisir au mieux le sens de l'entreprise de Gattinara et de Valdés. La première de ces figures est celle de Machiavel : le secrétaire florentin, qui produit l'essentiel de son œuvre pendant cette même première décennie du règne de Charles Quint, conduit une réflexion sur les techniques du gouvernement et les formes de la domination qui est généralement considérée comme un des lieux de naissance de la pensée politique moderne. Nous essaierons de montrer que, tout en relevant d'une autre tradition – celle de la pensée des crises et des conflits qui constitue le principal objet de ce « *ragionare dello stato* » que Machiavel construit dans le contexte très particulier des principautés italiennes multiples et affrontées –, l'auteur du *Prince* et des *Discours sur la première décade de Tite-Live* offre à plusieurs reprises un point de comparaison étonnamment fertile pour appréhender l'œuvre des humanistes impériaux du point de vue de ses enjeux épistémologiques.

Par ailleurs, en complément de celle de Machiavel, il est impossible de comprendre ce qui se joue dans la mise au point de l'idée d'empire chez Gattinara et Valdés sans accorder une place importante à la figure d'Érasme. Le « prince des humanistes », dont l'influence en Espagne est majeure dans le premier quart du XVIe siècle, et dont un des principaux représentants espagnols est précisément Juan de Valdés [1],

1. Juan de Valdés (ca. 1509-1541) : frère peut-être jumeau d'Alfonso, formé à l'université d'Alcalá de Henares, correspondant d'Érasme, c'est l'un des principaux relais de l'évangélisme en Espagne. Son *Diálogo de la doctrina cristiana* (1529) finit par lui valoir les foudres de l'Inquisition : il quitte

frère d'Alfonso, gravite en permanence autour de la cour impériale. En 1516, il devient conseiller du jeune Charles de Bourgogne : ses thèses et ses prises de position sur l'empire offrent un contrepoint saisissant à celles de l'humanisme impérial. Jusqu'aux derniers mois qui précèdent le sac de Rome en 1527, Mercurino Gattinara, qui cherche par ailleurs à protéger Érasme des rigueurs de la censure ecclésiastique espagnole, essaye de le gagner à la cause de Charles Quint. La référence constante à la pensée d'Érasme nous permettra ainsi non seulement de disposer d'un élément de comparaison et de contextualisation très riche, mais aussi d'observer, en marge de l'humanisme impérial et souvent contre lui, le traitement « anti-impérial » de l'idée d'empire, qui occupe une grande place tout au long du règne de Charles Quint (il est frappant que Franz Bosbach, lorsqu'il tente de résumer le discours opposé à la monarchie universelle en le réduisant à cinq arguments fondamentaux, se trouve dans l'obligation d'en choisir quatre qui se rencontrent *expressis verbis* dans les œuvres d'Érasme [1]).

Il s'agit donc d'utiliser Érasme, et plus discrètement Machiavel, pour délimiter le champ théorique de notre étude au moyen de deux grandes pensées, bien connues, et fortement

---

l'Espagne en 1534 et s'installe à Rome puis à Naples où un cercle « valdésien » se forme autour de lui. Il est aussi l'auteur du *Diálogo de la lengua* (1533), premier traité de grammaire du castillan.

1. F. Bosbach, *Monarchia universalis, op. cit.*, p. 51-53. Les cinq arguments sont les suivants : la monarchie véritablement universelle est impossible eu égard aux dimensions réelles de l'espace géographique occupé par les hommes ; restaurer l'empire est un anachronisme historique ; la souveraineté de l'empereur ne diffère pas de celle de n'importe quel autre roi ; tous les princes terrestres sont soumis à un unique empereur authentique qui est le Christ ; la monarchie universelle n'est pas un régime en soi mais une tyrannie, c'est-à-dire la dégénérescence d'un régime. Tous ces arguments, sauf peut-être le troisième, se trouvent chez Érasme.

constituées, de l'humanisme du premier XVIᵉ siècle : nous doterons ainsi ce que nous choisissons d'appeler « humanisme impérial » de deux éléments de comparaison qui nous aideront, nous l'espérons, à le constituer lui aussi, et à lui reconnaître toute la place qu'il mérite.

MÉTHODE

Pour mener à bien l'examen de cet « humanisme impérial », il est indispensable de saisir chacun des textes de Gattinara et de Valdés que nous allons étudier en l'inscrivant dans le contexte historique précis de la première décennie du règne de Charles Quint. Bien que ce choix détermine une manière très narrative d'approcher le déploiement de l'idée d'empire, il ne s'agit cependant en aucun cas d'adopter le point de vue de l'historien : le choix de cette approche narrative correspond à la nature même de l'idée que nous cherchons à appréhender. Il s'agit tout simplement de rechercher dans l'ordre des faits le socle à partir duquel il sera possible de dessiner la place que l'idée d'empire nous semble occuper dans l'histoire de la philosophie politique.

L'idée d'empire telle que la construisent Gattinara et Valdés n'est en effet pas un concept, et n'est pas susceptible d'être saisie dans des textes qui en articuleraient consciemment les déterminations techniques dans une intention véritative. En d'autres termes, les humanistes impériaux ne visent pas d'abord la vérité de l'empire au plan théorique, mais son effectivité au plan pratique. Commencer par situer leur discours dans l'horizon des faits qu'ils interprètent ou qu'ils produisent, c'est avant tout saisir le plan sur lequel ils constituent eux-mêmes l'intelligibilité ultime de leur travail. Ce faisant, on cherche également à affirmer que la constellation des significations et des enjeux de l'idée d'empire qui se trouve mobilisée par le discours de l'humanisme impérial ne ressortit pas seulement d'un système des images ou des figures de l'empire : il ne s'agit pas simplement pour nous de récapituler un ensemble de représentations de l'empire, mais bien d'en évaluer la puissance de constitution conceptuelle. L'idée d'empire n'est pas un concept, mais elle possède la puissance d'en engendrer un. Nommer « raisons de l'empire » la manière dont cette puissance se laisse saisir chez Gattinara et Valdés, c'est affirmer d'emblée que l'on a affaire dans leur travail à la mise en œuvre de ces puissances conceptuelles selon une certaine mise en série, un certain ordre, une certaine hiérarchie. Si l'empire a des « raisons », c'est avant tout parce qu'il constitue le foyer de cette mise en ordre, à laquelle va dès lors se trouver suspendue l'intelligibilité complète d'un moment historique, et d'un programme politique. Dans les textes de Gattinara et de Valdés que nous allons commenter, et qui relèvent de registres techniques et formels très divers, l'idée d'empire est avant tout mise au service de cette construction de l'intelligibilité : ce n'est pas encore un concept, mais nous tâchons précisément de le saisir dans le processus même de sa conceptualisation, dans la cristallisation lexicale et théorique qui permet d'y lire un des lieux cruciaux où se déterminent les formes et les enjeux de la rationalité politique moderne.

Or, dans une telle perspective méthodologique, l'ordre des faits ne constitue pas seulement le point de départ de l'enquête, la strate matérielle première d'où pourrait émerger le « besoin d'intelligibilité » ou le « besoin de rationalité » que l'idée d'empire va servir à combler : il constitue aussi le plan de l'épreuve à laquelle il faudra sans cesse soumettre les constructions théoriques issues de la lecture des textes de Gattinara et de Valdés. En ce sens, la méthode que nous avons choisie est profondément empirique : elle considère non seulement que toutes les configurations conceptuelles de la rationalité politique sont immanentes aux dispositifs factuels à partir desquels elles se développent, mais elle considère également que le raisonnement par lequel ces configurations se trouvent analysées et mises en forme n'a de sens que s'il peut trouver dans les faits eux-mêmes les expériences auxquelles confronter ses conclusions. C'est dans ce double usage des faits que notre approche narrative de l'entreprise des humanistes impériaux trouve sa justification.

Nous allons donc commencer, dans un premier chapitre, par examiner celle des configurations de l'idée d'empire qui semble la plus éloignée des raisons politiques modernes : en reprenant les grands thèmes du prophétisme impérial développé par les héritiers de Joachim de Flore, Gattinara semble en effet avoir nourri l'image réductrice que les historiographes de Charles Quint donnent volontiers de lui, image qui fait du chancelier un Italien pétri des rêves messianiques de Dante, mais rigoureusement absent de la véritable scène politique de l'empire. Nous voudrions au contraire montrer que l'assomption très délibérée du registre prophétique correspond chez Gattinara à une perception aiguë des nécessités factuelles de l'élection impériale, et qu'elle lui permet d'articuler au sein de l'idée d'empire un premier ordre de raisons qui va se révéler extrêmement fécond d'un point de vue politique, et qui annonce à nos yeux le rôle que le prophétisme continue à jouer dans l'ordre des raisons politiques modernes, comme en témoigneront plus d'un siècle plus tard les réflexions de Hobbes ou de Spinoza.

On pourra alors, dans un deuxième chapitre, se pencher sur les efforts du chancelier pour programmer la réforme institutionnelle qu'exige à ses yeux le gouvernement de l'empire : bien qu'il s'agisse apparemment là d'un tout autre registre du discours politique, nous nous efforcerons de montrer que Gattinara travaille au contraire en parfaite continuité avec son propre discours prophétique. Loin de distinguer dans l'entreprise du chancelier des registres radicalement hétérogènes, nous tâcherons alors de comprendre le point de vue sous lequel le registre « prophétique » et le registre « gouvernemental » relèvent aux yeux de Gattinara d'une même puissance systématique de l'idée d'empire, qui obéit dans les deux cas à des raisons identiques. Enfin, après avoir tenté de définir cette puissance et ses raisons, nous chercherons chez Valdés, dans le *Dialogue* qu'il consacre au sac de Rome par les troupes impériales en 1527, une confirmation singulière de la capacité de l'empire à construire l'intelligibilité des faits qui lui sont contemporains. Il ne s'agira en effet plus dans ce troisième chapitre de saisir cette intelligibilité dans la mise en ordre de la mission réformatrice de l'empire, dans la construction de sa signification historique, ou dans la définition de son programme politique : il s'agira d'examiner la manière dont l'idée d'empire peut permettre à l'humanisme impérial de réagir dans l'urgence à une crise, et d'affronter l'ensemble des enjeux qui se nouent, dans l'urgence, à l'occasion du sac de Rome. On espère ainsi pouvoir montrer que, de la place historique de l'empire à sa mission spirituelle, de son programme de gouvernement à sa gestion des crises, l'idée d'empire constitue la matrice théorique de toutes les raisons que Gattinara et Valdés cherchent à articuler au service de leur souverain.

Il nous restera alors à confronter ces « raisons de l'empire » à l'échec du régime lui-même : dans quelle mesure cette configuration pré-conceptuelle, cette puissance d'intelligibilité que nous aurons cherché à lire dans les œuvres de Gattinara et de Valdés, est-elle susceptible de résister à la mort de ses deux protagonistes, et à l'échec historique du régime impérial ?

Cette question, on le verra, est aussi celle du legs problématique de l'humanisme impérial à la rationalité politique moderne : nous tenterons donc de montrer que c'est précisément à travers l'échec historique de l'empire que les dispositifs théoriques construits à son service parviennent à se transmettre à l'âge classique. Cette hypothèse exige enfin que l'on tienne compte de la reviviscence de l'idée impériale après l'âge classique : en examinant le rôle que l'idée d'empire joue dans la pensée de l'entreprise coloniale de l'Occident du XVIIIe au XIXe siècle, puis la fonction qu'elle remplit aujourd'hui au service de la pensée de l'intégration européenne ou de la mondialisation, nous chercherons à la fois à confirmer l'hypothèse de sa fécondité conceptuelle, et à montrer les leçons que l'on peut tirer, s'agissant de ces enjeux contemporains, de son élaboration problématique dans l'humanisme impérial.

CHAPITRE PREMIER

PROPHÉTISME ET POLITIQUE

Chercher à déterminer le rôle du prophétisme dans la construction de l'idée impériale, ce n'est pas ramener cette dernière à ses éléments mythiques ou irrationnels : c'est au contraire saisir dans l'idée d'empire un des motifs par lesquels elle se trouve rattachée à l'ensemble du système des raisons politiques modernes, dans lequel le prophétisme joue un rôle important. Si cette importance est attestée historiquement (après tout, il devrait être presque banal d'affirmer que, de Savonarole à Spinoza, le prophétisme remplit une fonction centrale dans la construction de la pensée politique moderne), l'examen du prophétisme proprement impérial permet d'en préciser les enjeux conceptuels. Le prophétisme politique se présente en effet d'abord comme discours sur l'ordre du temps historique, mais cette mise en ordre temporelle sert aussitôt à penser la nécessité d'une réforme morale et politique : le cadre spirituel qui fournit son intelligibilité à la succession des époques et des événements se présente ainsi comme le principe d'un appel à la transformation et à la restauration des vertus et des institutions. C'est donc comme discours de réforme que le prophétisme est crucial : il confère à la pensée politique la possibilité de rendre intelligibles les changements, d'abord pris comme événements du temps et crises dans l'histoire civile, ensuite saisis au contraire comme opérations humaines d'orientation dans ce temps. Il contribue ainsi, on va le voir, à constituer un lexique politique spécifique pour nommer et concevoir certaines des opérations et des techniques du gouvernement moderne.

Cependant ce prophétisme impérial dont nous allons chercher à reconstituer la figure n'est pas engendré *ex nihilo* dans l'entourage de Charles Quint : il se joue dans la réception d'une longue tradition eschatologique, qui depuis le XIIe siècle et les traités de Joachim de Flore définit les contours de l'usage politique, et plus précisément impérial, du prophétisme. C'est cette longue tradition qui se trouve reprise et redessinée dans les premières années du règne de Charles Quint, en particulier par celui qui va devenir son grand chancelier, Mercurino Arborio di Gattinara. Gattinara, qui connaît manifestement très bien cette tradition, en fait un usage précis et instruit. Le prophétisme représente pour lui un outil intellectuel, poétique et politique essentiel, dont la valeur tient précisément à la manière dont il permet de déterminer le sens historique et politique de la nécessité d'une réforme. Toutefois, bien que les textes qui permettent d'examiner les usages politiques du prophétisme chez Gattinara n'apparaissent pas avant 1517, il faut commencer par examiner la formation et les premières années de carrière du futur chancelier dans le métier de politique : c'est en effet en rapportant ses discours et ses idées à un ensemble de compétences et d'expériences considérées comme constitutives d'un exercice proprement professionnel que l'on peut comprendre l'usage qu'il fait du prophétisme. Autrement dit, il faut étudier les outils et les savoirs politiques dont Gattinara dispose avant 1517, et auxquels il choisit en 1517 d'ajouter le prophétisme : seul leur voisinage permet de saisir correctement sa fonction. L'enjeu de cette enquête préliminaire, c'est donc la constitution des savoirs et des outils politiques en métier, en tant qu'elle permet d'assurer le lien entre les doctrines politiques et les expériences pratiques, arrachant ainsi le prophétisme à la sphère trop commodément méprisée des rêveries irrationnelles.

GATTINARA, CHANCELIER INVISIBLE ET PROPHÈTE DÉSARMÉ ?

Si l'idée d'humanisme impérial a un sens, s'il est possible de désigner par là la manière dont l'entourage lettré de Charles Quint élabore durant les dix premières années de son règne une idée de l'empire dans laquelle se trouve investie la culture des *studia humanitatis*, c'est à coup sûr dans la figure du grand chancelier Mercurino Arborio di Gattinara qu'elle doit trouver son incarnation la plus probante. Pourtant le rôle exact de Gattinara est équivoque : ce piémontais nourri de Dante, cet idéologue de la monarchie universelle, n'a-t-il pas été un simple songe-creux, tentant de raviver une rhétorique archaïque mais incapable d'exercer une véritable influence sur la politique de son souverain ? L'effacement suprenant du grand chancelier dans les mémoires et les chroniques des témoins de son temps semble le suggérer. Ainsi Jan Dantyszek (Jean de Dantzig), ambassadeur du roi de Pologne auprès de la cour impériale de 1506 à 1548, s'étonne dans sa correspondance que le grand chancelier, par ailleurs fidèle serviteur de son souverain, ait si peu de pouvoir ; de même Francesco Guicciardini, historien, diplomate, et excellent connaisseur de la balance des pouvoirs en Europe occidentale, accorde bien peu d'importance à Gattinara dans son *Historia d'Italia* (rédigée entre 1537-1540) ; le même effacement se retrouve enfin chez Prudencio de Sandoval, grand historiographe de Charles Quint, dans

l'*Historia de la vida y hechos del Emperador Carlos V* (rédigée
entre 1604 et 1606). Manuel Rivero Rodriguez, évoquant ces
trois exemples, peut ainsi affirmer que « tous les témoignages
conduisent à une conclusion semblable, le profil d'un ministre
sage, loyal, prudent… mais invisible [1] ».

Gattinara invisible : il y a là de quoi tracer un partage
commode entre l'idéalisme impérial de cet Italien inspiré,
astrologue à ses heures, et la réalité concrète de l'empire. La
pensée de Gattinara ne serait alors rien de plus qu'une rêverie
surannée, une vue de l'esprit, agitant vainement les figures
anachroniques d'un empire dépassé, et par là strictement
incapable de prendre la mesure des exigences présentes de
l'action politique véritable. Assaisonnement idéologique,
subtile épice ajoutée aux rhétoriques de cour, l'idée impériale
de Gattinara tournerait le dos aux pratiques concrètes du
gouvernement de l'empire, dont elle serait incapable de penser
sérieusement les contraintes et les raisons.

De ce songe commode mais impuissant, on ne peut trouver
meilleur emblème que le libelle prophétique adressé à Charles
en 1517 par un Gattinara momentanément retiré à la Chartreuse
de Bruxelles : ce petit écrit dont on a perdu le texte, mais dont
on observera les prolongements dans les premiers discours
du chancelier, semble devoir achever le portrait d'un Gattinara
« invisible », rêvant d'un empire qui n'existe plus et n'a peut-
être jamais existé, manifestant la tragique ineffectivité de
l'humanisme investi en politique. Il est tentant, en effet, de
ne saisir le prophétisme que comme une preuve irréfutable
du caractère archaïque et abstrait de l'idée impériale que forge
le chancelier : en inaugurant sa carrière au service de l'empereur
par un petit traité prophétique où résonnent les échos médiévaux

---

1. M. Rivero Rodriguez, *Gattinara : Carlos V y el sueño del Imperio*,
Madrid, Silex, 2005, p. 11-12.

de Dante et de Joachim de Flore, Gattinara, pour pasticher les mots de Machiavel au début du chapitre xv du *Prince*, aurait « imaginé un empire dont on n'a jamais vu ni su qu'il existait vraiment [1] ». Ainsi, au contraire de la sagesse pratique et expérimentée qui vise la « vérité effective de la chose », Gattinara devrait être rangé du côté de l'image inutile, sans effectivité – c'est-à-dire, si l'on accepte la lecture traditionnelle de ce passage du chapitre xv, du côté de l'idéalisme platonicien de la *République*, qui est impitoyablement rejeté par Machiavel en dehors de l'art politique réel et effectif. On aurait donc là la clef de l'invisibilité politique de Gattinara, maître des rhétoriques traditionnelles de l'empire, mais incapable de prendre la mesure de son effectivité politique moderne. Le chancelier de Charles Quint partagerait-il avec Savonarole le redoutable statut de « prophète désarmé [2] » ?

Nous faisons l'hypothèse que cette interprétation est doublement fausse. Elle l'est d'une part parce qu'elle réduit la conception que Gattinara a de l'empire à son seul élément prophétique, en oubliant aussi bien, en amont, l'expérience du diplomate et du magistrat au service de Marguerite de

---

1. « [...] puisque mon intention est d'écrire chose utile à qui l'entend, il m'est apparu plus convenable de suivre la vérité effective de la chose (*verità effettuale della cosa*) que l'image qu'on en a. Et beaucoup se sont imaginés républiques et principats dont on n'a jamais vu ni su qu'ils existaient vraiment [...]. », Machiavel, *Le Prince*, chap. xv, éd. G. Inglese, trad. J.-L. Fournel et J.-Cl. Zancarini, Paris, P.U.F., 2000, p. 137.

2. « Il est nécessaire [...] de bien peser si ces innovateurs existent par eux-mêmes ou s'ils dépendent d'autrui ; autrement dit si, pour mener à bien leur œuvre, il leur faut prier, ou s'ils peuvent forcer les choses. Dans le premier cas, ils finissent toujours mal et ne mènent rien à terme ; mais quand ils dépendent d'eux-mêmes et peuvent forcer les choses, alors il est rare qu'ils périssent : de là naît que tous les prophètes armés vainquirent et que les désarmés allèrent à leur ruine. », Machiavel, *Le Prince*, chap. vi, *op. cit.*, p. 75.

Bourgogne [1] et de Maximilien Ier, qu'en aval, au service de
Charles Quint cette fois, l'énorme travail de conception des
institutions effectives du gouvernement impérial. Elle l'est
d'autre part parce qu'elle assimile de manière simpliste le
« songe impérial » de 1517, et avec lui tout le prophétisme
impérial, à une rêverie impuissante. Au contraire, nous
voudrions montrer non seulement qu'il y a autre chose que
le prophétisme dans « l'humanisme impérial » de Gattinara,
mais encore que ce prophétisme lui-même appartient peut-être
de plein droit aux outils théoriques de la pensée politique
moderne : qu'il soit erroné de faire de Gattinara un « prophète
désarmé », un idéaliste sans effectivité politique, il ne faut
pas le montrer en minorant le rôle du « songe impérial » de
1517-1519, mais en le réinterprétant.

Il faut donc construire l'intelligibilité du « songe impérial »
de 1517 en le réintégrant à l'œuvre politique de Gattinara :
sa manière de concevoir le futur empereur dans des termes
qui relèvent apparemment de la plus archaïque des rhétoriques
prophétiques possède son effectivité propre. Gattinara n'est
pas seulement un illuminé aux idéaux anachroniques : c'est
un serviteur politique des Habsbourg, qui sur la base de ce
songe va devenir grand chancelier, choisi par Charles, et
appuyé par Marguerite comme par Maximilien, qui l'ont vu
à l'œuvre. Le songe impérial est produit par le même homme
qui quelques mois plus tôt surveillait les moindres détails de
la ratification du traité de Perpignan en Espagne pour le compte
de Maximilien : il ne faut pas séparer ces traits. On doit donc
d'abord reprendre le portrait de Mercurino Gattinara pour
faire émerger la logique personnelle et politique de son

---

1. Marguerite de Habsbourg, princesse de Bourgogne (1480-1530),
régente des Pays-Bas à partir de 1507. Son père Maximilien de Habsbourg
(1459-1519) est empereur romain germanique de 1508 à sa mort.

parcours et, en le menant jusqu'au songe de 1517, tâcher de comprendre ce dernier comme une partie importante et fonctionnelle de sa doctrine; on pourra ensuite, en l'inscrivant dans l'histoire de la prophétie politique tardo-médiévale, chercher à y lire une forme inattendue de la raison politique moderne.

La formation politique de Gattinara

Mercurino Arborio di Gattinara est né en juin 1465 près de Vercelli, petite cité du Piémont qui appartient aux domaines du duché de Milan. En 1479, son père meurt, et sa mère s'adjoint les services d'une jeune fille de noble famille, Andreetta Avogadro, dont Mercurino tombe amoureux, et qu'il finira par épouser en dépit de l'opposition de leurs deux familles. En 1480 il est placé auprès d'un oncle paternel, notaire, puis, lorsqu'il atteint sa majorité en 1484, il passe sous la tutelle de son oncle maternel, juge à Verceil, dont la bibliothèque lui permet de parfaire sa formation humaniste et juridique. Il suit alors son oncle à Turin et entre à l'Université où il est en 1490 licencié en droit, avant d'entamer un doctorat contre l'avis de la famille; il obtient néanmoins le doctorat en 1493. Affrontant alors ses frères et sœurs, il épouse Andreetta, et trouve dans cette décision l'occasion de mettre à l'épreuve ses compétences de juriste : il intente en effet sept procès (tous gagnés) à la famille Avogadro qui, par mesure de rétorsion, voulait priver Andreetta de sa dot et de tout patrimoine familial.

La première éducation de Gattinara s'inscrit donc dans la longue histoire de la culture administrative des officiers publics dont les cités italiennes ont très tôt dû assurer la formation pour pourvoir à leur gouvernement quotidien [1] : développée sur les bases de l'art notarial, qui intègre lui-même des éléments de l'enseignement de rhétorique dispensé par les maîtres orléanais puis bolonais entre le XIe et le XIIIe siècle, puis complétée par l'enseignement du droit, c'est une formation qui comprend tout d'abord un art de la parole et de l'écriture publiques à base de formulaires, ensuite l'étude du droit savant et de ses gloses et commentaires sédimentés, et enfin la maîtrise du maillage extrêmement complexe des coutumes et des lois qui s'enchevêtrent dans ces pays où se superposent des souverainetés différentes, voir concurrentes. Cette triple compétence technique, qui va déterminer la carrière politique de Gattinara, marque l'apport des arts italiens du gouvernement à l'administration politique de l'empire.

En 1502, le duc Philibert de Savoie, dont la souveraineté s'étend sur Turin, remarque Gattinara : il en fait le conseiller légal de sa récente épouse Marguerite, fille de Maximilien Ier et tante du futur Charles Quint. Lorsque Philibert meurt en 1504, Gattinara reste au service de sa veuve et l'aide à faire respecter ses droits dans l'héritage. Son succès dans cette opération délicate conduit Marguerite à lui confier des responsabilités de plus en plus importantes : il devient ainsi gouverneur des états patrimoniaux de Marguerite (la Bresse). Lorsqu'en 1506 Philippe le Beau, frère de Marguerite, meurt en Espagne, et que son épouse Jeanne la Folle est frappée d'incapacité, c'est à Marguerite que Maximilien Ier confie les trois enfants du couple (Éléonore, Charles et Marie), avant de lui confier la régence des Pays-Bas en 1507 : c'est encore Gattinara qui s'occupe de mettre au point les détails de la

---

1. Pour une approche plus précise de la mise au point de cette formation dans l'Italie du Moyen Âge, voir I. Heullant-Donat (dir.), *Cultures italiennes, XIIe-XIVe*, Paris, Cerf, 2000.

pratica qui règle les conditions de la régence. Dès lors, Gattinara n'est plus un gestionnaire-gouverneur au service d'une duchesse : c'est un diplomate profondément impliqué dans les affaires de l'empire (et, avant tout, dans celles de la maison de Habsbourg).

Ainsi, lorsque Marguerite installe la cour à Malines en mars 1507, Gattinara est déjà sur les routes pour remplir au service de Maximilien de petites missions diplomatiques. Lors des préparatifs de la Diète de Constance en juin 1508, il a très probablement croisé Machiavel lui-même, qui était dépêché par la Seigneurie florentine pour étudier l'état de l'empire. Cette possible rencontre, qui n'est par elle-même qu'une virtualité historique anecdotique, offre cependant un saisissant parallèle : le métier politique du futur chancelier de Charles Quint et celui du secrétaire de la seconde chancellerie de Florence sont suffisamment proches pour les amener à se rencontrer sur le même terrain diplomatique, et le fameux *Rapporto delle cose della Magna* que Machiavel tire de son voyage en terre d'empire [1] ne peut manquer de suggérer que, dès ces années de service diplomatique pour le compte de Maximilien, Gattinara lui-même entame peut-être une longue réflexion sur les formes politiques de l'empire, dont il acquiert alors une expérience décisive. Il est en effet tentant de supposer que le secrétaire florentin et le futur chancelier, si proches par leur génération, leur langue et leur culture, ont tiré de leur confrontation avec le maniement diplomatique et gouvernemental de l'empire des réflexions comparables. Manuel Rivero Rodríguez se demande ainsi si Gattinara ne se mit pas dès cette époque à concevoir un plan, un projet,

---

1. *Rapporto delle cose della Magna*, in Machiavelli, *Tutte le opere*, a cura di M. Martelli, Florence, Sansoni, 1971, p. 63-68.

un programme pour l'empire [1] – question pertinente, mais il n'y a aucune trace d'un tel travail. Ce qui demeure, c'est que Gattinara fait pendant ces années un apprentissage nouveau, que ni les humanités ni le droit n'avaient pu lui donner : celui de diplomate, et d'homme d'État.

Cependant, de même que Machiavel, comme secrétaire de la chancellerie, fait entre 1498 et 1512 un apprentissage politique qui est celui du conflit et de la discorde, Gattinara va connaître entre 1509 et 1516 un épisode décisif de sa formation politique, qui passe lui aussi, quoique d'une toute autre façon, par l'expérience du conflit et de la discorde dans l'exercice des offices et des magistratures publiques. Il n'est pas anodin du tout que ces deux auteurs, qu'en dehors d'une simple coïncidence générationnelle bien peu de choses semblent rapprocher, partagent pourtant cette expérience du conflit comme élément central de leur apprentissage de la politique comme métier : c'est en effet ce qui détermine leur manière commune d'investir politiquement leur culture d'humanistes formés par les cités italiennes.

En récompense de ses efforts au service de Marguerite de Bourgogne, Gattinara reçoit en 1509 la charge de premier président du Parlement de Dôle, c'est-à-dire la juridiction la plus haute sur les états patrimoniaux de Franche-Comté. Deux difficultés vont alors se cumuler : tout d'abord, Gattinara ne peut se consacrer entièrement à ce poste, parce qu'il est aussitôt requis par le service de l'Empereur. Il reçoit en effet la charge de président au début de l'année 1509 (elle lui est rapidement confirmée par Marguerite), mais il est également nommé en mai 1509 ambassadeur auprès du nouveau duc de Savoie : il

---

1. « Peut-on penser qu'ayant reconnu les problèmes, il avança des solutions ? Se peut-il qu'il ait organisé un premier plan pour articuler la prééminence de l'empereur ? », M. Rivero Rodriguez, *Gattinara…*, *op. cit.*, p. 46.

suit alors la campagne de Louis XII [1] en Italie jusqu'à la bataille de Cassano ; puis il participe à la négociation du traité de Perpignan par lequel Ferdinand d'Aragon [2] conserve la régence de Castille tout en versant une rente de 20 000 écus à Charles de Gand ; enfin, après un bref passage à Dôle, il est envoyé en Espagne surveiller la ratification du traité. Il y reste presque un an, de juin 1510 à avril 1511, prenant la mesure de l'instabilité de la succession, et de l'hostilité castillane contre Ferdinand, suggérant même que l'on pourrait provoquer un soulèvement qui unirait les nobles et le peuple et appellerait Charles au trône, six ans avant que Guillaume de Chièvres [3], après la mort de Ferdinand, ne réalise ce même coup de force. Mis à part les quelques mois du début de l'année 1510, Gattinara ne rentre donc à Dôle prendre véritablement sa charge qu'à la fin de l'été 1511 [4].

Ensuite, et précisément parce qu'il est d'abord éloigné de son office par ses missions pour le compte des Habsbourg, Gattinara ne peut être vu par les Franc-Comtois que comme l'homme de Maximilien : face à des notabilités bourguignonnes jalouses de leurs pouvoirs et de leurs privilèges, il est

1. Louis XII (1462-1515) est roi de France de 1498 à sa mort.
2. Ferdinand II d'Aragon (1452-1516), roi d'Aragon de 1479 à 1516, est avec son épouse Isabelle de Castille un des principaux artisans de la reconquête définitive de l'Espagne. Après la mort d'Isabelle en 1504, il est écarté de la régence de Castille par la noblesse, qui lui préfère son gendre Philippe le Beau ; mais à la mort de Philippe en 1506 la régence lui revient : en 1508, le traité de Perpignan la lui confirme ; il l'assure jusqu'à sa mort en 1516.
3. Guillaume de Croy, seigneur de Chièvres (1458-1521), est le précepteur de Charles en politique. Véritable maître du gouvernement bourguignon constitué en 1515, il est aussi le principal artisan de la succession espagnole : c'est de lui que Ruiz de la Mota, évêque de Badajoz qui suit la cour bourguignonne, écrit à Cisneros que rien ne se fait au gouvernement que sa main n'ait appuyé.
4. Mercurino Gattinara, *Autobiografia*, trad. G. Boccotti, Rome, Bulzoni, 1991, p. 46.

évidemment l'agent d'un pouvoir central dont on redoute les ingérences et les appétits. De plus, même à la cour à Malines, le gouvernement de Marguerite de Bourgogne tend à protéger l'indépendance bourguignonne face à une intégration Habsbourg trop gourmande : les conseillers de Marguerite, et donc aussi les précepteurs du jeune Charles de Gand, seront les premiers soutiens des notables franc-comtois dans leur résistance à Gattinara. En effet Dôle, redevenue capitale de la Franche-Comté, est isolée et loin de la cour de Malines. Le Parlement y joue un rôle administratif et judiciaire important : l'indépendance du gouvernement franc-comtois est une réalité quotidienne, et Gattinara lui-même comprend très bien le fonctionnement et les enjeux de cette relative autonomie, caractéristique des relations de sujétion sans cesse renégociées qui constitueront la réalité multiple de l'empire de Charles Quint. Il comprend en particulier la difficulté à laquelle il s'expose lui-même, comme officier piémontais, puis savoyard, représentant Maximilien et l'empire autant que Marguerite et la Bourgogne : pour tenter d'aplanir ces obstacles, il va jusqu'à s'inventer, lors de sa prise de fonction devant les Estats de Franche-Comté le 17 avril 1509, une origine bourguignonne totalement artificielle (« Arborio » serait une corruption d'« Arbois », et l'un de ses ancêtres venus de Bourgogne aurait accompagné Frédéric Barberousse en Italie, où il se serait vu offrir le fief de Gattinara). Il répètera cette fable, si importante pour lutter contre le réflexe de rejet dû au patriotisme local, dans une remontrance adressée à Maximilien, et on la retrouve encore en ouverture de son *Autobiographie* [1].

---

1. « La famille des Arborio, qui a encore aujourd'hui de nombreux châteaux dans la région de Verceil, est semble-t-il originaire de la cité d'Arbois, en Franche-Comté. Son prestige était immense, et ses châteaux dépendaient directement du Saint empire Romain [...] », Gattinara, *Autobiografia, op. cit.*, p. 25.

Cependant le moteur du conflit [1] est plus précis : dès la première session qu'il préside au parlement de Dôle, Gattinara annonce en effet la mise en chantier d'une réforme des lois franc-comtoises. Le programme qu'il esquisse est celui d'une « romanisation » du droit coutumier par l'introduction d'une codification formelle issue du droit savant, mais il comprend aussi la mise en place d'une politique anti-nobiliaire dont certaines mesures rappellent fortement celles du mouvement communal italien – ainsi le refus de laisser siéger deux conseillers liés par le sang, ou la volonté affichée d'abaisser l'orgueil des grands. Gattinara cherche donc très explicitement à substituer à la structure féodale du gouvernement franc-comtois une forme de gouvernement moderne dans laquelle le nouvel ordre juridico-politique implique conjointement le renforcement de la tutelle des Habsbourg sur la Franche-Comté et l'imposition d'une raison administrative et légale qui débroussaille le maquis des règles et des influences féodales.

Parmi les notables locaux qui se sentent à juste titre directement menacés par cette entreprise figure le maréchal Guillaume de Vergy, qui va rapidement devenir le fer de lance de la résistance à l'effort conduit par Gattinara. Deux affaires conjointes servent de déclencheur à l'affrontement : d'un côté, Gattinara fait lourdement sanctionner un noble franc-comtois, Jean de Vers, accusé du meurtre de sa femme ; de l'autre il s'oppose vivement à Guillaume de Vergy qui sous prétexte de prévarication a fait jeter en prison le trésorier de Marguerite de Bourgogne, Philippe de Chassey, lui-même représentant gênant de la tutelle habsbourgeoise. Cette double

---

1. Sur ce conflit voir J. Headley, « The conflict between nobles and magistrates in Franche-Comté, 1508-1518 », *The Journal of Medieval and Renaissance Studies*, 9, 1979, p. 49-80.

passe d'armes permet à Gattinara d'identifier en Guillaume de Vergy le « verrou » du système féodal dont son œuvre modernisatrice entend débarrasser la Franche-Comté : à partir de son retour « définitif » à Dôle, en 1511, il va appliquer une politique de justice rigoureuse à l'égard des nobles, ce qui signifie qu'il va aussi limiter les passe-droits et les grâces octroyés par Marguerite ou Maximilien. Le conflit avec Vergy est de plus en plus dur, mais Gattinara ne peut pas l'emporter : le maréchal est un personnage trop important sur l'échiquier stratégique des Habsbourg [1]. Début 1514 la rébellion est devenue ouverte, et Vergy s'érige en rival, usant de son influence à la cour pour neutraliser les efforts du président : tous deux ne cessent en effet d'en appeler à un arbitrage de Malines. Vergy et les siens s'appuient alors sur les irrégularités qui entachent l'acquisition du château de Chevigny par Gattinara en 1511 : le cas remonte lui aussi jusqu'à Malines, où le chancelier de Brabant, Jean Le Sauvage, qui partage avec les Franc-Comtois la méfiance envers les appétits habsbourgeois, se trouve tout disposé à nuire à Gattinara. En 1516 la situation de Gattinara devient insupportable : il n'a pas de soutien efficace à la cour de Malines. Non seulement le gouvernement bourguignon cherche à maintenir son indépendance face aux stratégies habsbourgeoises, mais au sein même de ce gouvernement Marguerite, sur laquelle le président pensait pouvoir s'appuyer, est entourée de seigneurs bourguignons et flamands qui tentent d'imposer une politique plutôt francophile à laquelle Gattinara, qui a déjà compris le

1. Chef militaire de la région qui tient la clef de la Suisse, couvert d'honneurs, Vergy est simultanément courtisé par les Français et pensionné par les Habsbourg : son fils tiendra même l'étendard impérial lors du couronnement de Charles Quint en 1530 (voir J. Headley, « The Conflict... », *op. cit.*, p. 56).

sens de l'affrontement à venir entre le Valois et le Habsbourg, ne peut que faire obstacle. Gattinara se trouve donc en butte à la résistance locale de deux manières : du point de vue de la noblesse féodale, l'effort de modernisation et de rationalisation de la justice est insupportable ; tandis que du point de vue du patriotisme bourguignon, cet italien au service de l'Empereur contrarie la politique francophile des nobles franc-comtois et de leurs appuis à Malines. Gattinara à Dôle, c'est donc à la fois un élément impérial dans une province et un État luttant pour conserver leur autonomie, et un réformateur anti-nobiliaire dans une région encore féodale.

Ce dernier point mérite qu'on s'y arrête un instant. Il permet en effet de voir à quel point Gattinara fait appel, dans le magistère même qui est le sien, à l'héritage italien. Dans une remontrance adressée à Maximilien pour plaider sa cause dès septembre 1514, Gattinara cherche à définir la noblesse que devraient posséder les membres du Parlement de Franche-Comté, eu égard à leurs charges et à leur fonction :

> Generalement tous ceux dudit parlement tant par les vertus que sont en eux que pour le regard et dignité de leur profession et doctrine, que aussy pour la dignité de l'estat qu'ilz ont eus de votre maieste & de maditte dame, *tanquam principis* et représentant sa propre personne doivent estre tenus au nombre des nobles comme remplis de la vray noblesse procedant de vertu qu'est a preferer a toutes autres […]. Et si nous voulons chercher la racine de la noblesse d'aucun de ceux qui se présentent d'aultre costel peut estre que l'on ne la treuveroit si bien fondé que celle de mesdits confreres conseillers et assistans en icelle cour et puisque les honneurs sont tous partis d'un tronc et d'un seul premier Adam & que nature n'a faict aucune difference de la generation des grandes non plus que des petits faut necessairement conclure par les

auctorités dessus alléguées que noblesse est un accident qui
journellement s'acquiert par vertu et se part par vices [1].

Il est important de bien saisir l'argument : Gattinara
construit ici une apologie du Parlement contre ses adversaires
féodaux ; or il lui faut pour cela redéfinir en profondeur l'idée
même de noblesse afin d'opposer la « vray noblesse » des
conseillers du Parlement (qui est aussi la sienne propre) à la
noblesse des notables franc-comtois, ainsi implicitement
décrite comme fausse. Alléguant Platon, Aristote ou Sénèque,
et retrouvant ainsi des arguments que l'on rencontre un siècle
plus tôt chez les grands chanceliers humanistes (par exemple
Leonardo Bruni [2]), Gattinara produit alors une définition de
la noblesse comme accident : en invoquant l'unité du genre
humain issu d'Adam, il nie explicitement le caractère naturel
des ordres et des castes, et rejette une interprétation de la
noblesse qui reposerait sur la continuité du sang, donc du
lignage, pour mettre en avant une noblesse qui ne se comprend
que comme qualité constamment acquise par les actes vertueux.
Il est frappant de reconnaître dans ces arguments un point
d'équilibre inattendu entre les critiques que Dante formule

1. Bibliothèque Municipale de Besançon, collection Chifflet, tome 187,
f° 118r°-118v°, cité par J. Headley, « The Conflict… », p. 64 note 45.

2. « […] l'espoir d'atteindre les honneurs et de s'élever est égal pour
tous, pourvu qu'on y mette de l'industrie, de l'intelligence, et une certaine
règle de vie grave et éprouvée. En effet notre cité requiert de son citoyen la
vertu et l'honnêteté », Leonardo Bruni, *Oratio in funere Iohanni Strozze*
(1427), in *Opere leterarie e politiche*, a cura di P. Viti, Turin, UTET, 1996,
IV, p. 716. Leonardo Bruni (1370-1444), humaniste et traducteur, disciple de
Salutati, succède à ce dernier comme grand chancelier de Florence de 1410
à 1411 puis de 1427 à 1444). Bruni est l'un des principaux représentants de
l'humanisme dit « civique ». Voir James Hankins (ed.), *Renaissance Civic
Humanism*, Oxford, Oxford University Press, 2000, ainsi que Leonardo Bruni
Aretino, *Histoire, éloquence et poésie à Florence au Quattrocento*, ed. et trad.
L. Bernard-Pradelle, Paris, Champion, 2008.

contre la noblesse de sang et celles que produira La Boétie contre la fausse naturalité de la domination [1] : Gattinara s'inscrit ainsi dans une tradition humaniste très précise, anti-nobiliaire, aux yeux de laquelle l'exercice des magistratures politiques est indissociable d'une conception morale de la noblesse comme production des actes de la vertu dans le temps. C'est cette conception qui permet de comprendre le sens du projet de Gattinara à Dôle : il s'agit très évidemment d'un projet de réforme, visant à abolir les formes anciennes d'une hiérarchie sociale et morale en créant les institutions modernes qui permettront de substituer la noblesse vertueuse à la noblesse féodale.

C'est là un élément essentiel pour comprendre le contexte dans lequel l'idée impériale prend sens dans l'humanisme de Gattinara : dans l'expérience franc-comtoise, l'empire est efficace dans toute sa puissance de lutte contre la structure féodale des réseaux sociaux de domination et de distribution de la richesse. Gattinara en est clairement conscient, et c'est dans ces termes qu'il interpelle Marguerite de Bourgogne lorsqu'il sollicite son soutien contre les nobles de Dôle : défendre la noblesse de vertu contre la noblesse de lignage est la seule manière d'assurer la justice et de remplir ainsi la fonction qui est celle du souverain :

> [...] il n'y aura personne qui ose fere une information : ne prendre ung prisonnier : et sera justice du tout reboutée : et ne regnera que force et violence que sera destruction de vos

---

1. Les formulations les plus claires du refus de la noblesse de sang chez Dante se trouvent dans le *Banquet*, traité IV, *canzone*, v. 32-37 et 62-63, trad. Ph. Guiberteau, Paris, Les Belles Lettres, 1968, p. 280 et 282. Quant au rejet de la naturalité de la domination, il parcourt tout le *Discours de la servitude volontaire* de La Boétie.

subjectz et honte à vous et à toutz ceulx qui ainsy vous auront conseillé [1].

L'empire se présente ainsi comme le foyer même de la modernité en politique, et le combat que Gattinara entreprend en son nom est analogue en cela à l'opération de réforme des coutumiers que François Ier relance à la même époque en France, et qui marque une étape juridique essentielle dans la constitution de l'État-nation. Ainsi, aussi bien dans l'actualité prolongée de l'humanisme républicain et anti-nobiliaire que dans la modernisation des formes juridiques de la domination (et surtout, peut-être, dans la conjonction même de ces deux processus), la conception de l'art politique qui semble sous-tendre les actes de Gattinara appartient pleinement au laboratoire de la politique moderne, dont il incarne évidemment une des voies – et ce n'est pas du tout un songe-creux.

Cependant l'expérience de Dôle est un échec : Gattinara ne reçoit pas le soutien qu'il pouvait espérer de la cour, où l'opposition du clan mené par Guillaume de Vergy trouve en revanche des appuis renouvelés autour de l'affaire de l'achat du château de Chevigny. En 1514, revenant d'une session du parlement de Dôle, Gattinara est même attaqué sur la route, et l'escarmouche dure plusieurs heures : il fait alors le vœu, s'il sort vivant de l'aventure, de faire pèlerinage en Terre Sainte. Mais bientôt, comprenant que les résultats de l'ultime appel de son procès contre les Franc-comtois ne lui seront pas favorables, il fait commuer son vœu en retraite, et dès le reçu du jugement, défavorable, il prend ses dispositions pour entrer à la Chartreuse Sainte-Marie de Bruxelles, ce qui est

---

1. Cité par J. Headley, « The Conflict... », *op. cit.*, p. 72, note 66 : on retrouve ici le syntagme « *forze e violenze* » qui, de la chronique des Villani au XIVe siècle jusqu'à Machiavel au début du XVIe, caractérise chez les auteurs florentins la description des exactions de la noblesse féodale contre le peuple.

fait à l'été 1517. Il y reste jusqu'au printemps 1518. Est-ce un retrait de la vie publique ? On pourrait le croire, mais il ne faut pas oublier qu'entre-temps, en avril 1516, un coup de force de Guillaume de Chièvres, préparé en Espagne par les discussions méticuleuses d'Adrien d'Utrecht [1], a fait du jeune Charles de Bourgogne le nouveau roi d'Espagne. Bruxelles n'est pas un mauvais endroit pour se retirer du piège franc-comtois et observer la situation – et Gattinara, qui a vu fonctionner en Espagne en 1510-1511 les rivalités entre partisans de Ferdinand et Castillans pro-bourguignons, le comprend fort bien.

C'est à la lumière de ce basculement, qui voit Charles entamer le processus de « collecte des héritages [2] », qu'il faut comprendre le songe prophétique de 1517. Gattinara est dès cette époque un homme d'État, partisan d'une réforme des institutions politiques, qui a choisi depuis 1507 de lier sa fortune à celle de l'empire. L'épisode de Dôle lui a montré qu'il n'avait pas assez de pouvoir pour mener à bien ses projets et servir cette fin. Le songe prophétique adressé à Charles à la veille de son départ pour l'Espagne est une déclaration de candidature spontanée. Il faut donc en reprendre l'étude de près, d'autant que ce songe constitue le principal atout de ceux qui veulent réduire Gattinara au statut de « prophète désarmé » : ce ne serait qu'une prophétie obscure, adressée

---

1. Adrien d'Utrecht (1459-1523), formé par les Frères de la Vie Commune puis à l'Université de Louvain, devient en 1507 le précepteur du futur Charles Quint, dont il prépare avec Guillaume de Chièvres l'accession au trône d'Espagne. En Espagne, il assure la régence de fait pendant les absences de Charles. Élu pape en 1522, il n'exerce le pontificat que durant une année à peine ; c'est le dernier pape non italien avant Jean-Paul II.

2. Nous empruntons cette expression au titre du chapitre de P. Chaunu et M. Escamilla qui traite de l'accession de Charles à la couronne d'Espagne puis à l'empire : P. Chaunu et M. Escamilla, *Charles Quint*, première partie, chap. 4, Paris, Fayard, 2000, p. 141.

depuis un monastère chartreux par un magistrat rejeté par son propre parlement et ses propres soutiens, à qui Dante a tourné la tête. Ne s'agit-il vraiment que de cela?

LE PROPHÉTISME IMPÉRIAL AVANT GATTINARA

Voici de quelle manière, dans son autobiographie, Gattinara relate les circonstances dans lesquelles il a adressé au futur Charles Quint une « petite œuvre » prophétisant le destin de Charles, appelé à assumer la monarchie universelle :

> Ses mésaventures ne suffirent pas à lui faire abandonner le monastère avant qu'il eût accompli le temps fixé par la commutation de son vœu. Cependant, en cette heure de souffrance, pour soulager son esprit, il se mit à écrire une petite œuvre dédiée à celui qui était alors le roi catholique Charles. Cet écrit contenait une supplique sur les douloureuses vicissitudes qui l'oppressaient. Toutefois dans le thème principal se trouvait intercalé un songe sur l'avènement de la monarchie universelle et sur le triomphe futur de la chrétienté, événement dont il prédisait que ce même Charles serait le protagoniste, pour des motifs variés, comme empereur et recteur suprême de la monarchie universelle. Ce livret fut présenté à Charles, avant qu'il ne quitte les Pays-Bas pour l'Espagne, comme présage patent de son grand destin à venir [1].

Ce présage, ce « rêve impérial » de Gattinara, on l'a dit, peut apparaître comme le témoignage le plus précoce et le plus irréfutable du caractère totalement abstrait de la conception que le chancelier se fait de l'empire : autrement dit, il n'y aurait pas de véritable « pensée politique impériale » chez Gattinara, parce qu'il ne s'agirait pas réellement ici de pensée,

---

1. Mercurino Gattinara, *Autobiografia*, *op. cit.*, p. 61-62.

mais d'une inspiration pseudo-prophétique totalement déconnectée de la réalité politique de l'empire. On aurait, au fond, affaire à deux plans de réalité parfaitement étanches l'un à l'autre, d'un côté celui de l'entrelacement complexe et concret des causes et des effets, et de l'autre celui de la vaticination produisant des images libres.

Pour nuancer cette conception simpliste et binaire, il faut commencer par se pencher sur la nature et les enjeux du courant prophétique et millénariste qui traverse le christianisme depuis le Moyen Âge et connaît une reviviscence spectaculaire entre la fin du XVe et le début du XVIe siècle. Ce qui, dans ce courant, concerne spécifiquement la prophétie « impériale », s'enracine dans les œuvres de Joachim de Fiore, qui occupe une place singulière dans l'histoire des mouvements millénaristes chrétiens [1] : son interprétation du sens historique de l'Écriture a en effet une très grande postérité, dont Dante lui-même constitue un relais important. Cette interprétation a pour moteur essentiel la volonté de redonner un sens à l'histoire du salut. Dans le millénarisme en effet il s'agit de sortir de l'attente sans cesse repoussée de la seconde parousie, pour tâcher de la comprendre selon une rigoureuse computation : en calculant la seconde venue du Christ, on réintègre le Jugement Dernier dans une perspective véritablement historique – et c'est ainsi la Chrétienté entière qui se trouve dotée d'un horizon historique palpable. Cependant le « troisième âge »

---

1. Joachim de Flore (ca. 1130-1202) : moine cistercien établi en Calabre après un voyage en Orient, il est l'auteur d'un ensemble d'écrits eschatologiques et prophétiques qui ont une grande influence sur les mouvements millénaristes médiévaux. Il développe en particulier dans son *Exposition sur l'Apocalypse* une théorie des trois âges de l'histoire humaine qui culmine dans l'annonce du règne de l'Esprit qui doit dominer le dernier âge. Sur l'histoire des mouvements apocalyptiques chrétiens, voir Cl. Carozzi, *Apocalypse et salut dans le christianisme ancien et médiéval*, Paris, Aubier, 1999.

de Joachim, et les sept « états » qui le subdivisent, laissent ouvert le problème de la durée du dernier règne. Le chiliasme, c'est-à-dire le millénaire qui sépare l'avènement du troisième âge de la venue finale du Rédempteur, doit-il s'entendre littéralement comme un règne de mille ans ? Faut-il considérer que ces mille ans seront occupés par le règne de l'Antéchrist, qui selon l'Apocalypse doit précéder le Jugement dernier, ou bien ce règne est-il au contraire celui d'un souverain universel qui réunifiera la Chrétienté pour la préparer au Jugement ? Dans cette ambiguïté se glisse la possibilité d'une compréhension « politique » du millénarisme. Il existe en effet une conception chrétienne de l'empire selon laquelle l'unification de toute l'humanité sous un seul pasteur est le véritable sens de l'histoire politique des hommes (c'est une lecture qui trouve à s'articuler dans l'évangélisme : s'il a fallu que le Christ après la Passion retourne auprès du Père, et s'il a donc fallu admettre un délai entre le Sacrifice et le Jugement, c'est pour laisser le temps aux apôtres de propager la bonne nouvelle, et de rassembler les nations – c'est le sens même du don des langues qui marque la Pentecôte). Ainsi, l'empereur est le pasteur unique qui rassemblera le troupeau du Seigneur et rendra possible la seconde parousie.

Sur cette base, un certain nombre de prophéties tardives, aux XIVe et XVe siècle, vont reprendre des éléments de la pensée joachimite pour en tirer une application proprement politique, en les mêlant à des enjeux directement liés à l'exaltation des royaumes et des principautés qui affirment leur autonomie tout au long des derniers siècles du Moyen Âge. Plusieurs courants se rencontrent alors. Il existe tout d'abord un authentique prophétisme impérial, dont la meilleure illustration reste le *De Monarchia*[1], dans lequel Dante fonde

---

1. Dante, *La Monarchie* (1314), éd. et trad. M. Gally, Paris, Belin, 1993.

l'unité de la chrétienté sur l'unité de l'empire, en considérant qu'il faut penser à côté de la béatitude de l'Église céleste une forme de perfection terrestre pour la communauté des chrétiens, communauté dont l'empereur seul peut assurer l'unité. On note que ce messianisme impérial est profondément lié à une conception de la légitimité du pouvoir politique : le troisième âge, l'âge de l'esprit, y est explicitement assimilé à l'âge du droit, et placé sous le signe de Rome, Dante s'appuyant sur la coïncidence entre l'avènement de l'empire à Rome et l'incarnation du Christ en Palestine. Il existe, ensuite, un courant apocalyptique qui ravive le joachimisme à l'occasion du grand schisme de 1378 : on en trouve la trace dans le *Libellus* de Telesforo da Cosenza, dont une première version date du milieu du XIVe, mais dont les dernières versions datent de 1380-1390. Le *Libellus* annonce l'avènement d'un empereur capable de réformer l'Église corrompue pour assurer seul le véritable pastorat. Il fait partie d'un ensemble de textes développant ce que l'on appelle la « prophétie du Second Charlemagne (*Carolus redivivus*) », et dont la monarchie française est la principale destinataire. Certains textes de Telesforo lui-même, ou produits dans son entourage, apparaissent vers 1380 dans des compilations composées en Bourgogne et appliquant le prophétisme impérial au roi Charles VI fils de Charles V (« *Karolus filius Karoli* ») :

> Charles fils de Charles de la nation très illustre du Lys, ayant le front haut, de longs sourcils, de grands yeux, et le nez aquilin, autour de l'âge de treize ans sera couronné, et dans sa quatorzième année rassemblera une grande armée et détruira tous les tyrans de son royaume. Car il sera lié à la justice comme l'époux est lié à l'épouse ; et jusqu'à sa vingt-quatrième année il mènera la guerre, soumettant les Anglais, les Espagnols, les Aragonais, les Bourguignons, les Lombards, les Italiens ; il détruira Rome et Florence et

les consumera par le feu ; il recevra la double couronne, après quoi traversant la mer avec une grande armée il entrera en Grèce. Et il sera nommé Roi des Grecs, faisant un édit par lequel quiconque n'adorera pas le Crucifix mourra de mort, et nul ne pourra lui résister, car le bras divin sera toujours avec lui, et il possédera un domaine presque universel sur la terre [1].

Dès le XIVe siècle, il existe donc une version « politique » du millénarisme chrétien, qui ne relève pas seulement d'une prophétie inspirée portée par des moines illuminés et coupés du monde, mais qui constitue au contraire un outil de propagande politique extrêmement efficace, et même d'autant plus efficace qu'il inclut désormais, à la suite du Schisme, l'idée d'une réforme ou d'un châtiment de l'Église corrompue (ce prophétisme trouve donc très naturellement sa place dans l'histoire des conflits entre le pouvoir spirituel et le pouvoir temporel qui marquent le XIVe siècle). On passe alors de la prophétie qui annonce la consomption du siècle, c'est-à-dire l'achèvement de l'âge « historique » de l'humanité, qui est aussi achèvement de l'âge de l'*Imperium* romain, à une prophétie qui annonce au contraire la *nova reformatio* de l'Église par le triomphe de ce même *Imperium*.

On rencontre alors dans ce même courant un ensemble de textes datant de la fin du XVe siècle, dans lesquels ce n'est plus la couronne de France, mais la maison de Habsbourg qui se trouve destinée à assumer ce triomphe de l'*Imperium*. Deux textes, tous deux cités et commentés par Marjorie Reeves, présentent un intérêt particulier : la *Prognosticatio* de Johannes

---

1. Prophétie dite du « Second Charlemagne », en appendice au *Libellus* de Telesforo da Cosenza (ca. 1387), Bibl. Vat. MS Reg. Lat. 580, f° 52 r°, cité par M. Reeves, *The Influence of prophecy in the later Middle Ages : a study on Joachimism*, Oxford, 1969, réédé. Notre Dame, N.-D. University Press, 1993, p. 328.

Lichtenberger, et le *Tractatus de Revelatione beatus Methodi*
de Wolfgang Aytinger. En 1488 Johann Lichtenberger,
astrologue de Frédéric III, publie une *Prognosticatio* dans
laquelle on retrouve le joachimisme « traduit » en politique [1].
Le troisième « *status* » de Joachim y désigne désormais l'État
universel du dernier empereur (il est évident que le fait que
Joachim parle de « *status* » pour dire « *aetas* » favorise cette
transposition du troisième âge vers le troisième État). Ainsi,
dans l'usage qu'il fait des différentes sources joachimites ou
pseudo-joachimites qu'il rassemble, Lichtenberger s'appuie
bien sur l'ancienne attente des ultimes tribulations de l'Église,
mais il en donne une version politique : le Sauveur Impérial
vaincra les Turcs (c'est là un élément constant des prophéties
joachimites à partir de 1453), mais ce triomphe n'inaugurera
pas tant la consomption du siècle que sa *nova reformatio*.
Comme on va le voir, le « joachimisme » de Gattinara dans
son pseudo-fragment de 1517 s'inscrit dans cette tension
ouverte entre une voie strictement apocalyptique, tâchant de
prévoir la seconde parousie et donc la consomption de l'histoire
civile résorbée dans le rythme plus vaste de l'histoire du salut,
et une voie politique qui annonce l'avènement du « dernier
empereur » comme empereur de la réformation et rénovation
ultime de l'empire. Par ailleurs, la *Prognosticatio* ne concerne
plus Frédéric III, mais son fils Maximilien Ier et son petit-fils
Philippe Le Beau. Lichtenberger y présente l'avènement d'un
empereur-réformateur qui doit relever et châtier l'Église sous
les papes Angéliques : les idées de la pré-réforme marquent
cette pronostication, dont on retrouve les caractéristiques

---

1. Johannes Lichtenberger, *Prognosticatio in latino by John Lichtenberger :
A reproduction of the first edition (printed at Strasbourg, 1488)*, ed. W.
H. Rylands, Manchester, Brothers, 1890.

principales dans le *Tractatus de revelatione beati Methodi* de
Wolfgang Aytinger, publié par Sebastian Brant en 1498 :

> Car on lit dans la légende de Charlemagne roi de France que
> de sa race sera issu, dans les temps les plus nouveaux,
> quelqu'un du nom de P. qui sera prince et monarque de
> l'Europe entière (*princeps et monarcha totius Europe*), qui
> reprendra la terre promise, et qui réformera l'Église et le
> clergé (*ecclesiam atque clerum reformabit*) [...], qui châtiera
> les Chrétiens renégats, qui se soumettra la terre des infidèles,
> qui choisira de nouveaux prédicateurs évangéliques et qui
> fera une nouvelle réforme de l'Église (*novam reformationem
> ecclesie faciet*). Et il est question de lui dans les révélations
> de Sainte Brigitte et d'Hildegarde. De même, par lui et avec
> l'aide du Christ le royaume des Romains sera élevé par-
> dessus tous les royaumes du monde (*super omnia regna
> mundi*). Enfin il établira dans le monde une paix absolue et
> universelle, afin que par la paix présente nous méritions de
> parvenir à l'éternelle [1].

Cette prophétie « habsbourgienne » donne, on le voit, une
place centrale à la mission « réformatrice » de l'empire : c'est
bien entendu par ce biais que l'on peut entrevoir la manière
dont le *libellus* rédigé par Gattinara en 1517 à Bruxelles trouve
naturellement à s'articuler avec son entreprise strictement
politique en Franche-Comté. Il faut ajouter que cette prophétie
habsbourgienne rencontre par ailleurs des éléments prophétiques
propres à la monarchie espagnole, et avivés par la stature
légendaire qu'acquièrent les souverains catholiques lors de
la *reconquista* – Christophe Colomb lui-même est l'auteur,

---

1. Wolfgang Aytinger, *Tractatus de revelationis beati Methodi* (1498),
cap. 5, cité par M. Reeves, *The Influence of prophecy...*, *op. cit.*,
p. 353-354.

en 1502, d'un *Libro de las profecias* qui applique les schémas de pensée joachimites à la destinée de la monarchie espagnole[1].

Cependant, dans le temps même où on le met au service des Habsbourg, le prophétisme du *Carolus redivivus* continue de s'appliquer aux Valois : ainsi Charles VIII, lorsqu'en 1494 il conduit les armées françaises en Italie, semble incarner parfaitement la figure de l'empereur des derniers temps[2]. Parmi les multiples libelles prophétiques qui développent cette idée, on trouve chez Savonarole un cas très significatif d'identification du rôle prophétique de Charles VIII, d'autant plus intéressant que, pratiquement contemporain de Gattinara, Savonarole développe lui aussi une articulation naturelle entre le prophétisme et la réforme politique. Savonarole montre d'une part que le schéma prophétique offre un horizon d'intelligibilité pour les événements de 1494, et il offre d'autre part l'exemple d'une véritable utilisation politique du prophétisme, puisque sa prédication à Florence entre 1495 et 1498 accompagne tout simplement un changement de régime constitutionnel.

> *Itaque tandem advenisti, o Rex, advenisti, minister Dei, advenisti, minister iustitiae.* Je dis que finalement tu es venu, ô Roi ; tu es venu, ministre de Dieu, tu es venu, ministre de la justice ! tu es toujours le bienvenu ! Nous te recevons le cœur joyeux, et le visage heureux. Ta venue […] a fait se réjouir tous les serviteurs de Jésus Christ, et tous ceux qui

1. Sur le prophétisme propre aux souverains catholiques et à leurs successeurs, en particulier chez un Cisneros, régent de Castille à deux reprises, voir M. Bataillon, *Érasme et l'Espagne*, Paris, 1937, rééd. Genève, Droz, 1998, p. 55-70.

2. Voir A. Y. Haran, *Le Lys et le Globe, Messianisme dynastique et rêve impérial en France aux XVIe et XVIIe siècles*, Paris, Champs-Vallon, 2000 (en particulier chap. 2, p. 63-88). Charles VIII (1470-1498) est roi de France de 1483 à 1498.

aiment la justice, et qui désirent bien vivre, parce qu'ils
espèrent que Dieu par ton entremise abaissera l'orgueil des
orgueilleux, exaltera l'humilité des humbles, écrasera les
vices, exaltera les vertus, redressera les choses dévoyées,
rénovera les anciennes, et réformera tout ce qui est difforme [1].

L'œuvre de Savonarole, et tout particulièrement le
Compendio delle rivelazioni, permet ainsi de constater qu'à
l'aube du xvie siècle le prophétisme parvient à lier trois
réformes : réforme morale, réforme théologique, réforme
politique [2]. On voit donc bien qu'une structure prophétique
existait pour donner un sens aux événements dramatiques liés
à la *calatá* des Français, et que Savonarole lui-même n'est
pas isolé : la foudre qui tombe sur le Duomo en 1492, ou les
sombres prophéties sur la venue du *flagellum dei*, qui mêlent
réforme théologique, morale et politique, se déploient sur le
fond d'une recrudescence de la diffusion de ces libelles
prophétiques et pronostications. Les prophéties facétieuses
de Léonard de Vinci ou de Rabelais, dans le premier tiers du
xvie siècle, railleront précisément cet engouement ; et si le
rejet machiavélien des prophètes désarmés, dont il faut mesurer
l'audace et la singularité épistémologique, affirme la séparation
du prophétisme et du *ragionare dello stato*, c'est bien parce

1. Girolamo Savonarola, *Compendio delle rivelazioni* (1495), *in* P. Villari,
E. Casanova, *Scelta di prediche e scritti di Fra Girolamo Savonarola, con
nuovi documenti intorno alla sua vita*, Florence, Sansoni, 1898, p. 362-364.
Voir également les *Sermons sur Aggée*, dans Savonarole, *Sermons, écrits
politiques, et pièces du procès*, textes traduits et présentés par J.-L. Fournel
et J.-Cl. Zancarini, Paris, Seuil, 1993, p. 49 *sq.*

2. Sur les multiples enjeux politiques de ces multiples significations de
la réforme, voir C. Vasoli, *Profezia e ragione : studi sulla cultura del
Cinquecento e del Seicento*, Naples, Morano, 1974 (en particulier chap. 1),
et D. Weinstein, *Savonarole et Florence. Prophétie et patriotisme à la
Renaissance* (Princeton, PUP, 1970), trad. M.-F. de Paloméra, Paris, Calmann-
Lévy, 1973 (en particulier chap. 3 et 5).

que, précisément, cette séparation ne va pas du tout d'elle-même. Mieux encore : au-delà de la défense machiavélienne de la rationalité propre du politique, on peut soutenir que le mélange de la réforme spirituelle et de la réforme politique est bien l'élément fonctionnellement commun au savonarolisme et au machiavélisme – et qu'il est aussi dans la politique des humanistes impériaux de s'appuyer sur ce registre, comme le fait, justement, Gattinara dès 1517.

LE *LIBELLUS* DE 1517
ET LES ÉQUIVOQUES DE LA RAISON IMPÉRIALE

Il n'est pas possible d'évaluer cette hypothèse sur pièces, puisque le « *libellus* » adressé à Charles en 1517, ce « *libellus* » que Gattinara évoque dans son *Autobiographie*, est désormais perdu. En revanche, Giancarlo Boccotti a retrouvé dans les archives de la Chartreuse de Bruxelles, et publié en 1995 [1], un texte étonnant, qu'il intitule « opuscule inédit sur la monarchie universelle », et qui offre la possibilité d'approcher un peu mieux le style et le contenu du livret perdu. Cet opuscule est un manuscrit de six feuillets, de la main de Gattinara, contenant apparemment des notes prises à la lecture d'un traité millénariste d'inspiration joachimite [2], et dont la conclusion semble gloser une révélation reçue par un vieillard pieux et illettré, une révélation qui comme le traité à la suite

---

1. G. Boccotti, « Mercurino Arborio, cancelliere di Carlo V, e un opuscolo inedito sulla monarchia universale », *Atti dell'Istituto veneto di scienze, lettere ed arti*, tomo 153, vol. I, Venise, 1995, p. 155-195.

2. Ainsi le manuscrit retrouvé par Boccotti constitue-t-il lui-même la glose d'un manuscrit retrouvé ; il porte en effet le titre suivant : « extrait d'un certain livre écrit d'une main ancienne, retrouvé à la Chartreuse de Bruxelles, et dont le titre est *De la victoire du Christ contre l'Antéchrist* ; mais dont l'auteur est inconnu ».

duquel elle est copiée daterait du début du XIVᵉ siècle. Comme le montre Boccotti, ces dernières lignes sont très propablement inventées : c'est une pseudo-prophétie, forgée par Gattinara lui-même, à la manière des traités joachimites qui se multiplient entre la fin du XVᵉ et le début du XVIᵉ siècle. Ces notes, vraisemblablement préparatoires au *libellus* adressé à Charles Quint, donnent à voir une figure précoce de la position spécifique du prophétisme impérial de Gattinara.

Pourtant, à lire les premières pages de ce manuscrit, il semble qu'on n'y trouve qu'un catalogue d'élucubrations joachimites sur le sens occulte qui serait caché dans les lettres des alphabets hébreu et latin. Si c'est là un thème courant de la poésie prophétique, reprenant la pratique kabbalistique de la temourah, on est apparemment bien loin d'un texte dont on puisse soutenir qu'il a un enjeu immédiatement politique. Nous soutenons pourtant qu'il en a un, et que ce petit ensemble de notes jetées à la lecture d'un pseudo-manuel joachimite du XIVᵉ siècle propose une forme de la pensée impériale qui est parfaitement cohérente avec le reste de la carrière et de l'œuvre de Gattinara ; plus encore, nous soutenons que cette pensée ne se laisse pas seulement lire dans la pseudo-prophétie ajoutée par Gattinara à la fin de son manuscrit, mais aussi dans les notes qui la précèdent, et qui laissent entrevoir une conception très particulière des raisons de l'histoire. La conjonction de l'idée impériale et de cette rationalité inattendue qui passe par le millénarisme joue à nos yeux un rôle important dans la construction de l'épistémologie de la science politique moderne.

Le manuscrit commence, on l'a dit, par présenter une computation du temps de la seconde parousie selon un modèle d'inspiration kabbalistique qui est fréquent dans les traités joachimites :

L'Abbé Joachim <de Fiore> dans le petit livre qu'il a fait *Sur les semences des lettres* (*De seminariis litterarum*), paraît conjecturer de la façon suivante du temps probable de l'avènement de l'Antéchrist et, conséquemment, de l'avènement du Christ pour le jugement. Ainsi <il dit> tout d'abord que ces temps sont cachés dans les prophéties des saintes écritures, mais qu'elles y sont énoncées de manière occulte. [...] Voici en effet ce qu'il dit dans le 2° chapitre de son livre : « toute prophétie, pour ne pas disparaître de la mémoire, est confiée aux écritures des livres. Et là où il y a écriture, ce n'est que par la conjonction des mots ; et là où il y a mot, ce n'est que par la conjonction des syllabes ; et là où il y a syllabe, ce n'est que par la conjonction des lettres. Les lettres sont donc les racines de toutes les choses écrites ; il est donc clair que, comme pour tous les êtres vivants, les fruits qu'elles portent proviennent des racines <que sont> les lettres. Dès lors, si une prophétie est cachée dans les écritures, comment ne serait-elle pas cachée dans les racines des lettres ? » [1].

Il faut tout d'abord noter que ce travail de computation est par lui-même – et ce n'est pas propre à ce manuscrit, puisque c'est la caractéristique de tout le millénarisme chrétien médiéval – formellement opposé aux mises en garde explicites que Paul formule dans la deuxième épître aux Thessaloniciens, ou dans la première aux Corinthiens : contre la position de Paul qui avertit les nouveaux chrétiens de ne pas chercher à calculer le temps du retour du Christ pour le jugement (puisque le « jour du Seigneur » viendra « comme un voleur dans la nuit » ou « comme les douleurs sur la femme enceinte [2] »), le millénarisme entreprend au contraire de reconquérir une

---

1. Gattinara, *Extractum a quodam libro antiquo [...]*, in Boccotti, « Mercurino Arborio, cancelliere di Carlo V, ... », *op. cit.*, p. 187.

2. Paul, *Seconde Épître aux Thessaloniciens*, 5.

véritable « raison de l'histoire », arrachant ainsi le temps historique de la chrétienté à cette *regio dissimilitudines* à quoi le réduisait Augustin [1]. C'est dans cette perspective qu'il faut lire le calcul complexe que résument les notes de Gattinara. En effet, en attribuant un siècle à chaque lettre de l'alphabet hébreu, puis de l'alphabet latin, le traité joachimite que démarque Gattinara ne se contente pas de postuler la lisibilité du temps, même cryptique : il affirme également que cette lisibilité passe par la claire identification des « empires » qui se succèdent et dont l'écriture est chaque fois la clef. C'est d'un « empire hébreu » que les vingt-et-unes lettres de son alphabet permettent de reconstituer et de comprendre l'histoire, de sorte que « calculant depuis Heber et attribuant à chaque lettre Hébraïque une centaine d'années, à la fin de la dernière centaine le règne des Juifs devait être détruit par le Christ, qui revêtit alors la chair, et qu'alors prit fin l'état [2] de la loi écrite avec ces lettres, comme on le voit dans le calcul des tables de chroniques » ; et c'est ensuite de l'empire romain que l'alphabet latin donne à son tour la clef, permettant de calculer qu'« autour de la fin de la 23e centaine [3], l'empire

1. Augustin, *Confessions*, VII, 10, trad. L. Jerphagnon, Paris, Gallimard, « Bibliothèque de la Pléiade » (Œuvres, I), 1998, p. 918. Voir dans cette même édition la note de P. Cambronne, p. 1490-1491.

2. Boccotti, « Mercurino Arborio, cancelliere di Carlo V, ... », *op. cit.*, p. 187, note 2, rapproche l'expression « *status legis* » de l'expression joachimite « *status saeculi* », qui est équivalente à « *aetas saeculi* » : en d'autres termes, dans une perspective joachimite, le *status* est un âge, une époque. Nous avons souligné plus haut à quel point ce choix lexical favorisait le glissement de « l'âge » à « l'État », permettant ainsi l'interprétation purement politique du millénarisme joachimite.

3. Nous suivons la correction de Boccotti : le manuscrit porte « 43e centaine », mais c'est une faute évidente, puisqu'il n'y a que 23 lettres Latines (les 21 lettres « purement latines » et les deux lettres « argiennes », "y" et "z").

Romain sera détruit et laissera place à l'empire de l'Antéchrist [1] ».

L'empire romain est donc, par la vertu cachée des lettres de sa langue, destiné à durer en tout vingt-trois siècles, c'est-à-dire 2300 années, que l'on peut ainsi décomposer : 752 ans *ab urbe condita*, et 1548 ans *a Christo nascito*. Un double mécanisme est donc mis en œuvre à partir de la thèse fondamentale selon laquelle la raison des temps se trouve dans l'écriture : une analyse décompose d'abord l'écriture elle-même en paroles, puis en mots, puis en syllabes, puis en lettres ; une synthèse recompose ensuite à partir de ces lettres auxquelles sont affectés les siècles une véritable computation du temps historique, au terme de laquelle il devient possible de dater précisément la fin de l'empire romain. Avant même de s'intéresser à cette fin, et à l'usage qu'en fait Gattinara, il faut insister sur le sens de cette entreprise de calcul : elle donne en effet à voir la forme proprement prophétique de la raison historique, au sens où le prophétisme politique auquel Gattinara s'identifie passe ici par la doctrine de la « calculabilité » de l'avènement. Il n'est pas possible de comprendre pleinement les « raisons de l'empire » sans considérer d'abord qu'elles reposent sur cette manière d'imposer la raison à ce qui, chez Paul puis chez les Pères latins, devait y échapper absolument : c'est la soudaineté même de tout événement, la brutalité et la verticalité de son surgissement, qui se trouvent ainsi réduites. En d'autres termes, l'entreprise que Gattinara conduit en glosant le millénarisme joachimite est, de manière inattendue, analogue par-delà ses profondes différences à l'entreprise machiavélienne de résorption de la fortune dans le *ragionare dello stato*. On

---

1. Gattinara, *Extractum a quodam libro antiquo [...]*, in Boccotti, « Mercurino Arborio, cancelliere di Carlo V, ... », *op. cit.*, p. 188.

comprend alors, au passage, l'empressement du Secrétaire Florentin à disqualifier les « prophètes désarmés », ou à écarter Moïse de la liste des grands capitaines qu'il donne dans le chapitre VI du *Prince*[1] : c'est qu'il sait bien qu'en 1512 sa manière de fonder en raison *l'arte dello stato* doit se démarquer de l'entreprise concurrente et voisine que permet la prophétie.

Reste alors à lire cet ajout visiblement artificieux qui conclut le manuscrit : une fois exposé le calcul des temps de l'histoire chrétienne, Gattinara feint de trouver, « à la fin de ce même livre, [...] un chapitre sur une certaine révélation, que l'on dit avoir été faite à un saint homme » ; et c'est cette révélation qu'il « recopie » :

> On rapporte qu'un homme presque illettré, et qui à ce qu'on dit aspirait exclusivement à l'exaltation de la foi, eut et reçut cette revélation que, saisi d'éloquence latine, et dans un style remarquable, <il exprima> par ces paroles : « [...] L'Espagne, nourrice de la corruption mahométane, sera déchirée par une furie réciproque. Car ses deux royaumes se dresseront l'un contre l'autre. Et, lorsque le petit de la jument aura accompli trois fois sept <années>[2], un feu dévorant s'étendra, jusqu'à ce que l'oiseau de nuit (*vespertilio*)[3] engloutisse les cendres de l'Espagne puis, soumettant l'Afrique et écrasant la tête de la bête, reçoive la monarchie. Après quoi il humiliera les habitants du Nil. Ensuite, le fils de l'homme [alt. : de

1. Machiavel, *Le Prince*, chap. VI, *op. cit.*, p. 73.
2. Boccotti interprète ainsi le fils de la jument : il s'agit de Philippe le Beau, fils de Marie de Bourgogne qui lui apporte en dot le duché de Bourgogne. En 1500, il a 21 ans (3 fois 7 années) au moment où meurt l'infant don Miguel, seul descendant mâle des Rois catholiques, faisant ainsi de Philippe le seul héritier de la couronne d'Espagne (succession qu'il vient réclamer avec son épouse Jeanne de Castille en 1502).
3. *Vespertilio* : littéralement « oiseau-de-nuit », ou chauve-souris, désigne ici le roi du domaine du soleil couchant, c'est-à-dire le roi d'Occident, ce qui peut signifier ici le roi d'Espagne ou l'Empereur d'Occident.

l'oiseau de nuit] se lèvera, d'un mouvement soudain, pour passer au crible les mortels afin de séparer d'un glaive très douloureux les fils de Jérusalem des fils de Babylone. Et le dragon, accomplissant ainsi l'ultime sentence de sa fureur, demeurera éternellement trompé et vaincu. Ce sont là les paroles de la révélation » [1].

Le thème qui ouvre ce fragment est classique : c'est celui de l'esprit se manifestant avec éclat dans un humble à qui est brièvement conféré le don de la parole. L'investissement du vieillard illettré par l'éloquence latine constitue ainsi une sorte de pentecôte humaniste, dans laquelle le style de Cicéron habille naturellement le thème de la révélation donnée par l'esprit. Cet incipit suffit à lui seul à dénoncer la main de Gattinara. Mais c'est le contenu même de la révélation ainsi exprimée par le vieillard qui porte le poids principal de la construction politique agencée par le futur chancelier : si l'on peut trouver dans ce manuscrit de La Chartreuse de Bruxelles un écho du *libellus* perdu adressé à Charles, c'est avant tout parce que la révélation en question parle d'abord du destin de l'Espagne.

La « révélation » décrit en effet la manière dont la succession d'Espagne, près de provoquer le déchirement des deux royaumes alliés mais distincts de Castille et d'Aragon, passe au « fils de la jument » (Philippe le Beau) ; c'est ce « fils de la jument » qui devient ensuite *verspertilio*, oiseau de nuit, oiseau de l'Occident, c'est-à-dire roi d'Espagne. Gattinara greffe alors habilement sur ce thème celui de la croisade africaine, prolongement de la reconquête : il a pu, entre 1510 et 1511, mesurer par lui-même l'importance pour les Espagnols de ce thème dont le cardinal-archevêque Jimenez de Cisneros

---

1. Gattinara, *Extractum [...]*, *in* Boccotti, « Mercurino Arborio, cancelliere di Carlo V, ... », *op. cit.*, p. 195.

se faisait alors le hérault. Cisneros acccomplit une œuvre immense pour réformer les monastères espagnols et acclimater en Espagne la *philosophia christi* (en particulier en patronant l'entreprise monumentale de la *Biblia poliglota complutenses*, ou en fondant sur ses deniers propres l'université d'Alcalá de Henares, mais aussi en tentant d'attirer en Espagne les représentants de l'évangélisme européen – Charles de Bovelles, par exemple, fera le voyage d'Espagne à l'invitation de Cisneros). Mais par-delà cette place cruciale dans l'histoire de l'humanisme et de la spiritualité moderne en Espagne [1], Cisneros, qui assure deux fois la régence entre 1504 et 1517, ne cesse d'appeler à la poursuite de la *reconquista*, tant pour accomplir la mission spirituelle des souverains catholiques que pour sécuriser enfin le commerce maritime en Méditerranée occidentale : devant les hésitations des souverains successifs, il finit même par lever sa propre armée, qui passe le détroit, reprend Ceuta, et un an tout juste avant l'arrivée de Gattinara en Espagne Cisneros en personne entre à cheval dans Oran prise aux arabes. Gattinara mesure donc très précisément l'enjeu de sa « révélation » lorsqu'il articule à cette reconquête poussée jusqu'à l'Égypte l'octroi de la *monarchia* à Philippe le Beau : il ente ainsi sur le corps des prophéties impériales un rameau proprement espagnol, tant par la mention explicite de la reconquête que, plus discrètement, par le choix même du terme de *monarchia*, qui peut évidemment renvoyer à la

---

1. Voir à nouveau M. Bataillon, *Érasme et l'Espagne, op. cit.*, p. 55 *sq*. Francisco Jimenez de Cisneros (1438-1517), formé au collège de Alcalá de Henares (dont il fera plus tard une université) puis à l'Université de Salamanque, devient en 1492 confesseur de la reine Isabelle de Castille. En 1507, il est fait cardinal et Grand Inquisiteur d'Espagne. Deux fois régent de Castille (en 1506 à la mort de Philippe le Beau, puis en 1516 à la mort de Ferdinand d'Aragon), il contribue à installer Charles sur le trône d'Espagne.

monarchie espagnole, mais qui fait aussi très directement référence à la *monarchia universalis* [1].

C'est dans les dernières phrases que se joue cependant l'essentiel de la construction théorique de Gattinara. Le manuscrit porte en effet une correction aux implications passionnantes : l'expression « *filius hominis* », le fils de l'homme, est en effet complétée (mais non raturée, ce qui est important) par une correction interlinéaire, qui permet de lire au choix « *filius hominis* » ou « *filius vespertilionis* ». L'ajout de la seconde possibilité, n'abolissant pas la première, fonctionne comme le maintien délibéré d'une équivoque dans la structure du passage, donc dans son herméneutique possible. Dans le premier sens, « *filius hominis* » désigne évidemment le Christ, et Gattinara évoque alors de manière classique la seconde parousie, le Jugement, et la défaite définitive de la Bête. Mais dans le second sens, « *filius vespertilionis* » désigne le fils du roi d'Espagne, c'est-à-dire Charles lui-même ; c'est alors le jeune archiduc en passe de devenir roi qui hérite de la tâche de séparer les fils de Babylone des fils de Jérusalem. Cette seconde lecture est explicitement anti-augustinienne, puisque tout le propos de la *Cité de Dieu* consiste à dire au contraire que les deux cités ne seront pas démêlées avant la fin des temps : avec l'ajout de cet unique mot, *vespertilionis*, Gattinara ouvre donc dans la computation classiquement joachimite de la fin des temps historique une autre possibilité, qui n'a de sens que du point de vue du référent politique de la prophétie, et qui réintègre dans le temps le terme de cette prophétie. La « révélation » qui clôt le manuscrit de Bruxelles annonce alors dans le fils du roi d'Espagne le dernier empereur,

1. Sur l'équivocité de l'idée de *monarchia* à la fin du Moyen Âge et au début des temps modernes, voir F. Bosbach, *Monarchia Universalis*..., *op. cit.*, chap. 1.

celui qui soumettra les infidèles et vaincra la Bête, selon un prophétisme désormais intégralement impérial, au sens de celui de Dante, et plus du tout apocalyptique.

Quelle leçon tirer de la lecture de ce manuscrit ? Il ne s'agit pas de chercher à en déduire le contenu du *libellus* perdu, mais d'y voir le travail de mise au point de l'idée impériale dans une de ses composantes apparemment les plus archaïques : cette composante prophétique, plongeant ses racines dans le courant millénariste médiéval, n'est pas incompatible du tout avec la mise en œuvre des raisons politiques qu'exige l'empire. On aurait tort de considérer que « raison » ne se dit ici que par équivocation, confondant artificiellement la *ratio* du calcul des âges de la prophétie et les raisons tactiques dans lesquelles se joue l'avènement de Charles Quint : cette équivocation est une puissance positive du discours de Gattinara, un dispositif délibéré, un agencement calculé auquel l'alternative entre *filius hominis* et *filius vespertilionis* fournit dans le manuscrit un excellent emblème. C'est précisément parce qu'il est capable d'articuler entre eux, au moyen de tels dispositifs rhétoriques et théoriques, l'ensemble des significations divergentes de l'idée d'empire, que Gattinara est à même d'incarner pour nous cet humanisme impérial dont nous cherchons à déployer les raisons. L'homme qui construit en 1517 à Bruxelles le dispositif du prophétisme impérial, donnant ainsi à la monarchie de Charles un fondement symbolique d'une extrême précision et d'une grande efficacité, est bien le même que celui qui, pendant les sept années précédentes, a mis ses talents de juriste et de politicien au service d'une réforme institutionnelle de la Franche-Comté, tout en apprenant au service de Maximilien un autre métier, celui de diplomate, si important pour l'avènement de la science politique moderne.

Cependant, au moment où Charles s'embarque à Rotterdam pour aller recevoir la couronne d'Espagne, le futur chancelier n'est encore qu'un politicien en disgrâce, exilé dans un couvent bruxellois. La cour de Charles, en 1517, est d'abord une cour bourguignonne, celle que dominent les figures de Jean Le Sauvage et de Guillaume de Croy, seigneur de Chièvres, véritable artisan de l'accession de Charles au trône d'Espagne. Avant d'examiner la manière dont les dispositifs de l'humanisme impérial de Gattinara pourront être mis au service de la couronne impériale, il faut revenir sur les oppositions et les conflits qui permettent de comprendre comment l'exilé de La Chartreuse a pu, moins de deux ans plus tard, devenir grand chancelier de l'Empereur : c'est à travers ces conflits que l'on va pouvoir laver définitivement Gattinara de l'accusation de n'être qu'un « prophète désarmé ».

CHAPITRE II

PENSER LE GOUVERNEMENT DE L'EMPIRE

UN DÉSACCORD SUR LA CONCORDE : ÉRASME ET L'EMPIRE

Si l'entreprise de réforme et de modernisation institutionnelle de Gattinara s'est heurtée en Franche-Comté à la résistance acharnée de la noblesse féodale, cette résistance n'a pu avoir raison de lui qu'avec le soutien de la cour de Marguerite de Bourgogne à Malines. Pourquoi ce gouvernement a-t-il choisi de ne pas soutenir son représentant officiel à Dôle ? Plutôt que de motifs stratégiques, de clientélismes locaux ou d'alliances diplomatiques, c'est d'Érasme que nous allons chercher à obtenir un élément de réponse à cette question. La chancellerie de Jean Le Sauvage, comme plus généralement l'entourage bourguignon de Marguerite (à commencer par Guillaume de Chièvres), est en effet particulièrement perméable à l'évangélisme érasmien. L'influence de la *devotio moderna* en Flandres est importante, et Charles lui-même est marqué par le préceptorat spirituel qu'exerce auprès de lui, entre 1507 et 1519, Adrien d'Utrecht, ancien élève des Frères de la vie commune, et futur pape. Mais, si l'élément évangélique est présent dans l'éducation de Charles, l'idée impériale que ce dernier commence à incarner à partir de son accession au

trône d'Espagne est profondément opposée à l'évangélisme
d'Érasme. La divergence entre ces deux positions pourtant
enracinées dans une spiritualité commune et une semblable
lecture de l'Évangile mérite d'être examinée de plus près :
elle constitue une clef importante de l'idée impériale.

Devenu en 1516 conseiller du jeune Duc de Bourgogne,
Érasme rédige à son intention, cette même année, son *Institution
du Prince chrétien*[1]. Tout en s'inscrivant dans la longue
tradition des traités d'éducation humanistes, l'*Institution*
reprend également le modèle des « miroirs du prince »[2],
auquel elle emprunte la double spécularité par laquelle le
traité se fait *exemplum* des vertus princières afin que le Prince
lui-même en devienne à son tour l'*exemplum* vivant proposé
à ses sujets. Le portrait du prince qu'Érasme dessine dans
l'*Institution* est donc construit comme un système de vertus
qui culminent dans l'amour de l'unité et de la concorde : aux
conseils de la prudence, aux tactiques du pouvoir, aux affaires
de l'État, Érasme se contente d'opposer la représentation de
la charge et du souci qui incombent au gouvernant. Le
gouvernement politique dont il trace les contours n'a ainsi de
sens que rapporté à un gouvernement de soi qui doit d'abord
s'entendre comme maîtrise des passions, de telle sorte que le

---

1. « Institution du Prince Chrétien », dans Érasme, *Guerre et paix*, textes
traduits et présentés par J.-Cl. Margolin, Paris, Aubier-Montaigne, 1973.
2. On appelle « Miroirs du Prince » (*specula principis*) les traités de
parénétique royale publiés abondamment entre la fin du XIIe et le milieu du
XVIe (depuis le *Speculum regale* de Godefroy de Viterbe, ca. 1183, jusqu'au
Miroir politique de Guillaume de la Perrière, en 1555). Le genre a ses racines
dans le stoïcisme impérial (et tout particulièrement dans le *De Clementia* de
Sénèque, dont l'adresse à Néron constitue une des premières thématisations
de la forme « spéculaire » de la parénétique royale); et il a déjà connu un
développement important à l'époque carolingienne. Pour une analyse
d'ensemble du genre, voir M. Senellart, *Les Arts de gouverner. Du* regimen
médiéval au concept de gouvernement, Paris, Seuil, 1995, p. 47 *sq.*

modèle du bon prince est d'abord celui du bon chrétien dominant ses désirs. Ainsi le paradoxe de l'empire tel que le présente l'*Institution*, c'est qu'il doit être accepté à contrecœur, presque à regret : il ne peut exister aux yeux de l'évangélisme d'Érasme une aspiration légitime à l'empire, parce qu'un tel appétit du pouvoir contredirait la maîtrise des passions qui dans le prince chrétien doit précéder et préfigurer la seule manière d'exercer droitement le pouvoir. Cette stricte reconduction de l'art de gouverner à l'art de se gouverner définit l'abîme qui sépare Érasme du jeune prince dont il vient de devenir le conseiller et qui, au rebours, se trouve depuis son plus jeune âge au centre d'un jeu complexe d'alliances matrimoniales, d'arguments juridiques et de stratégies diplomatiques, destiné à le conduire à l'empire. La centralité de la rection morale conduit Érasme à penser un empire qui n'a de sens que du point de vue du renoncement, et ce renoncement s'étend jusqu'au droit lui-même, qui fonde pourtant depuis Dante la légitimité théorique de l'empire [1] :

> Pour commencer, le Prince chrétien doit tenir pour suspect son propre droit ; puis, si celui-ci est solidement établi, il lui faut supputer si sa défense exige de telles souffrances pour l'univers entier. Les sages préfèrent quelquefois abandonner leur droit plutôt que de s'y accrocher, s'étant rendu compte qu'en l'occurrence, la dépense serait moindre. César préférera, j'imagine, faire des concessions sur son droit, plutôt que de chercher à conquérir cette Monarchie du passé (*Monarchiam*

---

1. Le second livre du *De Monarchia* de Dante, rédigé entre 1312 et 1314, est entièrement consacré à démontrer que le peuple romain a assumé l'Empire universel selon le droit, déterminant ainsi la légitimité de sa domination à la fois selon les principes de la raison humaine et selon ceux de la foi chrétienne. Voir Dante, *La Monarchie*, *op. cit.*, p. 124-179.

illam veterem), et à recouvrer ce droit que lui confèrent des documents juridiques [1].

Le rejet explicite de la « Monarchie du passé » indique assez clairement le paradoxe qui est au fond celui d'Érasme lui-même, acceptant de devenir conseiller d'un prince dont il ne peut en réalité que désapprouver le pouvoir ainsi que la manière dont il s'emploie à l'obtenir. Il y a là l'indice d'un désaccord profond entre l'humanisme évangélique d'Érasme et l'humanisme impérial de l'entourage de Charles Quint, celui de Gattinara ou de Valdés : ce désaccord porte, fondamentalement, sur le sens de la concorde. Érasme, dans l'ensemble de ses œuvres politiques, défend la paix, et cherche à articuler cette paix, comme tâche essentielle du prince chrétien, à la paix du Christ dont l'évangélisme fait son principal mot d'ordre. En un certain sens, il est paradoxal que cet éloge de la paix fonde la méfiance d'Érasme envers l'empire. On pourrait en effet se demander, à la lecture de ses œuvres, ce qui l'empêche de considérer l'empire comme la solution la plus évangélique au problème de la paix. Après tout, lorsqu'il fait l'apologie de la concorde, lorsqu'il fustige le bellicisme d'Alexandre VI ou de Jules II au nom de l'idéal christique de concorde que ces papes corrompus devraient prêcher, lorsqu'il appelle à la réconciliation de la Chrétienté, Érasme développe des arguments qui pourraient fort bien déboucher sur une apologie de l'empire. Il y a des précédents. Les traités de Dante (le *De Monarchia*, déjà cité) ou de Marsile de Padoue (le *Defensor Pacis*, en 1324) [2] défendaient déjà l'idée de concorde chrétienne comme idéal régulateur de la vie politique, et ils en tiraient précisément tous deux la nécessité

---

1. Érasme, *Institution...*, chap. XI, § 9, *op. cit.*, p. 192.
2. Marsile de Padoue, *Le Défenseur de la Paix*, trad. J. Quillet, Paris, Vrin, 1968.

de donner un empereur unique à la chrétienté. Pourquoi cette conséquence ne peut-elle pas valoir chez Érasme ?

L'*Institution du prince chrétien*, ainsi que la *Querelle de la Paix*, sur laquelle nous allons revenir, fournissent certaines explications : la plus forte, d'essence augustinienne, tient à ce que la concorde se conçoit d'abord chez Érasme comme une communion spirituelle, que l'on ne doit pas confondre avec une quelconque hégémonie politique. L'unification des volontés des hommes par la volonté supérieure de l'empereur ne peut que singer la véritable concorde, qui ne découle que d'un mouvement intérieur, et pas d'une domination extérieure. La *pax imperii* est une aussi mauvaise approximation de la concorde que la cité terrestre l'est de la Jérusalem céleste dans la *Cité de Dieu*. La concorde érasmienne se pense donc comme un fruit de la paix intérieure : c'est là ce qui contraint de fonder toute politique dans une doctrine de la *reformatio* intérieure, à laquelle se trouve dès lors subordonné et même réduit tout concept de la réforme politique.

De cette profonde réticence érasmienne, qui est manifeste dès les *Adages* (ainsi l'adage « Tu as obtenu Sparte, gouverne-la ! » reproche explicitement à Charles le Téméraire, aïeul de Charles Quint, son goût de la conquête[1]), les Bourguignons de Malines prennent très exactement la mesure, et imaginent sans peine l'usage tactique qu'ils pourraient en

---

1. « Si Charles de Bourgogne, aïeul du souverain actuel, avait consacré toute la vigueur de son intelligence et toute sa grandeur d'âme à augmenter la richesse de ses propres possessions plutôt que d'en conquérir de nouvelles, il n'aurait pas affronté à la guerre une mort misérable, et aurait pu compter parmi les princes les plus honorés », Érasme, « Tu as obtenu Sparte, gouverne-la ! », (*Adages*, ad. 1401, édition de 1515), dans *Guerre et paix, op. cit.*, p. 179-183. Charles de Valois-Bourgogne, dit le Téméraire (1433-1477), duc de Bourgogne en 1467, artisan malheureux de l'unification territoriale de la Bourgogne et de la Flandre, est tué en 1477 au siège de Nancy. Sa défaite permet à Louis XI d'annexer le duché de Bourgogne à la couronne de France.

faire. La *Querela Pacis* (*Querelle de la Paix*), rédigée par
Érasme à la fin de l'année 1516, contient ainsi certaines des
formulations les plus virulentes de l'humaniste contre l'empire ;
or ce traité, son auteur lui-même l'indique dans une lettre de
1523 qui est aussi un catalogue de ses œuvres, il l'a composé
à la demande de Jean Le Sauvage :

> J'ai écrit la *Querela Pacis* il y a environ sept ans quand je
> fus invité pour la première fois à la cour du Prince. On
> s'occupait beaucoup de faire à Cambrai une réunion des
> plus grands princes de l'univers, l'Empereur, le roi de France,
> le roi d'Angleterre, notre Charles, afin que la paix soit scellée
> entre eux, comme on dit, par des liens de fer. L'entreprise
> était conduite surtout par l'illustre Guillaume de Chièvres
> et par Jean Le Sauvage, grand chancelier, né pour le service
> de la République. S'opposaient à ce projet ceux qui ne voient
> aucun avantage à voir régner la tranquillité […]. C'est ainsi
> qu'à la prière de Jean Le Sauvage, j'écrivis la *Querela
> Pacis* [1].

Ainsi la *Querela Pacis* serait un écrit de commande, conçu
pour servir les intérêts de Jean Le Sauvage et de Guillaume
de Chièvres, c'est-à-dire très clairement pour servir le parti
qui recherche l'alliance avec la France (la *Querela* comporte
d'ailleurs un vibrant éloge de la France, « fleur intacte du
domaine de Christ [2] », qui étonne et détonne dans un traité
composé par un conseiller de Charles). Cependant, s'il écrit
sur commande, Érasme n'est pas pour autant aux ordres des
Bourguignons : il leur suffit de connaître sa position pour
vouloir qu'il la mette vigoureusement en forme, sans même

1. Érasme, *Catalogus lucubrationum* (Lettre à Jean de Botzheim), janvier
1523, dans *Guerre et paix, op. cit.*, p. 197.

2. Érasme, « *Querela Pacis* (Complainte de la Paix) » (1517), dans *Guerre
et Paix, op. cit.*, p. 221 (trad. modifiée).

avoir besoin de l'influencer. On retrouve ainsi dans la *Querela* les thèmes principaux de l'*Institution* :

> La paix solide ne réside pas dans la parenté issue des mariages, ni dans les traités des hommes, qui donnent le plus souvent lieu à des guerres. Il faut purifier la source elle-même d'où découle le mal : les passions corrompues et et les désordres qu'elles entraînent [1].

La reconduction de la paix civile à la paix intérieure, et du gouvernement politique au gouvernement de soi, est bien ici conforme aux formulations de l'*Institution* ; cependant un thème nouveau apparaît : celui du refus des stratégies matrimoniales comme formes corrompues de l'alliance entre les Princes. Si d'un côté le prince doit se comporter à l'égard de la République comme le *paterfamilias* à l'égard de sa famille [2], et si d'un autre côté l'unité de la Chrétienté est celle d'une *familia* aux membres divers, en revanche il n'est pas bon que les princes d'Europe se comportent entre eux comme une famille. Il est bien évident qu'au moment même où Érasme écrit, Charles est en passe de devenir roi d'Espagne en raison même de ces stratégies matrimoniales que l'humaniste récuse. Cette question est essentielle pour comprendre exactement pourquoi Érasme rejette toute réponse impériale à son appel à la paix : la critique des stratégies matrimoniales implique en effet une critique des domaines composites qui constitue aussi, on va le voir, un rejet de l'idée romaine d'*imperium* (laquelle avait précisément pour fonction de penser la domination sur des royaumes multiples). Érasme refuse en effet avant tout le changement et les innovations dans l'ordre des empires, et sa critique des stratégies matrimoniales des

---

1. *Ibid.*, p. 227 (trad. modifiée).
2. « Que [les princes] soient envers leur République dans le même esprit qu'un père envers sa famille », *ibid.*, p. 228.

dynasties régnantes ne peut être comprise que rapportée à ce profond refus :

> Il faut trouver une règle qui empêche qu'on change sans cesse les empires, comme si on les promenait (*uelut obambulent imperia*), car toute innovation dans ces affaires engendre le tumulte, et le tumulte engendre la guerre [1].

Cette critique des *obambulenta imperia* est centrale : c'est elle qui fonde la critique des stratégies matrimoniales, parce que ces empires vagabonds, ces alliances sans cesse renégociées, ces conquêtes, ces changements de domination et de frontières, relèvent d'une démesure qu'Érasme déteste en toutes choses :

> Aujourd'hui il peut arriver que par suite de ces mariages, un homme né en Irlande finisse par gouverner (*impereret*) les Indes, ou que celui qui gouvernait (*imperabat*) la Syrie devienne tout à coup Roi d'Italie. Il en résulte qu'aucun de ces deux pays n'a de prince, car, tandis qu'il délaisse le premier, le second ne le reconnaît pas, parce qu'il lui est inconnu et qu'il est né dans un autre monde. Et, tandis qu'il travaille à s'imposer et à s'établir dans l'un, il épuise et perd l'autre, quand il ne perd pas les deux, pour avoir voulu les gouverner tous deux alors qu'il était à peine propre à en administrer un seul. Que les princes conviennent entre eux de qui doit administrer <quel pays>, ainsi que des limites de leur juridiction (*ditionis*), et celles-ci, que nulle alliance matrimoniale et nul traité ne puisse les étendre ni les restreindre [2].

Ainsi la critique des « empires vagabonds » est aussi une critique des empires composites : la démonstration d'Érasme vise à prouver que l'on ne peut pas régner sur un domaine composé de plusieurs territoires disjoints sans s'épuiser et

---

1. Érasme, *Querela Pacis*, *op. cit.*, p. 228 (trad. modifiée).
2. *Ibid.*, p. 229 (trad. modifiée).

finalement le perdre. Érasme défend au contraire en politique la limite contre l'illimité [1] comme il prône en morale la mesure contre l'*hubris*, et c'est là ce qui le conduit à faire l'apologie du royaume stable, unifié, se tenant dans ses frontières intangibles. L'évangélisme érasmien se choisit ainsi, très consciemment, deux adversaires dont le rapprochement même permet de mieux mesurer les enjeux de l'idée impériale : d'une part, en effet, ce rejet des dominations multiples et composées constitue très clairement un rejet de l'*imperium* romain dans sa définition tardive ; d'autre part, c'est une position qui peut être conçue, à quelques années d'écart à peine, comme strictement antagoniste à celle que Machiavel développe dans *Le Prince*.

Dans son sens premier, celui de la République, l'idée romaine d'*imperium* désigne une domination ordonnée et active (il faut donc distinguer l'*imperium*, dont le modèle est la puissance de Jupiter lui-même, du *dominium*, qui désigne un rapport de possession, mais aussi de la *maiestas*, qui relève de la dignité et du fondement – et qui se trouve placée dans le peuple) [2]. Mais, lorsque l'empire remplace la République, ces distinctions s'effacent : la *lex regia* analyse justement ce transfert de la *maiestas* du peuple au prince :

---

1. On en trouvera près de vingt ans plus tard un écho remarquable chez Rabelais : « Le temps n'est plus d'ainsi conquester les royaulmes avecques dommaige de son prochain frere christian, ceste imitation des anciens Hercules, Alexandres, Hannibalz, Scipions, Cesars et aultres telz est contraire à la profession de l'evangile, par lequel nous est commandé, guarder, saulver, regir et administrer chascun ses pays et terres, non hostilement envahir les aultres », « Gargantua » (1535), chap. xlvi, dans *Œuvres complètes*, éd. M. Huchon, « Bibliothèque de la Pléiade », Paris, Gallimard, 1995, p. 124.

2. Voir P. Grimal, *L'Empire romain*, Paris, Livre de Poche, 1993, chap. i, ainsi que P. Veyne, « L'empire romain », dans M. Duverger (dir.), *Le Concept d'empire*, Paris, P.U.F., 1980, p. 122.

Ce qui plaît au prince a force de loi (*quod principi placuit,
legis habet vigorem*), puisque par la *lex regia*, qui porte sur
son empire, le peuple lui transfère, à lui et en lui, tout son
empire et sa puissance (*in eum omne suum imperium et
potestatem concessit*). De sorte que ce que l'empereur arrête
par écrit, ou décrète selon ses connaissances, ou promulgue
par édit, constitue la loi : c'est là ce que l'on nomme
constitutions [1].

Or cette *lex regia* est susceptible de deux interprétations :
prise dans son contexte, elle décrit la manière dont l'empire
replie la *maiestas* sur l'*imperium* (de sorte que Justinien, dans
la préface aux *Institutes*, peut parler depuis l'autorité de son
imperatoria maiestas, formule qui eût été quasiment
oxymorique sous la République). Mais dans les usages qu'en
font les jurisconsultes des XIVᵉ et XVᵉ siècle, elle peut aussi
servir à prouver que le pouvoir du prince n'est fondé que sur
une délégation de celui du peuple. Et il n'est pas surprenant
de retrouver cette idée chez Érasme, puisqu'elle permet de
désolidariser l'*imperium* de la *maiestas* en montrant comment
la seconde fonde largement le premier :

Le consensus du peuple fait une bonne part de l'empire
(*Bona pars imperii, consensus est populi*), et c'est là ce qui
a primitivement donné naissance aux Rois [2].

Cependant, après la chute de la République, on constate
que conformément à l'intégration des différents sens de
l'*imperium*, la signification du terme « glisse » de plus en
plus nettement vers celle que nous employons encore (ainsi
aux alentours du Iᵉʳ siècle de notre ère, l'expression « *imperium*

---

1. « Institutes », I, 2, § 6 (Tribonien), in *Corpus Iuris Civilis*, ed. P. Krüger,
Dublin, Weidmann, 1946, vol. I, p. 2.

2. Érasme, « Institution du Prince Chrétien », XI, § 8, dans *Guerre et
paix, op. cit.*, p. 192.

romanum » désigne déjà une domination territoriale, impliquant à la fois la juridiction suprême et le commandement militaire, sur des territoires expressément non-romains). Cette idée est décisive : elle fait de l'*imperium* un type de pouvoir qui permet de réunir des territoires différents sous une même puissance. Cette définition de l'*imperium* comme domination hégémonique se transmet au haut Moyen Âge [1], et c'est celle que critique le passage de la *Querela* que l'on vient de lire. En 1518, la préface qu'Érasme rédige pour l'édition des *Vies des douze Césars* de Suétone répète plus brutalement encore cette condamnation de l'empire : il conclut, d'un tableau sanglant des violences et des passions qui ont gouverné l'empire romain, que l'on ne peut pas vouloir « restaurer et rappeler, au prix d'un grand bouleversement des affaires humaines et d'un abondant sacrifice de sang chrétien, ce que tant de siècles ont fait vieillir et disparaître pour la plus grande part », pas plus que l'on ne peut regretter l'absence d'un « monarque du monde (*orbis monarcha*) » puisque « le seul vrai monarque du monde, c'est le Christ [2] ».

Cependant, en rejetant les empires vagabonds et les dominations multiples, Érasme ne s'oppose pas seulement à la tentation d'une restauration impériale « romaine » dont il perçoit évidemment les signes dans l'entourage de Charles, et tout particulièrement chez Gattinara (ce qui rend parfaitement logique la « commande » de la *Querela Pacis* par Jean Le

1. Voir par exemple Isidore de Séville : « *Regna cetera ceterique reges velut adpendices istorum habentur* ([l'empire est] ce qui se rapporte à divers autres royaumes et à divers autres rois comme à des dépendances) », Isidore de Séville, *Étymologies*, livre IX (« Des langues et des groupes sociaux »), chap. 3.2, éd. et trad. M. Reydellet, Paris, Les Belles Lettres, 1984.

2. Érasme, préface aux *Vies des douze Césars de Suétone*, 1518 (nous traduisons d'après l'édition de 1543 : *C. Suetonii Tranquilli Duodecim Caesares, ex Erasmi recognitione*, Paris, Simon de Colines, 1543, p. 5v°-6r°).

Sauvage) : il prend aussi le contre-pied théorique de la position que Machiavel, trois ans plus tôt à peine, a développée dans *Le Prince*. Les premiers chapitres du *Prince* s'intéressent en effet tout particulièrement au problème des *principati mixti* (c'est le titre même du chapitre III) : or ces principautés « mixtes » qu'examine Machiavel, en particulier lorsqu'elles sont « nouvelles par acquisition », correspondent étroitement à la manière dont Charles Quint étend peu à peu son empire, qui « *non è tutto nuovo, ma come membro : che si può chiamare insieme quasi mixto* ». Cependant, loin de les critiquer, Machiavel analyse ces principats mixtes, en propose une typologie, et cherche à indiquer pour chacun les modes possibles de son gouvernement.

Trois ans après la rédaction du *Prince*, Érasme condamne donc dans la *Querela* les *principati mixti* ou les *obambulenta imperia* qui décrivent l'empire dont Charles vient d'entamer la composition en Espagne. Rien n'est plus mixte et composite, en effet, que cette mosaïque de possessions – Flandres, Bourgogne, états patrimoniaux des Habsbourg en Autriche et en Hongrie – auxquelles Charles va ajouter l'Espagne, c'est-à-dire aussi le royaume de Naples et les Indes. Mais, alors que l'évangélisme d'Érasme condamne les empires vagabonds et les principats mixtes, la tâche des hommes politiques de son temps consiste au contraire à en assumer l'existence, et à tenter de les administrer le mieux possible : c'est ce que Machiavel tente dans le *Prince*, d'un point de vue théorique, mais c'est aussi la tâche qu'entreprendra Gattinara dans l'exercice effectif de la chancellerie, et c'est de cette tâche que le songe impérial de 1517 prend la mesure, en décrivant la mission de l'empereur comme une vaste œuvre de discrimination des bons et des méchants calquée sur le modèle du jugement dernier dont elle prend la place. On touche ici au clivage théorique essentiel entre la politique

évangélique et la politique impériale, l'une s'opposant à toute
réunion d'États disparates sous un pouvoir unique, tandis que
l'autre en fait le cadre même de son action politique. Voilà la
clef de ce profond désaccord sur le sens même de la paix :
Érasme cherche une concorde organique, tandis que Gattinara
prophétise le jugement et la séparation, l'ordre retrouvé par
le crible. Son usage de l'idée d'empire en fait une puissance
de résolution des tensions, mais dont l'unité ne se construit
qu'à travers les vicissitudes. On trouve donc chez Érasme
une théologie de la concorde, et, chez Gattinara, une pensée
de l'unification par la division, selon un schéma politique
plus que théologique, et moderne plus qu'archaïque [1].

Lorsqu'Érasme rejette les *principati mixti* et prononce
l'obsolescence de l'*imperium* romain, l'humanisme impérial
est contraint de tourner le dos à l'humanisme évangélique
dont il est pourtant issu. En effet le problème pratique que
doit affronter Charles durant ces mêmes années (1517-1519)
est précisément celui de la constitution et du gouvernement
d'un principat mixte. C'est une tâche à laquelle Gattinara va
devoir contribuer, et son *libellus* de 1517 l'y a fait juger assez
propre pour qu'ajouté à ses états de service politiques il
conduise Charles à le choisir pour chancelier en 1518, lorsque
Jean Le Sauvage est emporté par la peste. Qui plus est, le
modèle de l'*imperium* romain est précisément celui que
Gattinara va choisir d'utiliser pour construire l'image de
l'empire dans le premier grand discours qu'il prononce ès
qualités, en novembre 1519, pour répondre aux amabassadeurs

---

1. Il est même possible que ce schéma décrive ce que Charles réalise
concrètement, mais sans le vouloir ni le comprendre, ou même en le regrettant ;
voir à ce sujet l'intuition de J.-M. Sallmann : « il faut certainement voir dans
l'amertume du vieux prince l'écho tardif de sa formation érasmienne », *Charles
Quint, l'empire éphémère*, Paris, Payot, 2000, rééd. Petite Bibliothèque Payot,
2004, p. 255.

des princes-électeurs venus annoncer son élection à l'empire au roi d'Espagne. Ainsi, sur ces deux enjeux majeurs, la position d'Érasme dessine bien en creux celle de Gattinara.

À travers ces oppositions, dont on perçoit désormais mieux les logiques, et que l'on va maintenant examiner du point de vue de l'exercice effectif de l'empire, l'humanisme impérial se dissocie donc du corps principal de l'humanisme évangélique dont il constitue pourtant une branche [1]. La divergence entre l'évangélisme et de l'impérialisme se déploie en effet sur le fond d'une convergence, qui consiste en une aspiration commune à la réforme. D'une certaine façon, l'humanisme impérial n'attaquera jamais l'humanisme évangélique aussi vigoureusement que ce dernier l'a fait, parce que les conseillers de Charles Quint ne renonceront jamais à la possibilité d'entraîner « l'archi-humaniste » dans leur propre mouvement (un peu à la manière dont la Réforme luthérienne entretiendra elle aussi longtemps l'espoir de rallier Érasme à son combat). On verra plus loin de quelle manière les représentants de l'humanisme impérial (en l'espèce Gattinara et Valdés) reviendront vers Érasme en 1526-1527, pour tenter à nouveau d'annexer à la leur la conception érasmienne de la *reformatio*.

LA DIFFICILE COLLECTE DES HÉRITAGES

Lorsqu'en 1518 la peste emporte Jean Le Sauvage, c'est de Mercurino Gattinara que Charles I er d'Espagne choisit de faire son chancelier. L'exilé de La Chartreuse de Bruxelles,

---

1. Selon l'expression de J. Headley, « [...] there is as much conflict as congruence between the thought of Mercurino di Gattinara and that of the arch-humanist », J. Headley, « Gattinara, Erasmus, and the Imperial Configurations of Humanism », *Archiv für Reformationsgeschichte*, 71, Gütersloh, Gütersloher Verlagshaus Mohn, 1980, p. 64.

en butte à l'hostilité des Bourguignons de Dôle et de Malines, accède ainsi à une fonction de premier plan, et marque par la même occasion le triomphe de l'humanisme impérial sur l'humanisme évangélique dont Érasme avait peut-être caressé le rêve de faire l'arrière-plan doctrinal du règne. La chancellerie de Gattinara incarne en effet, dans son intitulé même, cette composition multiple de l'empire contre laquelle Érasme se dressait : Gattinara ne sera pas « chancelier de l'empire », mais « chancelier de tous les royaumes et estats de l'empereur ». La Grande Chancellerie n'est pas au sens strict un office, et nulle institution n'en décrit précisément les attributions [1] : c'est une dignité, attachée à la personne même du Prince, dont le statut étrange et purement fonctionnel est indispensable pour échapper aux conflits de souveraineté entre les différentes chancelleries maintenues dans les différents domaines sur lesquels Charles a souveraineté.

Le rêve impérial que nourrissait Gattinara dès 1517 révèle ainsi son efficacité : alors que la multitude même des états et possessions de Charles, leur variété, et leur discontinuité territoriale (et bientôt confessionnelle) constituent le principal obstacle à l'unité de l'empire « idéal », la charge qui échoit à Gattinara indique qu'il est peut-être vain, en réalité, de confronter trop directement cet idéal impérial à son incarnation concrète. En opposant l'idée impériale à la réalité pratique et territoriale de l'empire, on risque de méconnaître la véritable

---

1. Pour une description précise de la Chancellerie, voir J. Headley, *The Emperor and his Chancellor : a Study of the Imperial Chancellery under Gattinara*, Cambridge University Press, 1983, chap. 2, p. 20 *sq.* ; et P. Molas Ribalta, « Los cancilleres de Carlos V », *in* J. Martínez Millán, I. J. Ezquerra Revilla (eds), *Carlos V y la quiebra del humanismo político en Europa (1530-1558)*, Atti del Congreso internacional, Madrid 3/6-7-2000, Madrid, Sociedad Estatal para la Conmemoración de los Centenarios de Felipe II y Carlos V, 2001, vol. I, p. 199-224.

efficacité de cette idée, qui tient, précisément, à sa déterritorialisation : en effet, c'est parce que cette idée est elle-même composite, et parce qu'elle est prise dans la même « déterritorialisation » de la politique que la charge de Gattinara l'est par rapport aux « estats de l'empereur », qu'elle remplit sa véritable fonction. Elle rend pensable l'ordre composite de l'empire, et elle construit, justement parce que cet ordre n'a pas d'unité pratique, le foyer théorique dans lequel pourront converger les différentes contraintes et les divers enjeux du gouvernement impérial. C'est ainsi, paradoxalement, une certaine mesure de l'empire que Gattinara cherche à élaborer, et c'est de cette mesure qu'il nous faut maintenant rendre raison.

La multiplicité et la variété des héritages dont l'accumulation conduit Charles de la Bourgogne à l'empire en quatre ans constituent non seulement le principal motif des critiques d'Érasme, mais aussi, semble-t-il, le principal obstacle à l'unité qu'implique le songe impérial de Gattinara. L'empire est avant tout le résultat d'une composition, et l'élection impériale elle-même représente en 1519 le point de convergence d'un ensemble de stratégies combinées : dès 1516, lorsqu'à la mort de Ferdinand d'Aragon le jeune Charles de Gand est proclamé roi d'Espagne, son grand-père Maximilien entreprend d'assurer la succession impériale. Construisant patiemment les accords qui permettront de rallier les sept électeurs de l'empire, il rassemble ces derniers autour de lui à Augsbourg durant l'été 1518. Les arrangements financiers, matrimoniaux et territoriaux qu'il fait confirmer par Charles, depuis Barcelone, en décembre 1518, n'auront pas le temps d'être appliqués : en janvier 1519, Maximilien meurt, et sa succession s'ouvre officiellement. La concurrence entre les campagnes de François Ier et de celui qui n'est encore que Charles Ier d'Espagne s'intensifie alors ; lorsqu'en juin 1519 c'est finalement Charles qui réunit les votes unanimes des sept électeurs, l'affaire lui aura coûté plus de 840 000 florins d'or, dont près des deux tiers ont été avancés par les banquiers Fugger. Or ce succès lui-même rend absolument centrale la question de l'éclatement territorial des états sur lesquels s'étend désormais le pouvoir de Charles Quint : d'une part, en triomphant de François I er après une campagne agressive et engagée, Charles Quint provoque la rupture du fragile accord qu'avait longuement négocié Guillaume de Chièvres, et qui permettait d'assurer le passage des courriers royaux entre les Flandres et l'Espagne ; d'autre part, l'empire lui-même place Charles à la tête d'une constellation de dix-sept états et principautés différents, depuis les possessions patrimoniales d'Autriche jusqu'aux territoires du Nouveau Monde en passant par la Bourgogne ou l'Espagne [1] ; enfin, gageant l'emprunt fait aux Fugger sur la richesse de la Castille, Charles prend le risque d'une division ou d'un conflit supplémentaire au sein même de ses possessions. Assurer l'unité de l'empire face à sa dispersion spatiale semble donc constituer la principale difficulté qui attend Charles Quint.

C'est cette difficulté, liée au caractère « composé » ou « mixte » de l'empire comme entité politique, juridique et territoriale, qui révulse tant Érasme, et qui au contraire apparente les problèmes que rencontre Charles Quint à ceux que Machiavel examine avec tant d'attention dans le *Prince* : la composition de l'empire, ainsi que la « balance » des pouvoirs locaux, régionaux, ou nationaux qui en règle l'équilibre, c'est la mesure même de la politique européenne telle qu'elle émerge en ce début de XVI e siècle. En ce sens, l'empire de Charles Quint ne se construit pas du tout comme un anachronisme face à l'irrésistible montée en puissance des

---

1. Voir P. Chaunu, « L'empire de Charles Quint », dans M. Duverger (dir.), *Le Concept d'empire, op. cit.*, p. 253 *sq.*

États-Nations, seules formes politiques réellement modernes : au contraire, son caractère de « monarchie composite[1] » en fait un véritable laboratoire de la modernité politique. Rien d'étonnant donc à ce que ce soit précisément dans ce processus de collecte des héritages que l'idée impériale montre pour la première fois sa puissance et son efficacité. Dans le cadre de ce processus, qu'est-ce que l'empire ? C'est d'abord un discours, ou plus exactement la possible coexistence d'un ensemble de discours équivoques, dont l'équivocité ne définit pas la faiblesse mais bien au contraire la force : cette équivocité de l'idée d'empire est adéquate à la situation réelle que rencontrent Charles et ses conseillers. Elle l'est d'ailleurs d'autant plus que le discours de l'empire se déploie d'abord autour du silence de l'Empereur lui-même : Charles, dont ses années de formation (passées entre la *devotio moderna* d'Adrien, les leçons politiques de Chièvres, et les romans de chevalerie) n'ont jamais fait un orateur, laisse d'abord la parole à ses conseillers. C'est précisément dans la manière dont ils la prennent et la construisent que l'on peut étudier l'efficace équivocité du dispositif discursif que fonde l'idée impériale, en particulier dans les mois décisifs qui suivent immédiatement l'élection de Charles à l'empire en juin 1519.

LA *RESPONSIVA ORATIO* DE NOVEMBRE 1519

Lorsqu'en novembre 1519 la légation des électeurs impériaux, conduite par Frédéric, comte palatin, est reçue par le roi à Molins del Rey, près de Barcelone, pour lui présenter

---

1. Voir l'analyse de J. Elliott, « Monarquía compuesta y monarquía universal en la época de Carlos V », *in* F. Sánchez-Montes González, J. L. Castellano Castellano (eds), *Carlos V. Europeísmo y universalidad*, Madrid, Sociedad Estatal para la Conmemoración de los Centenarios de Felipe II y Carlos V, vol. 5, 2000, p. 699-718.

officiellement le décret stipulant son élection, Bernard de Worms prononce au nom des légats un discours dans lequel il tâche précisément de faire de la diversité des héritages de Charles un avantage :

> Qui a administré la république chrétienne et le saint empire Romain avec plus de justice et d'équité que les Empereurs d'Autriche ? Qui a brillé dans la guerre comme dans la paix avec plus d'éclat que les ducs de Bourgogne ? [...] Qui a mesuré pour ses royaumes des institutions et des lois plus saintes que ces très brillantes lumières du monde : tes Aïeux les Rois d'Espagne [1] ?

Bernard de Worms juxtapose dans son discours les éléments variés qui composent les états de l'empire – le Saint-Empire, la Bourgogne, l'Espagne. Ce n'est cependant pas exactement cette voie qu'emprunte Mercurino Gattinara dans son discours de réponse. Loin de déployer les raisons qui permettent à l'empire de contenir sa propre diversité spatiale, le nouveau chancelier, dans un de ses premiers grands discours officiels, choisit au contraire de proposer une articulation temporelle des raisons de l'empire.

Gattinara ne s'adresse pas directement ni aux légats ni à leur orateur : il s'adresse à l'Empereur, pour tenir conseil

---

1. Le texte des deux discours, celui de Bernard de Worms et celui de Gattinara, est rapporté par Maximilianus Transylvanus dans la *Légation au très-sacré et invaincu César le bienheureux Charles toujours Auguste* (*Legatio ad sacratissimum ac invictum Caesarem divum Carolum semper Augustum*), publiée dès la fin de l'année 1519 à Anvers chez Johannes Thibault (une seconde édition paraît au début de l'année suivante à Augsbourg, chez Sigismund Grimm & Max Wirsung). La *responsiva oratio* (discours de réponse) de Gattinara a par ailleurs fait l'objet de trois éditions au XVIIIᵉ, celle de Johann Lünig, *Orationes procerum Europae eorundemque Ministrorum*, Leipzig, 1713, tome I, p. 210 ; celle de Marquard Freher, *Rerum Germanarum Scriptores aliquot insignes*, Strasbourg, 1717, p. 191-192 ; et celle de Philip Hane, *Historia sacrorum*, Kiel, 1728, Leipzig, 1729, p. 57-60.

avec lui sur le sens de l'élection et sur la nature du discours qu'il va devoir tenir aux électeurs. Le Chancelier ne répond donc pas, il se met en scène en train de délibérer avec Charles sur la réponse qu'il faut faire : théâtralisant ainsi son propre office, il met formellement en avant le rôle du *consilium* comme fonction politique éminente – un *consilium* qui jouera, comme on va le voir, un rôle déterminant dans la suite du discours. Par ailleurs, dès les premiers mots du discours, c'est à l'événement même de l'élection que Gattinara accorde toute son attention : l'élection est un événement décisif, qui retourne et détermine le cours du temps, et dans lequel le passé et l'avenir se nouent. Gattinara choisit de commenter cette rencontre du passé et de l'avenir à travers la figure de l'aigle impérial aux deux têtes :

> Majesté catholique, Césaréenne et Très Sacrée : dans ces choses qui viennent d'être proposées verbalement ou manifestées par écrit, on discerne déjà l'image de l'aigle impérial. De même en effet que l'aigle impérial est représenté avec deux têtes, comme regardant d'un côté vers l'orient, de l'autre vers l'occident ; de même ce discours prononcé au nom des princes électeurs dans le style le plus élégant, et aussi le décret d'élection fixé par écrit, paraissent à leur manière posséder deux têtes dans la conception et la distinction de leurs idées les plus fondamentales. Certes l'une touche aux ténèbres du soleil couchant, lorsqu'elle rappelle et commémore le douloureux décès du divin Maximilien César ; toutefois l'autre indique les rayons du soleil levant, lorsque par ce décret d'élection elle annonce et promulgue la restauration du saint empire Romain [1].

---

1. Nous citons notre propre traduction de la *responsiva oratio*, parue dans L. Gerbier, « Les raisons de l'empire et la diversité des temps. Présentation, traduction et commentaire de la *responsiva oratio* de Mercurino Gattinara prononcée devant la légation des princes-électeurs le 30 novembre 1519 », *Erytheis*, n°3, septembre 2008. [http://idt.uab.es/erytheis/numero3/gerbier.html]

Le discours de Gattinara commence ainsi par commenter la conjonction du « soleil couchant (*occidentis solis*) » de l'empereur défunt et du « soleil levant (*orientis solis*) » du nouvel empereur, inscrivant l'élection de Charles dans un cycle cosmique, et rappelant ainsi la continuité dynastique à travers laquelle se dessine la perpétuité de l'empire, de sorte que le « soleil levant » n'annonce pas seulement l'avènement de Charles mais aussi, dans cet avènement, « la restauration du saint empire Romain (*sacri Romani Imperii restauratio*) ». Ce thème de la double temporalité de l'élection est repris et approfondi à travers l'évocation de la mort de Maximilien :

> Maximilien n'est pas mort, mais à jamais vivant, et avec lui le soleil ne s'est pas couché, mais a parcouru tout le cours de son orbe pour venir à une lumière neuve et vraie.

Maximilien n'est donc pas mort, mais « à jamais vivant (*perpetuo viventem*) », et le soleil de l'empire, au-delà des deux événements apparemment distincts de la mort d'un empereur et de l'élection d'un autre, n'a en fait connu qu'un unique mouvement : il a « parcouru tout le cours de son orbe (*sui orbis curriculo [...] transivisse*) », et d'événement décisif l'élection devient ainsi le signe d'un cycle qui s'accomplit. Dans cette construction temporelle complexe, l'effort de la pensée impériale consiste à embrasser tout le cycle du temps, et non pas (ce qui serait la tâche d'une pensée théologique plutôt qu'impériale) à s'en détourner en direction de l'éternité : autrement dit, Gattinara ne conçoit pas l'éternité de l'empire mais sa perpétuité, rythmée par le cycle des morts et des renaissances. L'empire est élevé à la dignité d'une nature, et l'élection de Charles est un printemps, que l'on peut décrire

Cette publication, en ligne, n'étant pas paginée, nous ne répétons pas la référence pour les extraits de l'*oratio* cités et commentés ci-dessous.

comme l'avènement d'une « lumière neuve et vraie (*novam
ac veram lucem*) » : sur l'empire, littéralement, le soleil ne se
couche jamais. S'il est évident que le jeu sur le soleil couchant
(*occidentis*) et le soleil levant (*orientis*) possède aussi un sens
strictement géographique, et que Gattinara évoque bien par là
l'extension spatiale de l'empire, c'est à travers une construction
qui saisit d'abord cette extension du point de vue temporel.

Reste à examiner la « seconde tête » de l'aigle, c'est-à-dire
l'empereur nouvellement élu : c'est alors le « conseil » qui
va constituer le véritable contenu de l'élection telle que la
décrit Gattinara :

> Mais la seconde tête, celle du soleil levant, <c'est>
> évidemment cet accord unanime des électeurs sur la personne
> de votre Majesté, <accord> que n'a pas réuni l'ambition,
> mais quelque divin commandement, et qui peut dès maintenant
> être consigné par vos orateurs, vos procurateurs et vos
> ambassadeurs.

La « seconde tête » n'est pas Charles, ni son élection,
mais l'unanimité elle-même. La fonction symbolique de
l'empire est ainsi fixée : c'est l'universalité où toute
contradiction se résoud (sans qu'au passage le Chancelier
oublie de souligner que cet accord est désormais officiel et
consigné). L'accomplissement du cycle cosmique est donc
aussi l'indice du travail de réunification et de réconciliation
universelle qui incombe à l'empire. Gattinara, qui s'adresse
toujours à Charles, souligne alors, en citant Suétone, qu'il
accueille la nouvelle de son accession à l'empire comme
Auguste a accueilli la nouvelle de sa fondation (« votre Majesté
s'est conduite, pour le recevoir et l'embrasser, comme le divin
César Auguste lui-même, premier à être élevé à l'empire par
l'accord du sénat et du peuple Romain ») : le cycle de la
restauration trouve ici une nouvelle expression, plus vaste

encore, puisqu'il s'agit d'inscrire l'idée impériale dans son
héritage romain. Cet accomplissement romain de l'empire
est bien évidemment un des traits du discours de Gattinara
dans lesquels il est tentant de lire l'influence de Dante, puisque
le *De Monarchia* s'ingéniait justement à inscrire le Saint
empire Romain Germanique dans la perspective de l'avènement
de l'empire romain dans le temps de la naissance du Christ :
ce dispositif rhétorique et théorique ne peut pas être plus
opposé aux critiques qu'Érasme vient de formuler dans sa
préface aux *Vies* de ce même Suétone que Gattinara cite ici.

Après avoir inscrit l'empire dans le cycle cosmique des
deux soleils, puis dans le cycle politique de son origine
romaine, il reste à l'inscrire dans la perspective de son
institution divine. Si Charles accueille la nouvelle de son
élection comme Auguste l'avait fait, c'est en effet avant tout
parce qu'il sait comme Auguste qu'il n'est que le récipiendaire
de forces qu'il ne maîtrise pas. Rendre grâce à Dieu, et à Dieu
seul, de ce succès, c'est un thème constant dans le discours
impérial : on le retrouvera l'année suivante dans le discours
de l'évêque Mota[1] devant les *Cortes* espagnoles réunies à
Santiago. Mais, dans le discours de Mota, le thème de l'empire
attribué par la seule grâce de Dieu s'opposera à l'idée de
l'empire obtenu par la justesse du *consilium* des hommes
(« selon moi il se trompe celui qui pense ou croit que cet
empire du monde peut être atteint par conseil, industrie ou
intelligence humaine : c'est Dieu seul qui le donne et qui peut

---

1. Pedro Ruiz de la Mota (? -1522), entré dès 1504 au service de Philippe
le Beau, puis passé au service de Maximilien, il devient en 1511 aumônier
de Charles et participe avec Adrien d'Utrecht et Guillaume de Chièvres aux
négociations qui préparent l'accession de Charles au trône d'Espagne. Membre
du conseil des Flandres de 1517 à sa mort, c'est l'un des plus proches conseillers
du roi, qui lui destine l'archevêché de Tolède après la mort du neveu de
Chièvres.

le donner, ce que sa Majesté, rendant grâces à Dieu, accepta[1] ») : chez Gattinara au contraire les deux thèmes ne s'opposent pas, mais se combinent, et le *consilium* va jouer un rôle central dans le discours du Chancelier.

Par ailleurs, ce thème – l'humilité de Charles face à ses succès, et sa conviction publiquement manifestée que Dieu seul en est l'auteur – se retrouve constamment chez les conseillers de l'Empereur : outre les discours de Gattinara et de Mota, il apparaît aussi dans le *Récit de la Bataille de Pavie* (*Relación de la Batalla de Pavía*) rédigé en 1525 par Alfonso de Valdés. Valdés insiste en effet sur le fait que c'est Dieu seul qui à Pavie a donné la victoire à Charles Quint et abaissé François Ier, ce dont l'Empereur est si bien conscient qu'il interdit les réjouissances profanes et ordonne une procession. Valdés relie cette reconnaissance de la toute-puissance divine à la victoire de Gédéon sur les Madianites[2] :

> Notre Seigneur manifesta bien sa toute-puissance, en abaissant l'orgueil du Roi de France, et en relevant l'humilité de l'Empereur [...] afin de manifester clairement que Lui seul lui donnait cette victoire, comme il la donna à Gédéon contre les Madianites[3].

1. « Discours de Pedro Ruiz de la Mota, évêque de Badajoz, devant les Cortes de Santiago et de La Coruña », (31 mars 1520), dans Y. El Alaoui (ed.), *Autour de Charles Quint...*, *op. cit.*, p. 73.

2. *Juges* VII, 2-22 (alors que Gédéon s'apprête à affronter les armées de Madiân avec 22 000 guerriers hébreux, le Seigneur lui dit « Trop nombreux est le peuple qui est avec toi pour que je livre Madiân entre ses mains : Israël pourrait s'en glorifier à mes dépens et dire : C'est ma main qui m'a sauvé ! » (VII, 2). En conséquence, le Seigneur demande à Madiân de renvoyer les guerriers qui ont peur, puis ceux qui ne boivent pas d'une certaine manière prescrite, de sorte qu'il ne reste plus à Gédéon que trois cents guerriers : Dieu leur donne alors la victoire).

3. Alfonso de Valdés, « Relación de la batalla de Pavia » (1525), in *Obra completa*, ed. A. Alcalá, Madrid, Biblioteca Castro, 1996, p. 45.

Pour Valdés comme pour Gattinara, l'exercice du pouvoir impérial se trouve ainsi directement rattaché à un décret divin : le chancelier en tire aussitôt les conséquences dans son discours, en définissant les charges qu'impose cette élection divine. Or la liste de ces charges est éloquente :

> Ainsi on doit se conformer au décret des électeurs, et à la charge imposée elle-même, d'une manière qui satisfasse à l'obéissance à Dieu : il faut veiller aux intérêts de la république ; restaurer le saint empire ; accroître le développement de la religion chrétienne ; soutenir le siège apostolique ; et même mener au port, sain et sauf, ce frêle esquif de Pierre, si longtemps ballotté par les flots ; et aussi rechercher l'extermination des perfides ennemis du nom <même> de chrétien ; et enfin accomplir la parole du sauveur lui-même : « *ut fiat unum ovile et unus pastor* [qu'il n'y ait qu'un seul troupeau et qu'un seul berger] » [Jn 10, 16].

Il incombe donc à l'Empereur de « veiller aux intérêts de la république (*reipublicae consulatur*) » (et il s'agit bien sûr ici de la *respublica christiana* que Bernard de Worms vient d'évoquer dans son propre discours), de « restaurer le saint empire (*sacrum Imperium restauraretur*) », et enfin de protéger le siège apostolique, mais en menant à bon port le « frêle esquif de Pierre (*Petri navicola*) », de telle sorte que la tâche assignée à l'empereur n'est pas tant de protéger le pape que de se substituer à lui, endossant sa mission en révélant par là même son essentielle fragilité. L'empereur possède de ce point de vue sur le pape l'immense avantage de pouvoir réellement envisager d'exterminer les ennemis de la chrétienté [1].

---

1. Habilement, cet appel à la croisade contre les « ennemis du nom même de chrétien (*christiani nominis hostium*) » vise aussi bien la sécurisation des côtes occidentales de la Méditerranée contre les raids barbaresques, selon les vœux de Cisneros, que la lutte contre les Turcs en Hongrie, comme François Ier avait proclamé qu'il l'entreprendrait s'il était élu.

De ce point de vue, la référence johannique, qui de façon frappante conclut également le *Récit de la bataille de Pavie* de Valdès [1], sert à régler de façon elliptique et brutale la question de la possible concurrence du pape et de l'empereur : non seulement le pape n'a, dans la tradition gibeline qui était celle de Dante ou de Marsile de Padoue au début du XIVe siècle, aucun pouvoir temporel, mais c'est même ici au contraire l'empereur qui se trouve investi de la fonction de surveillance générale [2] de la république chrétienne, y compris au plan spirituel – et c'est lui qui, un peu plus loin, sera appelé « véritable et vivant pasteur (*verus et vivus pastor*) ».

Gattinara a désormais achevé de commenter l'élection : il l'a successivement rapportée à l'accomplissement cosmique du cycle impérial, à l'achèvement politique de la promesse romaine, et à l'efficace de l'investiture divine. Reste désormais à concevoir la réponse que l'on doit faire aux légats, puisque le discours se déploie toujours pour le moment dans le cadre de la théâtralisation du conseil privé du prince. Pour répondre au discours de Bernard de Worms, Gattinara va considérer que cette présentation officielle des décrets d'élection, près de six mois après l'élection effective, n'a de sens que comme cérémonie de don : il faut alors, pour correspondre à la libéralité chevaleresque que l'on attend du souverain, rendre symboliquement mais avec excès les richesses oratoires « dépensées » par le discours de la légation, c'est-à-dire retourner en les amplifiant les éloges des légats. Or, dans le choix du thème sur lequel va porter cette amplification, on retrouve un élément crucial de l'idée impériale que cherche à construire Gattinara : le *consilium*.

---

1. Alfonso de Valdés, « Relación de la batalla de Pavia », *op. cit.*, p. 46.

2. C'est le sens du verbe *episkopein* dans la tradition patristique : ici, presque explicitement, c'est bien une fonction épiscopale qui se trouve confiée à l'Empereur.

De fait, entreprendre de prononcer cet éloge des Électeurs, et chercher à montrer qu'il y a dans leur très prudent conseil la connaissance et l'examen soigneux des choses passées, ainsi que la mesure des <choses> présentes, sans oublier la considération très perspicace des <choses> futures, c'est vraiment s'efforcer de retourner contre ces électeurs la force de leurs propres éloges, en mettant même cette force en valeur par des éloges plus grands encore. Que pourrait-on d'abord concéder aux électeurs <qui soit> plus digne d'être célébré, que le très prudent conseil par lequel ils ont jugé devoir choisir un César, <conseil> que dans l'univers entier on ne se voit rien surpasser – rien surpasser, j'insiste, ni par les dons de l'âme et du corps ; ni par l'origine et le sang ; ni par les amis et les alliés ; ni par les royaumes et les seigneuries ; ni par la puissance et les richesses ; ni par les soldats ou les autres gens de guerre entraînés à se servir de toutes les armes qu'on voudra ; ni par les chevaux et les armes ou les machines de guerre sans lesquelles on ne saurait faire les guerres ? Que pourrait-on encore ajouter <qui soit> plus louable de leur part que cet effort de l'esprit qui de ces choses passées, présentes et futures a su tirer le choix de ce futur Empereur, celui qui pourra restaurer l'empire diminué et presque disparu ; celui qui remplumera l'aigle ; celui qui le rénovera et le ramènera à sa nature propre ; celui qui remédiera aux défauts passés de ses prédécesseurs, qui préservera ce qui demeure intact de l'état présent, et qui veillera à temps aux intérêts de ses successeurs à venir ?

En choisissant de faire porter sur le *consilium* l'essentiel de l'éloge des Électeurs, Gattinara loge au cœur même de l'élection impériale, qu'il a d'abord reprise sous les formes du prophétisme de 1517, l'essence de la prudence politique. Ce passage de la *risponsiva oratio* permet ainsi de comprendre que les figures apparemment archaïques du songe de la Chartreuse ne sont pas incompatibles, au contraire, avec une prise en compte précise des formes modernes de la raison politique : le *consilium* qui fonde l'éloge désigne ici très clairement une faculté de connaître et de juger les actions humaines selon les trois dimensions du temps. Le conseil se trouve donc ainsi conçu comme « connaissance des choses passées (*præteritarum rerum cognitio*) », « mesure des présentes (*presentium moderatio*) » et « considération très perspicace des futures (*perspicacissima futurorum consideratio*) ». Le conseil (*consilium*) constituait dans la doctrine de l'École une des trois parties de la prudence, celle qui visait particulièrement la connaissance des choses passées, présentes et futures ; mais il fallait y ajouter le jugement (*iudicium*) et le commandement (*imperium*) pour obtenir les trois actes de la raison pratique[1]. Le « très prudent conseil (*prudentissimum consilium*) » que Gattinara choisit de louer focalise donc le système entier de la raison pratique sur ce que l'on est tenté de nommer les raisons du temps : ainsi les qualités rationnelles des électeurs sont formellement adéquates à cet événement de l'élection, puisque, comme lui, elles embrassent les trois dimensions du temps. Ce qui mérite pricipalement d'être loué chez les Électeurs, c'est donc le *prudentissimum consilium* lui-même : cette raison pratique très éclairée est dite telle que rien ne la surpasse. C'est, littéralement, le plus haut sujet d'éloge que l'on puisse trouver – et Gattinara lui oppose la litanie des grandeurs et des pouvoirs que l'on pourrait, mais en vain, être tenté de lui comparer : dons de l'âme et du corps, lignage, richesses, puissances, armes, tous les signes de la grandeur seigneuriale de Charles cèdent devant cette faculté du conseil. Dans l'événement de

1. On en trouve un exposé canonique dans les articles 47 et 48 de la IIa IIae de la *Somme Théologique* de Thomas d'Aquin ; Thomas renvoie par ailleurs au traité *Des Devoirs* de Cicéron (I, 15) pour ce qui concerne la distinction entre les trois parties de la prudence.

l'élection rien n'est plus grand ni plus louable que la raison elle-même, et pas seulement la raison cosmique qui fait advenir le recommencement du cycle impérial, mais bien cette humaine prudence que Mota, moins fin sur ce point, dénigrera au contraire en 1520 pour mieux souligner la grandeur de l'institution divine de l'empire : ainsi Gattinara est-il capable dès 1519 de construire un discours sur l'empire qui puisse faire tenir ensemble le messianisme impérial et la prudence des conseillers.

De plus, formellement homogène à l'accomplissement temporel de l'empire, le prudent conseil l'est aussi aux actes de l'empereur, puisqu'ainsi bien élu il devra lui-même opérer selon les trois dimensions du temps : il lui faudra réinstaurer l'empire en le « ramenant à sa nature propre (*Imperium [...] renovar[e] ac ad propriam naturam reducer[e]*) », remédier aux défauts du passé, et veiller aux intérêts des successeurs à venir. Au moment même où Gattinara prononce ce discours devant la légation des Électeurs, Machiavel, à Florence, est en train de composer dans les jardins des Rucellai ses *Discours sur la première décade de Tite-Live*, dans lesquels il affirme à plusieurs reprises que l'on ne peut restaurer une république qu'en la ramenant à son principe. Ainsi le premier chapitre du livre III des *Discours* s'ouvre sur cette affirmation : « Et parce que je parle des corps mixtes, comme sont les républiques et les sectes, je dis que seules sont salutaires ces altérations qui les ramènent à leurs principes (*che le riducano inverso i principii loro*)[1] ». Cette comparaison n'est pas superficielle : la logique de la reconduction au principe qui commande chez Machiavel l'analyse de l'opération des meilleurs princes et capitaines entretient avec le propos de Gattinara une affinité profonde, parce que le Chancelier et le Secrétaire cherchent

---

1. Machiavel, *Discours...*, III, 1, *op. cit.*, p. 461.

tous deux, par des voies différentes, à penser les conditions temporelles de l'action politique en tant qu'elle a pour fonction la réforme et la refondation des États conçus comme entités vivantes, organiques, composées. Loin de ressasser des rêveries anachroniques, le discours impérial que Gattinara construit dans cette *responsiva oratio* parvient donc au contraire à loger les enjeux les plus modernes de la raison politique au cœur du dispositif impérial.

Le Chancelier peut alors enfin, dans la dernière proposition de l'éloge, revenir à la disposition divine que manifeste clairement ce très prudent conseil : c'est bien parce qu'ils étaient littéralement inspirés que les Électeurs ont su si bien choisir (rien n'est « digne d'une plus grande louange, que d'avoir mérité d'être disposés par l'esprit divin lui-même et, d'une seule voix, d'un commun accord, et par un vote unanime, d'avoir élevé <cet homme> au gouvernail de l'empire »). Reste que ce qui est louable, si l'on reprend de près tout ce passage, c'est la raison prudentielle qui inspecte les temps, qui se dispose ainsi à être déterminée par l'esprit saint lui-même, et qui rend possibles les opérations propres du gouvernement impérial : la récollection symbolique des parties du temps dans la perpétuité de l'empire se mêle ici au raisonnement politique qui domine les conditions temporelles de son action.

Gattinara se fait alors presque prophétique : il prêche, contre l'humanisme érasmien qui la jugeait impossible, la refondation de l'empire. Décrivant Charles comme « plus heureux qu'Auguste et meilleur que Trajan (*fœlicior Augusto & Traiano melior*) », Gattinara reprend le thème de la grandeur romaine de l'empire[1], et c'est là l'un des passages de son

---

1. La formule « *fœlicior Augusto et Trajano melior* » semble avoir été utilisée au IVe siècle dans l'acclamation par le Sénat du candidat à l'empire : voir J. Headley, *The Emperor...*, *op. cit.*, p. 67 note 7.

discours dans lesquels l'écho de Dante est sensible : en effet, en disant que « tous les droits témoignent (*iura omnia testant*) » que l'empire est institué par Dieu, Gattinara ajoute que cela est prouvé par la naissance et la mort du Christ (« tous les droits témoignent que l'empire fut institué par Dieu seul, ce que nous lisons avoir été aussi bien révélé par les prophètes, qu'approuvé par la naissance et la mort du Christ Sauveur »). Il est tentant de lire dans cette affirmation le souvenir de l'argument de Dante qui, dans le *De Monarchia*, s'appuyait sur la concomittance entre la naissance du Christ et l'avènement d'Auguste pour fonder la légitimité de l'empire romain. En effet, si le thème de la conjonction des deux avènements est courant, il faut noter que Gattinara ne parle pas ici seulement de la naissance du Christ mais aussi de sa mort : c'est « en naissant et en mourant (*nascente et moriente*) » que le Christ a approuvé l'empire. Or le dernier argument du livre II du *De Monarchia* de Dante consiste justement à montrer que la rédemption des péchés par la mort du Christ ne peut avoir été complète que si sa condamnation a été prononcée conformément à un droit légitime : il faut donc, pour que la mort du Sauveur ait été efficace selon la grâce, que la condamnation ait été prononcée selon un droit valide, par où l'on conclut que l'empire devait être légitime [1].

Ayant ainsi achevé de tirer la leçon de l'élection, Gattinara peut enfin se tourner vers les légats, et en particulier vers Frédéric, pour les remercier de leur venue. Les paroles adressées à Frédéric ont une résonnance particulière : en effet, au-delà de la proclamation de familiarité et de bienveillance de l'Empereur, il faut se souvenir que le jeune comte palatin était aimé de la sœur aînée de Charles, Éléonore. Élevé au trône d'Espagne, Charles a séparé Éléonore et Frédéric pour

---

1. Dante, *La Monarchie*, *op. cit.*, p. 172-179.

pouvoir proposer la première en mariage à son oncle Manuel
de Portugal. C'est là, dit Pierre Chaunu, une première
application de la « raison d'État [1] », et c'est très logiquement
sur cette même raison d'État que portent les derniers mots de
Gattinara, qui annonce à Frédéric qu'il lui sera toujours loisible
de s'adresser à Charles Quint lorsqu'il voudra « traiter d'autres
affaires d'empire plus secrètes (*reliqua secretiora Imperii
negocia*) ». Il est difficile de ne pas voir dans ces *secretiora
negocia* une ébauche des *arcana imperii* qui constitueront
dès la fin du XVIe siècle un des aspects les plus discutés de
l'idée de la raison d'État : le Chancelier fait ainsi droit, au
sein même de son commentaire de l'élection impériale, à cet
ordre des techniques secrètes du gouvernement dans lequel
s'incarnera à l'âge classique la rationalité de l'art politique.

Dans le *consilium* théâtralisé que constitue sa *responsiva
oratio*, Mercurino Gattinara s'est donc rendu capable d'articuler
l'ordre cosmique ou naturel des cycles de l'empire avec la
récollection des temps qu'opère sage prudence des électeurs.
Cette articulation ouvre la voie à la refondation de l'empire,
synthèse et union de cet ordre et de ces raisons dans l'exercice,
lui-même ordonné et raisonné, du gouvernement. Que la
rhétorique des raisons de l'empire ainsi esquissée par le
chancelier s'achève sur l'évocation des *secretiora negocia*
n'est pas anecdotique : c'est l'aboutissement logique de cet
éloge du *consilium* et de la raison pratique à travers lequel,
dès 1519, les *rationes imperii* commencent leur conversion
en *imperium rationis*. La force de l'idée impériale tient donc
bien à sa capacité à articuler des significations de l'empire
qui pouvaient paraître mutuellement exclusives : le songe
prophétique et la description des techniques du gouvernement

---

1. « Raison d'État ? Pour le choix des époux d'Éléonore, c'est évident »,
P. Chaunu et M. Escamilla, *Charles Quint, op. cit.*, p. 104.

trouvent ainsi un espace théorique permettant leur coexistence. Il est désormais évident que l'idée d'empire à laquelle s'attache le Chancelier ne doit pas être purement et simplement opposée à la réalité du gouvernement impérial : une telle opposition méconnaît le sens de l'idée impériale articulée par Gattinara, en feignant de l'entendre comme une alternative aux exigences concrètes et mesurées de la politique de Charles Quint. On trouve sous la plus de Pierre Chaunu une formulation frappante de cette opposition, dans un passage qui interroge précisément le sens de l'empire tel que l'évoque l'évêque Mota dans son discours de 1520 :

> [...] de quel empire s'agit-il ? De celui dont rêve l'humaniste Gattinara ou de celui, plus terre à terre, qui découle de la réalité historique ? Il faut opter sans hésiter pour l'hypothèse concrète et réaliste. Jamais Charles Quint n'a tenté d'unifier cette collection de possessions disparates. Et il a réussi à la faire tenir ensemble parce qu'il a accepté cette voie modeste dictée par l'héritage reçu [1].

Le rêve de Gattinara, la *responsiva oratio* le montre amplement, n'est pas moins « terre à terre » que la réalité historique : il se charge de la rendre intelligible, et si Pierre Chaunu a raison de souligner que l'empire ne « tient ensemble » qu'à condition d'accepter l'héritage reçu, on doit reconnaître que Gattinara assume ici, précisément, l'intégralité de cet héritage, qui ne se compose pas seulement de territoires, d'alliances et de droits enchevêtrés, mais qui comporte aussi l'ensemble des figures symboliques et prophétiques qui permettent d'asseoir la souveraineté impériale. Le discours que construit Gattinara est, à ce titre, le dispositif le plus efficace pour « accepter la voie modeste dictée par l'héritage

---

1. P. Chaunu et M. Escamilla, *Charles Quint, op. cit.*, p. 150.

reçu », et la virtuosité de ce discours donne à elle seule consistance à l'idée d'un humanisme proprement impérial.

Bien entendu, cette interprétation suppose que l'on renonce à concevoir le discours du Chancelier comme une description ou une analyse de l'empire : les « parties » du discours impérial ne sont pas les « parties » de l'empire, mais ses raisons, dont l'équivocité et la plasticité sont indispensables à l'exercice concret du gouvernement impérial. Du décret divin à l'héritage de Rome, de la fonction du conseil aux arcanes du gouvernement, Gattinara se montre capable de parcourir et de lier entre elles l'ensemble de ces raisons, de sorte qu'il n'est pas possible de concevoir une véritable opposition entre le « rêve » de l'humaniste impérial et sa profonde compréhension des exigences techniques de la politique de Charles Quint. Dès juillet 1519, dans un mémoire sur l'empire adressé au souverain nouvellement élu, Gattinara a fait la preuve que l'invocation du messianisme impérial pouvait ouvrir sur une compréhension très précise et très moderne des enjeux techniques du gouvernement de l'empire. On va examiner, dans ce mémoire présenté à Charles quelques mois avant la *responsiva oratio*, la manière dont le Chancelier articule ces enjeux techniques.

LES RAISONS TECHNIQUES DU GOUVERNEMENT IMPÉRIAL

Le mémoire sur l'empire [1] adressé à Charles Quint par Gattinara en juillet 1519 est un texte dont la simplicité de formulation masque la complexité de construction, parce qu'il articule le modèle des « Miroirs du Prince », qui peignent au souverain sa tâche en lui représentant les vertus qu'il doit

---

1. Le texte du mémoire est reproduit dans C. Bornate, « Historia Vite et gestorum per dominum magnum cancellarium », *Miscellanea di Storia Italiana*, 3ᵃ serie, tomo XVII, Turin, Fratelli Bocca, 1915, p. 405-413.

incarner, avec la genèse des sciences du gouvernement qui définissent l'administration d'un État moderne. On a déjà évoqué ci-dessus le genre des « Miroirs du Prince » en lisant l'*Institution du Prince Chrétien* d'Érasme : on en retoue les principales déterminations, subtilement subverties, dans le mémoire de 1519. Cette subversion même a une histoire : en effet, la parénétique royale, dès ses origines, définit à la fois un régime rhétorique (celui de l'exhortation, qui est une adresse à la personne du roi, dans laquelle toute la vie politique est comprise comme réformation intérieure) et un régime philosophique (celui de la définition d'un principe de perfection intérieur, censé rayonner ensuite du prince vers son peuple et son État). Or ce double régime, qui définit ce que nous avons appelé plus haut la « double spécularité » des Miroirs du Prince, fournit un cadre commode dans lequel loger les principales innovations de la science politique moderne [1]. Machiavel, le premier, a lui-même conçu le *Prince* comme un détournement délibéré de la parénétique royale des XIIIᵉ et XIVᵉ siècles : il en reprend la double spécularité pour en faire l'indice d'une situation d'énonciation nouvelle, qui est celle du conseiller, capable de fournir au *Prince* une connaissance utile à une opération dont il n'est pas lui-même l'auteur. L'exemple de Machiavel montre bien que la parénétique royale ne relève pas obligatoirement d'un mode archaïque d'adresse au souverain : comme Machiavel, mais autrement que lui, Gattinara va la subvertir. Il parvient en

---

1. Ainsi Foucault, qui analyse l'un des derniers traités du genre, le *Miroir politique* de Guillaume de la Perrière, publié en 1555, en fait un des marqueurs de la « gouvernementalisation de l'État », expression qui conviendrait fort bien, près de quatre décennies plus tôt, à ce mémoire de Gattinara (M. Foucault, *Sécurité, territoire, population* (cours au Collège de France, 1977-1978), Paris, Gallimard-Seuil-Hautes Études, 2004, p. 94-106).

effet à la développer dans sa forme la plus pure [1], mais c'est pour l'articuler aussitôt à un discours très différent sur les exigences pragmatiques de l'administration impériale. Si dans le premier cas c'est le discours sur les vertus qui est déterminant, dans le second cas le mémoire construit un discours sur les techniques du pouvoir. Faire fonctionner les deux discours ensemble, c'est l'indice de la puissance propre de l'idée impériale, qui fait du second thème l'extension du premier : les techniques modernes du gouvernement ne sont ainsi qu'un prolongement de la parénèse.

Le mémoire s'ouvre sur une adresse à Charles Quint qui est fréquemment citée par les monographies consacrées à l'empereur, puisqu'on y trouve la mention canonique de la monarchie universelle :

> Sire : puis que dieu le createur vous a donne ceste grace de vous eslever en dignite par dessus tous les roys et princes chrestiens en vous constituant le plus grand empereur et roy qui ayt este despuis le division de lempire fete en la persone de charlemagne vostre predeccesseur : et vous dressant au droit chemin de la monarchie pour reduire luniversel monde soubz ung pasteur : Cest bien raison que vostre imperiale et cesaree Mageste pour evicter le vice de ingratitude recognoisse son createur vray distributeur de tous biens : Luy rendant condignes graces et lui attribuant les deues louanges, En delaissant toute ambision et vannegloire : par laquelle lennemy de lhumaine nature sefforce decepvoir et ruyner ceulx qui sont eslevez en grande dignitez Et aussi delaissant les voluptez et vices que pourroient distraire et repellire lexercice des vertuz et bonnes euvres est necessaire que vostredite Mageste de tout son cueur et intencion se dispose

---

1. Son exhortation aux vertus, qui rapporte le pouvoir du roi à sa capacité à se régir, c'est-à-dire à toujours connaître la vraie source de son pouvoir, a même des échos nettement érasmiens.

au service amour et crainte de dieu et que en luy soit tout vostre fondement [1].

Comme on le voit, les thèmes essentiels que reprendra en novembre de la même année la *risponsiva oratio* sont déjà présents : le pouvoir impérial est rapporté à une grâce divine, et cette grâce elle-même permet de rappeler la légende carolingienne afin de faire de l'avènement de Charles l'annonce de la réunification de la Chrétienté, transférant ainsi à l'empereur, par l'évocation transparente du « *fiet unum ovile et unum pastor* » de Jean, une fonction proprement messianique. Cette inscription de l'élection impériale dans un schéma à la fois mythique, juridique et théologique constitue un principe, duquel doivent se déduire des conséquences : ainsi « c'est bien raison » que Charles évite l'ingratitude et délaisse « toute ambision et vannegloire », qui sont des marques de la tentation, pour rendre à Dieu ce qui n'est justement pas à César, et pour cultiver les vertus et fuir les vices. On reconnaît, pris dans la forme de l'exhortation morale, l'ensemble des éléments qui se retrouvent dans la *risponsiva oratio* comme dans le discours de Mota ou dans certains écrits de Valdés. Toutefois, c'est aux conséquences à déduire de ce principe complexe, et tout particulièrement à cet « exercice des vertuz et bonnes euvres », que Gattinara va ici se consacrer : le mémoire a en effet pour fonction de présenter à Charles Quint l'ensemble des « dossiers » sur lesquels son Grand Chancelier estime que va se jouer le gouvernement de l'empire, de sorte que toutes les techniques du gouvernement se trouvent impliquées dans la mention initiale des « vertuz et bonnes euvres », à la manière dont l'ensemble du *ragionare dello stato* est chez Machiavel

---

1. *Mémoire sur l'empire*, dans C. Bornate, « Historia Vite et gestorum [...] », *op. cit.*, p. 405-406.

impliqué dans l'étude attentive des « *virtuosissime operazioni* » dont le prologue des *Discours* fait son principal objet [1].

Le premier point sur lequel Gattinara attire l'attention de Charles concerne ce que l'on est tenté d'appeler l'extension du pastorat impérial : le caractère composite de la monarchie impériale exige en effet la mise au point d'une structure de gouvernement qui prenne en compte la diversité des états et territoires de l'empire. La coordination des organes du pouvoir local dans un gouvernement unifié place au centre des préoccupations du Chancelier le problème du choix des officiers qui assureront à la fois la représentation locale du pouvoir central, la communication des décisions du centre vers la périphérie, mais aussi (et l'on verra un peu plus loin que ce problème est décisif aux yeux du Chancelier) la communication des informations de la périphérie vers le centre.

> Et pour ce sire que si grands royaumes et provinces tant diverses avec la monarchie imperiale ne se peullent bien conduyre et gouverner sans bon ordre et bon conseil qui consistent en lelection des personnaiges lon a souvent plus grande disette de gens que d'argens. Est necessaire que vostre mageste ayt plus esgard a pourveoir que les offices et benefices soient decourez de personnes vertueuses dignes et souffisantes que de vouloir decourer personnes indignes et inhables par offices benefices et dignitez Car sire vous

---

1. « [...] voyant que les plus vertueuses actions que les histoires nous montrent [...] sont plus souvent admirées qu'imitées [...] je ne puis m'empêcher d'en épouver en même temps de l'émerveillement et de la douleur. Voulant cependant tirer les hommes de cette erreur, j'ai jugé nécessaire d'écrire [...] afin que ceux qui liront mes propositions puissent plus facilement en tirer cette utilité pour laquelle on doit rechercher la connaissance des histoires », Machiavel, *Discours*, *op. cit.*, *proemio*, p. 50-52 (trad. modifiée).

seriez tenu respondre devant dieu de maulx qui sensuyvroient par la promotion de personnes indignes et inhabiles [1].

Gattinara adapte ici à l'appareil de gouvernement en train de se constituer une description dont la rhétorique est empruntée à la parénétique royale : pourvoir aux offices, c'est transférer à des « ministres » la responsabilité du souverain devant Dieu, d'où l'importance de choisir des personnes « vertueuses, dignes et souffisantes », c'est-à-dire des officiers qui soient non seulement moralement dignes de leur office mais aussi correctement formés pour l'occuper :

> À cause de quoy en la nomination et presentacion des benefices et mesmes des dignitez ecclesiastiques ne debvez tant garder a promesses reserves ou expectatives que vous ou vos predecesseurs pourriez avoir faictes ou a quelcunque remuneration de services fais que vous ne gardez plus tost a la souffisance et ydoneyte des personnes a leur bonne vie sciences et doctrine et quilz soient telz pasteurs quilz puissent et saichent rendre bon compte a dieu des povres brebis que dieu leur auroi laisse en charge [2].

Il faut donc fuir les rétributions courtisanes (il est difficile ici de ne pas penser au jeune neveu de Guillaume de Chièvres, devenu archevêque de Tolède), et l'on note que Gattinara reprend ici un avertissement qu'il avait déjà adressé à Maximilien et Marguerite du temps de sa magistrature franc-comtoise : le souverain ne doit pas être lié par les engagements et les promesses de ses prédécesseurs. En demandant à Charles de choisir des officiers « adaptés » à leur fonction (manifestant leur « souffisance et ydoneyte ») et formés pour l'exercer (possédant « bonne vie, science et doctrine »), Gattinara défend les linéaments d'une véritable compétence

---

1. *Mémoire sur l'empire*, *op. cit.*, p. 407.
2. *Ibid.*, p. 407.

professionnelle en politique; si cette considération de la compétence professionnelle constitue un élément supplémentaire pour rapprocher l'entreprise du Chancelier de celle de Machiavel, il est remarquable qu'elle trouve à s'exprimer dans les termes mêmes de la parénétique royale, c'est-à-dire à travers la figure du « bon pastorat ». En effet, la formation suffisante des officiers doit leur permettre d'être « telz pasteurs quilz puissent et saichent rendre bon compte à dieu des povres brebis que dieu leur auroi laisse en charge ». Ce « compte à rendre » constitue littéralement la cheville ouvrière qui permet de loger dans les figures du pastorat la forme quantitative que ne peut manquer de prendre l'administration moderne de l'empire. Gattinara est sur ce point parfaitement synchrone avec la manière dont ses contemporains conçoivent et décrivent les sciences du gouvernement. À la suite de son commentaire du *Miroir politique* de La Perrière, Michel Foucault, analysant la mise en place des technologies modernes du gouvernement, réfère ces techniques à un certain nombre de passages de l'Ancien Testament qui développent l'image du berger qui doit « rendre bon compte à dieu des povres brebis [1] » (il cite également un commentaire rabbinique tardif qui explique que Moïse a été choisi par Dieu parce que, lorsqu'il était berger dans sa jeunesse, il faisait paître les brebis par ordre d'âge, pour que chacune puisse trouver l'herbe assez tendre pour la force de ses dents, ce qui indiquait qu'il serait un pasteur juste [2]) : la nécessité de « rendre bon compte » des brebis intègre ainsi dans le mémoire de Gattinara une approche moderne de la

---

1. En particulier dans les livres de Jérémie, d'Amos et d'Ézéchiel; voir M. Foucault, *Sécurité, territoire, population, op. cit.*, notes 32 à 34 p. 137. Nous reviendrons sur l'importance de Foucault dans l'analyse de la rationalité politique moderne.

2. *Ibid.*, p. 130-131 et note 36 p. 138.

« gouvernementalité » au sens de Foucault, c'est-à-dire le souci de l'administration des vivants pris dans une approche quantitative. La puissance propre du discours de Gattinara tient à sa capacité à exprimer ces exigences modernes du gouvernement dans les formes de la rhétorique parénétique classique, allant même jusqu'à reprendre à Platon la même idée qu'Érasme :

> Mais sire pour satisfere a dieu et a votre conscience et pour le bon regime et soulaigement de voz subgectz debvez plutost preferer les gens de science et conscience alliennez de toute ambicion qui ne demandent avoir office ains les reffusent [1].

Cette règle doit conduire Charles à choisir des officiers sans ambition ni cupidité, correctement formés, et vertueux : la parénèse se transfère ainsi de la personne du souverain à celle de ses conseillers, qui doivent exprimer les vertus royales tout en les déclinant et les distribuant dans la multitude composée de l'empire – ils doivent en effet être « telz quilz entendent les loix et coustums dung chacun pays », et c'est à cette ultime condition que leur désignation entretiendra les sujets de Charles « en bonne amour pollice et paix que procedent de vraye justice [2] ».

Il n'est pas surprenant que la « vraye justice » soit la vertu cardinale de cette parénèse politique, puisque c'est elle qui est chargée d'assurer la distribution des vertus royales dans l'ensemble des états et territoires dans lesquels se décline la « pollice » impériale. C'est donc très logiquement la justice qui fait l'objet des paragraphes suivants du mémoire :

> Mais pour administration dicelle justice quest la royene de toutes vertuz pour laquelle les empereur roys et princes

1. *Mémoire sur l'empire*, *op. cit.*, p. 408.
2. *Ibid.*, p. 408.

regnent et dominent puis que dieu vous a donne se tiltre
dempereur et legislateur et que a vous seul appartient declerer
interpreter corriger emender et renouveller les loix imperiales
pour icelles fere entretenir par luniversel monde : Cest bien
raison que ensuivant les vestiges du bon empereur Justinien
votre M[ages]te cesarea choisese de bonne heure les plus
grands clercz que lon pourra trouver pour entendre a la
reformation desdites loix imperialles, et pour adviser tous
les moyens que lon pourra trouver a la abbreviation des
proces et dresser loix si cleres que luniversel mond soit
enclin a en user et que lon puisse dire par effect quil y ayt
ung empereur et une loy universelle [1].

Gattinara affirme ici que l'empereur est aussi législateur,
selon l'interprétation constante des formules du *Corpus Juris*,
mais il ne rentre pas dans le détail des discussions qui ont pu,
chez les grands glossateurs, marquer la nature même de ce
pouvoir législatif[2] : il se contente d'affirmer que ce pouvoir
ne concerne pas seulement la promulgation des lois, mais
aussi leur correction, amendement et renouvellement. Ce
point est important : Gattinara entend affirmer que, comme
unique législateur suprême, l'empreur seul peut pénétrer dans
le cœur de la matière du droit pour la réordonner, de sorte
que c'est sur lui que repose l'antique impératif cicéronien de
« mise en ordre du droit » (*jus in artem redigere*). C'est ainsi
dans la réforme du droit que semble devoir s'incarner la
puissance impériale, et cette indispensable réforme, qui
rappelle l'entreprise entamée à Dôle entre 1510 et 1514,
rejoint aussi l'effort contemporain des cours et des chancelleries
d'Europe (ainsi la France a-t-elle entamé la rédaction des

---

1. *Mémoire sur l'empire, op. cit.*, p. 408.

2. Pour une présentation synthétique de ces discussions, voir K. Pennington,
*The Prince and the Law. 1200-1600. Sovereignty and Rights in the Western
Legal Tradition*, University of California Press, 1993.

coutumiers dès l'édit de Montil-lez-Tours en 1454, et la
rationalisation de l'édifice juridique va bientôt connaître un
nouveau souffle avec la fameuse ordonnance de Villers-
Cotterêt, en 1539), tout en allant chercher son modèle dans
la réforme de Tribonien. Rien d'étonnant en effet à ce que le
modèle d'une telle entreprise, aux yeux de Gattinara formé
au droit savant, soit l'empereur Justinien confiant la réforme
du droit à Tribonien et aux juristes du prétoire au VIᵉ siècle [1].
La constitution « *Imperatoriam majestatem* », texte de Justinien
qui ouvre les *Institutes* et que Gattinara connaît évidemment,
éclaire parfaitement l'intention de Gattinara : elle articule la
reconquête de l'empire (qui est en train de sombrer, plus de
cinquante ans après la déposition de Romulus Augustule) à
la réforme du droit :

> Les nations barbares, ramenées sous notre joug, connaissent
> désormais la force de nos armes ; l'Afrique, comme de
> nombreuses autres provinces perdues, ont été ramenées par
> nos victoires dans le giron de l'empire romain. Ainsi tous
> les peuples se trouvent-ils soumis aussi bien aux lois nouvelles
> que nous avons promulguées qu'à celles de nos prédécesseurs,
> que nous avons remises en ordre. Nous avons en effet remis
> en ordre les constitutions très sacrées qui étaient tombées
> dans la confusion ; et nous avons ensuite appliqué tous nos
> soins à une infinité d'ouvrages des anciens jurisconsultes ;
> [...] nous avons demandé à Tribonien, homme magnifique,
> maître de notre sacré palais, ancien questeur et ancien consul,

---

1. L'entreprise de compilation et de systématisation des codes, qui avait
commencé avec la promulgation en 438 du *Code Théodosien*, culmine avec
la compilation ordonnée par l'empereur Justinien et promulguée en 533. Cette
compilation est la plus importante : elle reprend et systématise le code de
Théodose (le *Code* proprement dit), elle y ajoute un recueil ordonné de toute
la jurisprudence romaine (le *Digeste*), elle fournit un manuel de droit destiné
aux étudiants (les *Institutes*). C'est sous sa forme « justinienne » que l'Occident
médiéval rencontrera le droit romain.

> [...] de composer sous notre autorité, et conformément à nos suggestions, un Manuel de droit : ceci, afin que vous receviez les premiers principes du droit de la splendeur impériale elle-même [1].

En conseillant à Charles de devenir un nouveau Justinien, Gattinara lui fait endosser l'entreprise de refondation du droit qui est indissociable de l'entreprise de restauration de l'empire. Dès lors cet empire, comme l'épisode franc-comtois le laissait déjà entrevoir, n'est plus une rêverie tournée vers un passé mythique : c'est une puissance modernisatrice et réformatrice qui annonce et soutient l'avènement d'un droit raisonné.

Que le mémoire de 1519 s'engage dans la voie d'une défense et illustration de l'exigence impériale de rationalité, le passage qui concerne l'administration des finances le montre plus clairement encore. En effet, les préconisations de Gattinara en matière de finance montrent la modernité des techniques de gouvernement qu'il considère comme indispensables à l'administration de l'empire : ce qu'il réclame ici, c'est la rationalisation des pratiques de compte. Elle passe d'abord par la maîtrise de la dépense, c'est-à-dire précisément par la connaissance de ses raisons, qui impliquent le temps, la cause et la qualité de chaque dépense :

> [...] que en donnant lon ayt esgard au temps a la raison et cause pourquoy et a la qualite : tant du donateur que de celluy a cuy lon donne [2].

---

1. Constitution « *Imperatoriam Maiestatem* », préface aux *Institutes* (21 nov. 533), cité par J.-M. Carbasse, *Introduction historique au droit*, Paris, P.U.F., 1999, p. 54. Pour une présentation synthétique du legs juridique romain à l'Occident médiéval, voir P. G. Stein, « Le droit romain », dans J. H. Burns (dir.), *Histoire de la pensée politique médiévale* (Cambridge, 1988), trad. fr. sous la dir. de J. Ménard, Paris, P.U.F., 1993, p. 37-46.
2. *Mémoire sur l'empire*, *op. cit.*, p. 409.

Mais les raisons comptables impliquent aussi par conséquent l'estimation correcte des ressources et des en-cours :

> [...] pour non exceder les limites de liberalite fauldroit que vostre mageste Cesarea sceust la qualite et quantite de ses rentes et revenuz ensemble des charges et fraiz necessaires a supporter [1].

La précision et la correction de l'information sont ici cruciales : l'*imperium* de Charles implique la centralisation de données fiables et normées portant sur les recettes, les dépenses, et les possessions de l'empire. Par ailleurs, ces données doivent être enregistrées : les comptes ne doivent pas seulement être faits, mais tenus, et cette tenue implique un contrôle et une mémoire des mouvements quantitatifs qui affectent les finances :

> Pareillement pour donner meilleur ordre a la distribucion de voz finances est tresnecessaire avoir ung bon contreroleur qui tiengne registre de toutes parcelles de recepte affin qu'il ny puist avoir faulte. Et davantaige pour evicter tous abbus seroit mestier que toutes les despeches des finances fussent enregistrees. [...] Et avec ce pour mieulx congnoistre lestat de voz finances mander et ordonner que tous les ans soient renduz et cloz les comptes de vosdits tresoriers affin que au bout de lan puissiez clerement savoir et congnoistre tout ce qui en aura este receu et despendu et ce que demeurra de reste affin de mieulx dresser lestat et conduicte desdites finances [2].

Ce que propose ici Gattinara, c'est la mise en place d'un contrôle rationnel de la fiscalité, une comptabilité d'État : on peut y lire une exhortation du bourgeois italien au souverain du Nord, recommandant l'adoption de la comptabilité en

1. *Ibid.*
2. *Ibid.*, p. 411.

partie double des marchands pour « congnoistre tout ce qui en aura este receu et despendu et ce que demourra de reste ». Gattinara retrouve dans ce discours un des sens les plus anciens de la *ragione* des marchands italiens, celui dont hérite Machiavel lui-même : en effet, si la *ragione* peut s'appliquer aux affaires politiques et, plus généralement, à l'ordre des actions collectives, c'est d'abord parce qu'elle désigne ce calcul avec lequel les marchands et les financiers ont dû se familiariser. Le but est bien, en rendant calculables les quantités de richesse, de maîtriser la « fortune », et de soumettre ainsi à la raison une certaine « conduicte » des affaires de l'empire. Comprendre sous ces formes quantifiables et calculables la conduite de l'État, c'est opérer le transfert du pastorat dans les techniques du gouvernement, et retourner ainsi de la « conduite » du gouvernement de soi à l'administration des affaires d'État, en un geste strictement symétrique, et inverse, de celui d'Érasme : le modèle des *specula principi* se trouve alors définitivement subverti, puisque la « rection de soi » s'y trouve transposée dans le gouvernement des affaires d'État.

Gattinara peut alors achever son mémoire en évoquant l'indispensable réforme des conseils, d'une manière qui confirme la subversion des « Miroirs du prince » : la *reformatio* intérieure à laquelle Érasme appelait le souverain s'y trouve définitivement transposée en une réforme des institutions du gouvernement. Il est très évident que le thème de la *renovatio* de l'empire, que mobilise la *responsiva oratio*, et dont nous avons cherché à montrer qu'il apparentait de manière inattendue le discours de Gattinara à celui de Machiavel, joue ici un rôle central : c'est pour ainsi dire par la médiation de l'idée de *renovatio*, proposée par la légende impériale, que la *reformatio* morale peut être « retournée » en réforme institutionnnelle. Cette réforme institutionnelle à laquelle Gattinara appelle Charles en lui recommandant de « regler lordre » de ses

« conseaulx [1] », vise tout d'abord à simplifier le nombre des conseils et leurs attributions, puis à définir la chaîne de responsabilités et de délégations qui va permettre au souverain (et à son Chancelier) de ne se consacrer qu'aux affaires les plus importantes, et enfin à ordonner ces délégations de sorte que la « couverture territoriale » de l'empire soit assurée.

> Fauldroit aussi en reformant vosdits conseaulx resequer le nombre diceulx en choisissant pour les choses secretes ung petit nombre de ceulx que vous sembleroit plus propice faisant ung petit conseil secret Et ung aultre publique pour les choses communes. Et neantmoings vostredite M[ages]te quant aux choses secretes doit avoir esgard de les communiquer ou taisre selon quil congnoistra lintencion et affecte de sesdits conseillers et selon les dependances quilz pourroient avoir [2].

Le premier élément qu'évoque ici Gattinara, c'est celui qui conclut la *risponsiva oratio* : le secret du gouvernement. L'ordre des conseils doit être réglé en commençant par institutionnaliser le clivage entre les « choses secretes », affaires du « petit conseil secret », et les « choses communes », affaire du « [conseil] publique » : Gattinara tente ainsi de faire entrer dans la pratique gouvernementale de l'empire une hiérarchie des modes de communication de l'information qui d'une certaine façon est la pure et simple conséquence du besoin de données fiables et quantifiées sur l'état de l'empire, manifesté par les paragraphes précédents (après la collecte des données, il s'agit d'envisager leur traitement). Ce souci appelle deux remarques : tout d'abord, la préoccupation de Gattinara pour l'ordre des conseils, anticipant sur les innombrables discours qui porteront entre la fin du XVIe et le

1. *Mémoire sur l'empire, op. cit.*, p. 411.
2. *Ibid.*

début du XVIIᵉ siècle sur les *arcana imperii* et la fonction « ministérielle », relève de la science politique naissante et pas de la rhétorique de cour. Gattinara est là aussi plus proche de Machiavel, qui dans le chapitre XXII du *Prince* s'interroge sur « ceux que les princes ont à leur service pour les affaires secrètes [1] », que de Castiglione [2]. Ensuite, il faut noter que le secret tel que Gattinara le définit ici est d'abord un domaine réservé tenu à l'écart de la machine générale du gouvernement : autrement dit, le secret n'est pas une protection contre l'opinion publique, mais contre l'administration elle-même ; c'est une technique réfléchie de distribution de l'information à l'intérieur même du gouvernement, et le prince contrôle cette distribution « selon quil congnoistra lintencion et affecte de sesdits conseillers [3] ».

Cependant l'organisation des conseils ne correspond pas seulement à une prénotion de la raison d'État, prise sous l'espèce des secrets du gouvernement : si elle a bien à voir avec cette rationalité de la politique moderne dont la raison d'État n'est que l'un des visages, c'est aussi parce qu'elle se montre capable de prendre en compte la fragmentation territoriale propre à l'empire. La réforme des conseils doit en

1. C'est le titre du chapitre XXII (« *De his quos a secretis principes habent* »), qui s'ouvre sur cette formule qui pourrait parfaitement figurer dans le mémoire de Gattinara : « Ce n'est pas chose de peu d'importance pour un prince que le choix des ministres, qui sont bons ou non selon la prudence du prince » (Machiavel, *Le Prince, op. cit.*, p. 187).

2. Baldassare Castiglione (1478-1529), auteur du *Courtisan* (1528) et nonce apostolique de Clément VII, s'attaquera vivement à Valdés en 1527 après la diffusion du *Diálogo de la cosas acaecidas en Roma.*

3. Là encore le rapprochement avec Machiavel est tentant : « pour qu'un prince puisse connaître son ministre, il y a la façon suivante, qui ne trompe jamais : quand tu vois ton ministre penser plus à lui-même qu'à toi et rechercher dans toutes ses actions ce qui lui est utile, un homme ainsi fait jamais ne sera un bon ministre, jamais tu ne pourras t'y fier », *Le Prince*, chap. XXII, *op. cit.*, p. 187.

effet d'après Gattinara produire une meilleure organisation de la circulation des informations et des décisions politiques ; cette organisation doit empêcher que les responsabilités des différents secrétariats se recoupent, et adopter dans ce but une double distribution des responsabilités : d'une part, une distribution « horizontale », selon laquelle les secrétariats doivent correspondre à des « aires » déterminées de la souveraineté impériale ; d'autre part, une distribution « verticale », qui doit permettre de hiérarchiser les affaires à traiter pour en décharger les échelons supérieurs du gouvernement.

> Et affin que les secretaires nayent cause de se scuser a dire que les requestes passent par diverses mains seroit bon en resequant et retraignant le nombre desdits secretaires que lon donna a ung chacun la charge dung royaume ou dung pays et que lung nentreprine riens sur la charge de l'aultre [1].

Cette organisation « nationale » des secrétariats de l'État impérial est peut-être la mesure qui correspond le mieux à la définition même de la charge qu'exerce Gattinara, chancelier « des royaumes et estats de l'Empereur » : en projetant une intégration administrative qui éviterait les chevauchements de compétence, Gattinara identifie un des problèmes récurrents de l'empire, qui est le recouvrement des souverainetés. L'empire n'est en effet qu'un « dernier étage » de la pyramide des droits, et l'expérience de Dôle a brutalement enseigné au futur Chancelier qu'il n'était pas question d'oublier les souverainetés subordonnées, avec leurs exemptions, leurs sphères d'autonomie juridique et politique, et leurs susceptibilités ; les difficultés de la situation espagnole confirment et amplifient encore l'urgence d'une telle

---

1. *Mémoire sur l'empire, op. cit.*, p. 412.

organisation. L'administration impériale que projette ici Gattinara est une structure qui en venant coiffer les « royaumes et pays » en conserve d'abord l'autonomie, et ne s'impose à eux que sous les formes de la centralisation de l'information et de la décision. Cependant, si cette organisation définit les contours d'un empire qui correspond étroitement, en apparence, à sa définition isidorienne comme « royaume de royaumes », l'autre souci du Chancelier impérial tient ici au bon fonctionnement du traitement des informations et des décisions politiques qui remontent au sommet de l'empire :

> Oultreplus sire pour ce que aux groz afferes que vous avez des cy en avant de lempire que de voz royaumes et pays despaigne Austrice flandres et bourgogne ne seroit possible signer de vostre main toutes les despesches non seullement de grace mais de justice Et aussi ne seroit possible a moy a veoir toutes les depesches Semble sire quil fault aussi bien adviser a distribuer les charges que vostre M[ages]te en soit soulaigee et moy aussi Et se fault fyer des gens. Et quant aux choses de mere justice tant en castille que en arragon naples et ailleurs semble non estre necessaire aulcune signature de vous ne de moy ainsi seullement des chiefz desdits conseaulx de justice les aultres choses mixtes ayans participation de grace et toutes depesches que ne seelleroient en las de soye souffira le signer avec ung cachet que vostre M[ages]te pourra ordonner soit de son propre nom « charles » ou de « E.empereur » Mais les lestres dimportance que seront seellees en las de soye cest bien raison quelles soient signes de vostre main de tel signet que vous adviserez [1].

Gattinara propose la mise en œuvre d'un principe de délégation, à partir d'un constat simple : le premier échelon de décision du gouvernement impérial, c'est-à-dire l'Empereur assisté de son Chancelier (« vostre Mageste […] et moy »),

---

1. *Mémoire sur l'empire, op. cit.*, p. 412.

ne peut pas traiter l'ensemble des « affaires ». Il faut donc une hiérarchie par ordre d'importance, couplée à un système de « filtres » institutionnels qui permette de définir, en particulier pour l'administration de la justice, des degrés d'importance, selon un modèle qui est en même temps féodal (il s'appuie sur la chaîne des vassalités) et très moderne (il prévoit la délégation de signature et la déconcentration de la prise de décision). La modernité du projet tient d'abord à ce qu'il est délibéré et raisonné : Gattinara met à profit son expérience de l'administration des « royaumes et estats », acquise en Franche-Comté comme au cours de ses missions en Espagne pour Maximilien, pour proposer une forme d'intégration du gouvernement et de l'administration impériale qui prenne acte de l'impossibilité du gouvernement direct. Gattinara identifie ainsi dès 1519 un des principaux points de tension du pouvoir impérial, écartelé entre le principe féodal du rappel de la souveraineté par la présence en personne du souverain, et le principe moderne d'un gouvernement « absent » : sous l'horizon de légitimité d'un pastorat impérial partageable et délégable, Gattinara propose de substituer au gouvernement direct une bureaucratie réformée et efficace, occupée par des officiers choisis pour leurs compétences. C'est là la marque de la profonde modernité de son projet : prenant acte de l'impossibilité d'une souveraineté impériale qui se contenterait d'élever le principe de la visibilité du pouvoir féodal à une échelle inédite, Gattinara en subvertit complètement le principe, et propose d'organiser au contraire, sous la forme du gouvernement bureaucratique, un pouvoir qui ne se voit pas.

Cette invisibilité appelle trois remarques. Tout d'abord, de manière purement anecdotique, après avoir supposé au début du chapitre précédent que Gattinara n'était peut-être dans le gouvernement concret de l'empire qu'un officier

« invisible » en raison de l'archaïsme de ses doctrines, il est plaisant de retourner l'hypothèse pour montrer que c'est au contraire en raison de leur modernité que ses projets consistent à organiser l'invisibilité du gouvernement impérial. Ensuite, il faut remarquer que la modernité de ce gouvernement « invisible » tient à ce qu'il occupe une position que lui commande l'éclatement territorial, administratif et juridique des territoires qu'il domine : c'est le caractère composite de la monarchie impériale qui, par lui-même, accélère cette invention des technologies modernes de l'État. Enfin, que cette modernité coïncide avec l'invisibilité, c'est là une nouvelle occasion de rapprocher Gattinara de Machiavel : ce gouvernement qui renonce à la visibilité personnelle du prince et qui s'organise au contraire comme un système de distribution de l'information et de la décision presque imperceptible pour ceux qui le supportent, ce gouvernement seul capable d'établir une domination sur une multitude d'états et de territoires par ailleurs libres, le Florentin le décrit très précisément dans le second livre des *Discours* :

> En effet, les villes, surtout celles qui sont accoutumées à vivre libres, ou habituées à être gouvernées par des hommes de la même région, se satisfont bien plus paisiblement d'une domination qu'elles ne voient pas (*un dominio che non veggono*), même si celle-ci leur pèse un peu […] [1].

Comprendre la pensée de l'empire que construit Gattinara, c'est donc tenir ensemble la carrière de l'administrateur de Dôle en 1510, l'élaboration du songe impérial de 1517 et les réflexions du chancelier en 1519 : l'idée impériale ne doit être réduite à aucune de ces activités, mais réside au contraire dans la puissance et la souplesse d'un dispositif théorique

---

1. Machiavel, *Discours…*, II, 21, *op. cit.*, p. 340, trad. modifiée.

capable de les articuler toutes. Les « raisons de l'empire »,
ce sont précisément ces articulations théoriques qui font de
l'idée impériale une forme du discours qui ne peut être
purement et simplement évaluée à l'aune de la réalité concrète
du gouvernement impérial : par bien des aspects, elle le forge,
elle le précède, et elle le pense. Mais cette pensée de l'empire,
qui semble sans arrête déborder l'empire lui-même, est-elle
pour autant capable d'en enrayer les principales difficultés ?
Les raisons de l'empire, capables de penser et de décrire les
faits, résistent-elles à leur épreuve ? C'est à cette question
que nous allons maintenant chercher à répondre, en examinant
le comportement de l'humanisme impérial face à l'une des
plus graves crises qui marquent le règne de Charles Quint :
celle qui culmine en 1527 avec le sac de Rome par les troupes
impériales.

LE SAC DE ROME ET SES RAISONS

L~~A~~ CRISE ET L'ESSAI

L'humanisme impérial, si l'on admet que ce nom convient au dispositif théorique et rhétorique que Gattinara construit autour de l'idée d'empire, permet comme on l'a vu de dominer et d'articuler ensemble les temporalités différentes de l'empire, de sorte que les « raisons de l'empire » se présentent d'abord comme des formes d'intelligibilité qui permettent d'ordonner la diversité de l'empire sous son aspect temporel plutôt que (comme on pourrait s'y attendre) sous son aspect spatial. Il ne s'agit cependant pas de négliger ni de nier la multiplicité spatiale de l'empire, mais de considérer que la véritable « composition » de l'empire ne peut être efficacement dominée que depuis un point de vue qui n'est justement pas celui de l'espace : une fois ordonnées les raisons temporelles de l'empire, Gattinara se révèle parfaitement capable de les développer dans toutes les dimensions sous lesquelles il rencontre, comme « chancelier des estats et royaumes » de Charles Quint, la diversité du gouvernement impérial. Si ce dispositif, et les formes d'intelligibilité qu'il articule, est désormais évidemment capable de résister à la critique simpliste qui voudrait faire de l'idée d'empire un songe archaïque et sans prise sur la réalité, il reste toutefois à vérifier que l'on a bien affaire là à autre chose qu'une simple collection d'images, de symboles et de figures de style qui, habilement tissés les uns aux autres, rendraient l'empire simplement « représentable ».

Il ne s'agit en effet pas simplement de décrire l'humanisme impérial comme un système de figures qui permettraient à l'empereur et à son entourage de construire et de manipuler des représentations efficaces de l'empire : ce serait, en soi, un élément important et riche pour une histoire de l'idée d'empire ; mais il ne s'agit précisément pas ici de proposer une histoire de l'empire, il s'agit de discerner dans l'humanisme impérial un concept, ou un ensemble de concepts, en cours de constitution, accédant progressivement à leur propre intelligibilité. En d'autres termes, c'est d'abord à nos yeux comme instrument de la pensée que l'humanisme impérial vaut d'être interrogé : nous cherchons à montrer qu'on a bien affaire, avec cette matrice qui se déploie dans les discours des humanistes de l'entourage immédiat de l'empereur, à un laboratoire important de la philosophie politique moderne. Comment faut-il concevoir l'expérience qui pourra nous permettre de vérifier ce point ? Quelle épreuve distinguera, dans l'idée d'empire que construisent les humanistes impériaux, un système de représentations commodes et adéquates d'une matrice conceptuelle efficace et productive ? C'est d'un essai, au sens baconien du terme, que nous avons ici besoin, c'est-à-dire d'un dispositif destiné à soumettre un objet à une contrainte déterminée afin d'en révéler la véritable nature [1]. Il peut pourtant sembler évident que l'histoire humaine,

1. « De même, en effet, que dans la vie publique le naturel d'un individu et la disposition cachée de son esprit et de ses passions se découvrent mieux lorsqu'il est plongé dans le trouble, de même les opérations cachées de la nature se livrent mieux sous le tourment des arts que dans leur cours ordinaire »,

contrairement à l'histoire naturelle, ne se prête pas à cette sorte d'expérimentation. Quelle doit être alors la nature de l'expérience en question ? C'est l'histoire, justement, qui nous la fournit d'elle-même : elle nous offre une occasion très précise de « tester » la solidité théorique de cette intelligibilité que se propose de bâtir l'humanisme impérial, en le confrontant, au-delà de la multiplicité pratique et théorique de l'empire, à une véritable crise. Cette crise, c'est la prise et la mise à sac de Rome, en 1527, par les troupes impériales. Étudier le sac de Rome, ce n'est donc pas à proprement parler réaliser une expérience, c'est simplement en observer une : en d'autres termes, c'est s'emparer d'un événement pour y lire une certaine configuration intelligible des discours et des doctrines qui s'agrègent autour de lui. Il s'agit, au fond, de s'inspirer sérieusement du jugement d'André Chastel :

> L'examen de certaines catastrophes majeures est peut-être, par analogie, un moyen puissant de déceler dans l'ébranlement général d'une société les forces qui assuraient sa cohésion relative et de reconnaître à travers les mouvements élémentaires de l'effroi, de la désolation et de la honte des ressorts qu'on voit rarement paraître à nu [1].

Parmi ces « forces » qu'évoque André Chastel, la puissance propre des idées joue un rôle décisif : c'est cette puissance que nous allons tâcher de déterminer à partir de « l'ébranlement » du sac de Rome. On a observé la manière dont Gattinara se saisissait du temps long de l'histoire impériale, en articulant ses cycles historiques et légendaires à la perspective précise

---

Francis Bacon, *Novum Organum*, I, 98, trad. M. Malherbe, J.-M. Pousseur, Paris, P.U.F., 1986, p. 159.

1. A. Chastel, *Le Sac de Rome, 1527*, Paris, Gallimard, 1984, p. 14. Cette opinion nous semble faire puissamment écho, quoiqu'involontairement, à la thèse de Bacon rapportée dans la note précédente.

de l'avènement de Charles Quint ; on a pu vérifier ainsi que l'humanisme impérial pouvait tresser ensemble des ordres temporels différents, et dominer par là la multiplicité et la variété réelle de l'empire, au point d'en programmer les réalisations à venir et les tâches de longue haleine : le sac de Rome va maintenant nous fournir le matériau à partir duquel il sera possible d'estimer la capacité de l'humanisme impérial à appréhender l'événement, et à produire son intelligibilité dans une situation de crise, c'est-à-dire dans un ordre de temporalité nouveau, bref, contracté, et convulsif. Les séquences causales qui se nouent autour du sac de Rome sont extrêmement brutales, et leur brusquerie même oblige les humanistes impériaux à adapter leur outil théorique à des exigences nouvelles et imprévues.

Le déclenchement de la crise n'est pourtant pas étranger au travail effectué par l'humanisme impérial, bien au contraire. Parmi les outils qui permettent à Gattinara de saisir le sens le plus élevé de l'avènement de Charles Quint figure en bonne place l'idée de restauration de l'empire, qui est liée d'une part à la rénovation de l'Église et d'autre part à la réforme spirituelle et morale de la Chrétienté. Cette pensée de la réforme, dans sa plurivocité même, appartient profondément à son temps, non seulement parce qu'elle constitue l'instrument théorique privilégié à travers lequel le premier XVIᵉ siècle s'emploie à produire sa propre intelligibilité comme époque, mais aussi, comme nous avons cherché à le montrer, parce que la mise en œuvre de cette articulation entre rénovation, restauration et réforme apparente l'humanisme impérial à l'entreprise de Machiavel, qui au même moment s'emploie à penser la vie des corps composés des républiques à partir d'un programme politique dont la « reconduction au principe » est un des mots clefs. Cependant, si cette logique de la réforme signale à elle seule la modernité de l'humanisme impérial, elle possède avec lui un enjeu spécifique, dans la mesure où son développement fait inévitablement jouer l'ancien antagonisme entre le pape et l'empereur. La crise qui culmine avec le sac de Rome au printemps 1527 constitue d'une certaine manière le principal effet de cet antagonisme que l'humanisme impérial ne pouvait manquer de raviver, puisqu'il occupe précisément, on le comprend désormais, une place prépondérante dans le système des raisons de l'empire.

Pour examiner la manière dont cette crise se prépare et dont l'humanisme impérial y réagit, ce n'est plus désormais vers Gattinara que nous allons nous tourner, mais vers l'un de ses plus proches collaborateurs, Alfonso de Valdés. Fils d'un *regidor* de Cuenca, issu d'une famille partiellement marrane, Alfonso de Valdés est le frère de Juan de Valdés, un des plus grands humanistes espagnols, fidèle disciple d'Érasme [1]. D'Alfonso lui-même on ne sait rien de très certain avant 1520 : c'est apparemment un protégé de Pierre Martir d'Anghiera [2], qui le fait entrer à la cour comme secrétaire ; on suit ensuite sa trace grâce à sa correspondance, qui montre qu'il accompagne la cour tout au long des années 1520 à 1530. En 1524, Valdés qui n'était qu'un obscur scribe de

---

1. Sur l'importance et le rôle des frères Valdés, voir M. Bataillon, *Érasme et l'Espagne, op. cit.*, chap. VII et VIII, p. 343-466, ainsi que *Los Valdés. Pensamiento y literatura*, Actas del seminario celebrado en Cuenca, Universidad Menéndez Pelayo, del 2 al 4 de diciembre de 1991. Sur Juan de Valdés, voir J. C. Nieto, *Juan de Valdés y los orígenes de la Reforma en España e Italia*, édition espagnole revue et augmentée, Madrid, Fondo de Cultura Económica, 1979.

2. Pietro Martire d'Anghiera (1457-1526) est un humaniste italien installé en 1487 à la cour de Ferdinand d'Aragon. En 1492, il devient précepteur des enfants royaux, ainsi que de leurs pages, parmi lesquels deux enfants de Christophe Colomb. En 1524, il devient membre de la commission d'administration des Indes Occidentales, et abbé de la Jamaïque ; il rédige entre 1494 et 1510 les *De Orbe Novo Decades*, qui constituent la première chronique de la découverte de l'Amérique.

chancellerie devient contrôleur ; il est très probalement, dès ce moment, secrétaire de Gattinara (il le restera *de facto* jusqu'à la mort du chancelier en 1529) : c'est à ce titre qu'il rédige en 1525 la *Relación de la batalla de Pavía*. En février 1526, il devient le *secretario de cartas latinas* de l'Empereur, ce qui le conduit à rédiger les innombrables lettres latines de l'Empereur à ses interlocuteurs officiels (le Pape, les souverains européens, les grands vassaux de la couronne impériale, les villes), jusqu'à sa mort en 1532.

Valdés occupe ainsi une situation particulière : il se trouve au point de contact entre deux cercles ou cénacles différents, celui de la *familia* d'Érasme d'une part, avec ses nombreuses ramifications espagnoles, et celui de la diplomatie impériale d'autre part. Ces deux cercles, qui sont aussi deux cultures et deux styles, vont se rencontrer en 1527, lorsqu'après le sac de Rome Alfonso de Valdés rédige le *Dialogue sur les choses survenues à Rome* (*Diálogo de las cosas acaecidas en Roma*)[1], dans lequel il s'efforce d'empêcher que la responsabilité du sac de Rome ne retombe sur l'Empereur lui-même. C'est à ce dialogue que nous allons nous intéresser ; cependant, avant d'en entreprendre la lecture, il faut tout d'abord rappeler les conditions historiques dans lesquelles la production de ce texte est rendue nécessaire.

LE SAC DE ROME, DES CAUSES AUX DISCOURS

En assignant à l'empereur, dans la réponse qu'il fait aux légats des Princes-Électeurs, la tâche de « mener au port [...] le frêle esquif de Pierre[2] », Gattinara lui attribue délibérement

---

1. Toutes nos citations de Valdés renvoient à Alfonso de Valdés, *Obra Completa*, ed. A. Alcalá, Madrid, Biblioteca Castro, 1996.
2. Voir l'analyse de la *responsiva oratio* dans le chapitre précédent.

une fonction qui est celle du pape lui-même : il inscrit ainsi la conception du pouvoir impérial dans l'histoire déjà ancienne des affrontements entre le pouvoir spirituel et le pouvoir temporel. Sous ce biais l'impérialisme est de manière presque inévitable un anti-papisme : si Gattinara a pu être considéré comme un héritier pur et simple de Dante, c'est avant tout parce qu'il semble bien reprendre l'effort entamé par ce dernier dans son *De Monarchia* pour faire de l'empire l'unique titulaire authentique de la puissance temporelle. Le traité de Dante s'inscrit à ce titre dans le cadre plus vaste d'un ensemble de textes qui, de Jean de Paris [1] à Guillaume d'Ockham [2] en passant par Marsile de Padoue [3], réagissent tous à la brutale affirmation de la suprématie du pouvoir pontifical sur toutes les souverainetés politiques, affirmation qui trouve dans la bulle *Unam Sanctam* rédigée par Boniface VIII en 1302 sa formulation la plus radicale. Pour défendre le principe d'une rigoureuse soumission du pouvoir temporel au pouvoir spirituel, et donner ainsi son extension maximale à la théorie dite des « deux glaives », Boniface s'appuyait sur un certain nombre de citations scripturaires, parmi lesquelles il est frappant de trouver, à côté d'une très attendue citation de l'épître aux Romains de saint Paul [4], cette même citation de l'Évangile de Jean que l'on a rencontrée chez Gattinara : « *fiet unum ovile et unum pastor* ». Ainsi cette citation, que Gattinara utilise à plusieurs reprises pour définir la mission unificatrice

1. Jean de Paris rédige en 1303 le traité *De la puissance royale et papale* (*De potestate regia et papali*) pour défendre la souveraineté du Roi de France face aux prétentions hégémoniques du pape.

2. Le *Court traité du pouvoir tyrannique* de Guillaume d'Ockham, rédigé entre 1335 et 1340, dénie au pape le droit d'user du glaive temporel.

3. Le *Défenseur de la Paix* de Marsile de Padoue vaudra l'excommunication à son auteur, contraint de fuir Paris pour se réfugier à la cour de Bavière.

4. « Il n'est aucune puissance qui ne vienne de Dieu », Paul, *Épître aux Romains*, XIII, 1.

de l'empereur, a tout d'abord servi en 1302 à défendre la suprématie du pape sur l'empereur.

Il n'est pas étonnant, dans ces conditions, que l'on ait fait de Gattinara un admirateur de Dante tentant de réactiver au début du XVIe siècle une conception du conflit entre pouvoir spirituel et pouvoir temporel vieille de deux siècles. Cependant les conditions mêmes de ce conflit ont profondément changé : l'Église a connu le Grand Schisme, et elle est agitée depuis le dernier quart du XVe siècle par un puissant courant réformateur qui, au moment même de l'élection de Charles Quint, débouche sur un schisme plus grand encore, celui du luthéranisme ; le premier acte officiel du nouvel empereur une fois couronné consiste à convoquer la Diète de Worms, où Luther sera entendu par les légats pontificaux et impériaux. Par ailleurs, les papes qui ont précédé et suivi le bref pontificat d'Adrien d'Utrecht (1522-1523), Léon X et Clément VII, sont deux Médicis (respectivement Jean et Jules de Médicis) dont le pontificat est marqué en politique par leur intervention constante sur la scène italienne qui concentre depuis 1494 l'ensemble des conflits européens. Les papes ne sont plus en situation d'affirmer leur supériorité sur les rois et les empereurs, parce qu'ils ont choisi d'agir dans le même cadre temporel qu'eux : ce sont des princes parmi les princes [1], et c'est cette « normalisation » de l'action politique pontificale désormais immanente au champ des conflits politiques qui autorise l'humanisme impérial à transférer à l'empereur la fonction de rénovation spirituelle de l'Église.

C'est, précisément, cette implication constante du pouvoir pontifical dans l'immanence des affaires européennes qui va conduire au sac de Rome. Élu en 1523, après la mort

---

1. C'est la position défendue explicitement par Machiavel dans les *Histoires Florentines* (en particulier livre I chapitre 9).

d'Adrien VI, Clément VII s'effraie du pouvoir croissant de Charles Quint : après la victoire de Pavie et la capture de François I er, le poids de l'Empereur est devenu immense dans un jeu politique occidental qui est déjà obsédé par le souci de l'équilibre. Les atermoiements de la négociation du traité de Madrid, l'obstination de Charles Quint incapable d'admettre qu'il ne pourra pas reprendre la Bourgogne, ont conduit la victoire de Pavie à se transformer en défaite diplomatique. Le traité de Madrid est signé en janvier 1526, la libération de François I er est effective en mars et le roi de France dénonce aussitôt le traité qui lui a été extorqué ; dès le 22 mai, à Cognac, la France, Venise et le Saint-Siège, rejoints en août par l'Angleterre, signent un accord : la Ligue de Cognac, voulue par Clément VII, doit rétablir la balance des pouvoirs. La situation de l'empereur n'est pas bonne, et elle s'aggrave même lorsqu'en août les Turcs écrasent les troupes hongroises à Mohács, et tuent le roi ; Ferdinand, frère de Charles, entreprend aussitôt de consolider par l'élection ou les mariages la mainmise habsbourgeoise sur l'axe austro-hongrois, mais l'empire, harcelé en Italie par les troupes vénitiennes et pontificales, et menacé en Hongrie par les armées turques, doit désormais manœuvrer sur plusieurs fronts.

La réaction impériale vient dès septembre : d'une part, issus des officines humanistes, des libelles et des lettres paraissent dans toute l'Europe, parfois dus à la plume de Valdés, pour dénoncer l'alliance du pape avec le roi parjure, pour souligner l'incapacité des ligués à protéger l'Europe des Turcs, et pour appeler à un concile et à une réforme de l'Église par l'Empereur. D'autre part, profitant de l'hostilité ancestrale entre la puissante famille romaine des Colonna [1] et celle des

---

1. La famille Colonna (ancien clan des Tusculani) est une des plus puissantes familles romaines, qui entre le X e et le XVII e siècle a donné trois

Médicis, Charles soutient le coup de main des premiers qui, le 20 septembre, lâchent leurs soldats dans Rome. La ville est pillée. Clément VII, réfugié au Château Saint-Ange, doit demander l'aide de l'Empereur et s'engager en échange à quitter la Ligue de Cognac et à verser 60 000 ducats de rançon [1]. L'accord signé, Pompeo Colonna se retire à Naples, et Clément VII retrouve sa liberté de mouvement. Il en profite aussitôt pour dénoncer l'accord et appeler François Ier à l'aide. La machine est alors lancée : bien que papistes et impériaux conviennent d'une trêve de huit mois, les troupes impériales cantonnées en Lombardie, et composées entre autres de plusieurs milliers de lansquenets allemands, prennent le chemin de Rome. En février, les troupes allemandes commandées par Frundsberg et l'armée impériale commandée par le connétable de Bourbon [2] font leur jonction en Lombardie. Les troupes de Frundsberg et de Bourbon représentent ensemble plus de 20 000 soldats. Exténués, en campagne depuis Pavie, avides de paye et de butin, excités aussi par la richesse de l'Italie qu'ils traversent, les lansquenets prennent Rome dès le 6 mai, alors que Charles a chargé le vice-roi de Naples, Charles de Lannoy [3], de négocier une trêve avec les troupes

papes et une douzaine de cardinaux à l'Église. Elle a pour principales rivales les familles Orsini puis Médicis.

1. En représailles, les troupes pontificales ravagent à l'automne les terres de Colonna, un épisode dont il sera beaucoup question dans le *Diálogo* de Valdés.

2. Charles de Bourbon (1490-1527), connétable de France de 1515 à 1521, passe au service de Charles Quint en 1523 à la suite d'un procès intenté par Louise de Savoie, mère de François Ier, qui revendique les fiefs de Bourbon. Lieutenant général de l'empereur en Italie, il conduit la bataille de Pavie aux côtés de Charles de Lannoy avant d'être tué en 1527 dès le début du sac de Rome.

3. Charles de Lannoy (1487-1527), conseiller de Maximilien Ier puis de Charles, devient gouverneur de Tournai en 1521 puis vice-roi de Naples en 1522 ; c'est lui qui en 1525 recevra la reddition de François Ier à Pavie.

de la Ligue. Bourbon est tué en montant au premier assaut : privée de son chef, la masse de l'armée impériale, composée de protestants allemands, investit le Borgo, pille maisons et églises, viole, brûle, rançonne méthodiquement bourgeois et prélats. Au bout de trois semaines de siège, le pape et le sacré collège réfugiés dans le Château Saint-Ange capitulent, mais ils ne pourront quitter Rome qu'en décembre. La mise à sac durera jusqu'en juillet : les troupes impériales quittent alors Rome pour échapper à la peste, mais elles reviennent en septembre et le pillage reprend jusqu'en février 1528. L'armée impériale, réduite de moitié, quitte alors Rome exsangue et ruinée, et prend le chemin de Naples assiégée par les Français.

Le sac de Rome est un événement dont la portée doit d'abord être saisie par ses effets, parce qu'il présente des caractères si singuliers – formellement, c'est une catastrophe saisissante pour toute la Chrétienté ; matériellement, sa soudaineté cohabite étrangement avec sa durée – qu'il s'agrège aussitôt à la masse des discours qui cherchent à le rendre intelligible, de sorte que ces discours ne sont pas seulement ses effets : ils constituent pour la plus grande partie de l'Europe la substance du fait lui-même, qui se trouve ainsi indissociable de sa réception. Or les discours qui mettent en forme ce matériau factuel extraordinaire possèdent trois caractéristiques importantes : d'une part, ils présentent un clivage fort entre la lamentation des Chrétiens (brutalement ramenés au temps où l'Église de Jérôme et d'Augustin déplorait le sac de Rome par les Vandales d'Alaric) et la satisfaction parfois ouverte, surtout en Europe du Nord [1], des luthériens célébrant le châtiment céleste de la Rome corrompue des papes médicéens ;

___

1. On rencontre également en Espagne des traces d'une réaction anti-clémentine au sac, comme le manifeste par exemple le *romance Triste estaba el Padre Santo*, qui affirme qu'« Aujourd'hui l'Espagne réprime/Le grand orgueil de Rome ». André Chastel donne le texte complet de ce *romance* qui

d'autre part, les deux voies ainsi distinguées ont en commun une grande sensibilité au caractère providentiel de l'événement [1] (qu'il s'agisse de le déplorer ou de s'en féliciter) ; enfin, ces discours font l'objet d'une diffusion à la fois multiple par ses formes et massive par son échelle, de sorte que l'examen de la réception de la nouvelle du sac pourrait constituer le premier chapitre d'une étude sur la genèse de l'opinion publique européenne [2]. Par ailleurs, il est frappant de rencontrer dans ce phénomène une analogie avec les institutions impériales telles que les décrit le mémoire de Gattinara en 1519 : la dimension territoriale de l'Europe, comme celle de l'empire dans le mémoire de 1519, y est approchée par le biais de la diffusion de l'information, c'est-à-dire de manière toujours temporelle autant que spatiale.

figure dans tous les grands recueils espagnols (voir A. Chastel, *Le Sac de Rome, op. cit.* p. 35-36).

1. Le discours prophétique sur la réforme de l'Église corrompue, que le concile de Latran a vainement tenté de réfréner en 1513, a en particulier donné lieu à une riche iconographie (il suffit de songer aux bois gravés de Cranach pour le *Passional Christi und Antichristi* de 1521 ou pour le *September Testament* de 1522).

2. Sur la genèse problématique de ce concept, voir entre autres les introductions de B. Guenée, *L'Opinion publique à la fin du Moyen Âge*, Paris, Perrin, 2002, et de S. Landi, *Naissance de l'opinion publique dans l'Italie moderne*, Rennes, PUR, 2006. Il est désormais pratiquement impossible de construire l'idée d'opinion publique sans se référer à la thèse habermassienne qui fait de l'*Öffentlichkeit* un des caractères essentiels de la modernité politique (J. Habermas, *L'Espace public. Archéologie de la publicité comme dimension constitutive de la société bourgeoise* (1962), trad., Paris, Payot, 1978). Nous reviendrons sur ce problème ; qu'il suffise de souligner que l'imprimerie joue un très grand rôle dans la diffusion des nouvelles portant sur le sac de Rome : des *Flugblätter* allemands aux *avvisi* italiens en passant par les *corantes* espagnols ou les *occassionnels* français, les feuilles volantes, vendues à la criée en cahiers de 4 à 16 pages, permettent d'examiner autour du sac de Rome les effets d'une sorte de « proto-journalisme » qui semble cohérent avec les définitions habermassiennes de la « publicité ».

La cour impériale n'apprend la nouvelle du sac qu'à la fin du mois de mai, alors qu'elle est à Valladolid, plongée dans les festivités célébrant la naissance du premier héritier mâle de Charles, le futur Philippe II. Charles, que les contemporains décrivent comme d'abord très affecté par la prise de Rome, hésite, puis fait suspendre toutes les réjouissances. Pourtant, il ne peut pas être réellement surpris par l'événement, que la correspondance diplomatique anticipait depuis des mois. En effet, bien que la prise de Rome ait eu lieu sans ordre direct de l'Empereur, et avant que la trêve négociée entre Clément VII et le Vice-roi de Naples Charles de Lannoy puisse prendre effet, dès juin 1526 Charles Quint informait un de ses généraux, Hugo de Moncada, que les armées des Colonna étaient prêtes à chasser le pape de Rome et à soulever Sienne et Florence [1] : l'Empereur, tout en rappelant que son véritable objectif était de se réconcilier avec Clément VII contre les Français, demandait à Moncada et à Charles de Bourbon de se tenir prêts à toute éventualité, y compris celle de la prise de Rome.

Ainsi les conditions dans lesquelles la situation a évolué jusqu'à la prise et au pillage de Rome ne constituent pas une surprise totale pour Charles Quint et, très rapidement, malgré son silence des premières semaines (dont se plaignent tous ses émissaires en Italie), la chancellerie commence à réagir. L'empire doit en effet absolument produire lui aussi un discours

---

1. « [...] il nous a semblé bon de vous informer à part et en secret du fait que l'émissaire du Cardinal Colonna, qui est ici dans notre cour, nous a dit il y a trois jours que ledit Cardinal, son maître, lui avait demandé de nous dire de sa part qu'il était disposé à chasser le Pape de Rome et à soulever Sienne, et même Florence, et diverses autres terres de l'Église, contre Sa Sainteté [...] », Lettre de Charles Quint à Hugo de Moncada, envoyée de Grenade, le 11 juin 1526 (citée par A. Rodríguez Villa, *Memorias para la historia del asalto y saqueo de Roma en 1527 por el Ejército Imperial*, Madrid, Imprenta de la Biblioteca de instruccion y recreo, 1875, p. 15-16).

construisant soigneusement l'intelligibilité de la catastrophe, pour éviter d'être assimilé au bras armé du luthéranisme[1] : il faut impérativement montrer que ce mal peut produire un bien, et que châtier l'Église n'est pas abattre la chrétienté mais la relever. Non seulement il s'agit là d'un discours difficile à articuler, mais il doit pouvoir être adressé à des publics très différents : le peuple espagnol, la noblesse lettrée, les cours européennes, les humanistes. C'est comme élément de cet ensemble de réactions ciblées qu'il faut saisir le *Diálogo* de Valdés : il prend place parmi les missives aux villes d'Espagne qui réaffirment que Charles est le meilleur fils de l'Église, et les courriers diplomatiques aux souverains européens qui insistent sur le fait que l'Empereur n'a jamais ordonné la mise à sac de la Ville et s'efforçait depuis des mois d'obtenir une paix juste[2]. La chancellerie elle-même – c'est-à-dire Gattinara et Valdés – a entamé dès la fin de l'année 1526 un travail de propagande qui passe entre autres par l'édition en recueil des courriers échangés entre le Pape et l'Empereur depuis le bref pontifical d'avril 1526 condamnant le traité de Madrid : ce recueil, le *Pro Divo Carolo [...] liber apologeticus*, a ceci de passionnant qu'il vise très explicitement à réinscrire la catastrophe ponctuelle du sac de Rome dans la

1. Francisco de Quiñones, général des Franciscains, envoyé en Espagne par le Pape, arrive fin juillet à Valladolid et déclare devant l'Empereur que laisser faire le pillage, c'est devenir « capitaine de Luther ». Sur Quiñones, voir P. de Meester, « Francisco Quiñones de Léon et son tombeau », *in* J. Paviot (dir.), *Liber Amicorum Raphaël de Smedt*, Louvain, Peeters, 2001, p. 198-213.

2. La lettre de Charles Quint au roi du Portugal, en août 1527, est particulièrement significative : elle mêle tous les arguments (elle rappelle les offenses et les agressions commise par le Pape, elle développe le thème des « mauvais conseillers » de la Curie, elle exonère Charles de la responsabilité directe des violences commises à Rome, et elle évoque la réforme providentielle de l'Église). Le texte de la lettre est donné par Rodríguez Villa, *Memorias*, *op. cit.*, p. 254-257.

séquence causale complexe et articulée d'une année de relations diplomatiques tendues entre l'empire et la Cour Pontificale [1]. Cette manière de ramener l'événement extraordinaire à la considération de l'ordre des causes et des effets politiques constitue également un des axes les plus importants du *Diálogo*, ce qui n'a rien de surprenant puisque, comme secrétaire de lettres latines de l'Empereur, Valdés est lui-même l'auteur d'un certain nombre des courriers impériaux rassemblés dans le *Pro Divo Carolo*. Au plus fort de cette entreprise de propagande avant la lettre, Gattinara et Valdés ont même cherché à enrôler Érasme sous la bannière impériale : cet épisode mérite un examen détaillé, parce qu'il est indispensable pour comprendre les accents érasmiens de l'argumentaire que Valdés va développer dans le *Diálogo*.

ÉRASME, LE *CICERONIANUS* ET LA PROPAGANDE IMPÉRIALE

En dehors de ses enjeux politiques, le sac de Rome permet de distinguer des orientations différentes dans l'humanisme [2], y compris du point de vue de l'histoire des courants artistiques et de leur appréciation par les cercles lettrés [3] ; ainsi, parmi les raisons qui rendent cet événement crucial, figure un certain diagnostic, qu'il rend possible, concernant la rupture entre l'humanisme italien et l'humanisme du nord. En effet, bien des humanistes se trouvent après le sac de Rome pris dans le même conflit de loyauté qu'avait suscitée une décennie plus

---

1. Pour une étude d'ensemble du *Pro Divo Carolo*, voir J. Headley, *The Emperor and his Chancellor*, *op. cit.*, chap. 5, p. 86-113.

2. K. Gouwens, *Remembering the Renaissance. Humanist narratives of the Sack of Rome*, Leiden-Boston-Köln, Brill, 1993.

3. C'est le sens principal du travail mené par A. Chastel, *Le Sac de Rome*, *op. cit.*

tôt la naissance du luthéranisme : malgré leurs appels à la réforme monastique, à la rénovation de la foi, et même au concile, ils ne peuvent pas pour autant défendre la prise de vive force de la Ville éternelle, accompagnée de plusieurs mois de viols, de pillages et d'exactions. La brutalité même de l'événement oblige à choisir une position : contre Rome, en prenant une fois pour toutes congé de l'italianité, ou pour Rome, malgré tout, au nom des œuvres de l'esprit ? Érasme lui-même, qui avait si peu aimé Rome en 1506 [1], semble pourtant entonner la même lamentation que Jérôme en 411 : « Rome n'est plus Rome (*Roma Roma non est*) », écrit-il dans le *Ciceronianus* en 1528 – mais est-ce bien là une lamentation ?

Si Érasme a pris très tôt (dès 1518) ses distances avec la cour impériale [2], ses œuvres ont un retentissement important en Espagne : traduites, lues, diffusées, elles font des émules, parmi lesquels figurent en bonne place les frères Valdés [3]. Par ailleurs, Gattinara a salué le *De libero arbitrio*, en 1524, par lequel Érasme s'opposait enfin frontalement à Luther, et éloignait le spectre d'une fraternisation entre l'humanisme évangélique et les partisans de la Réforme [4] ; pour le Grand Chancelier, cette prise de position ouvrait la voie à l'adhésion d'Érasme à l'idée impériale de la réunification de la *respublica christiana*. Cependant, dès 1525, la diffusion de l'érasmisme en Espagne se heurte à une réaction virulente de l'Église, qui

---

1. Sur le séjour d'Érasme à Rome et ses impressions, voir A. Renaudet, *Érasme et l'Italie*, livre II, chap. 6, Genève, Droz, 1954, rééd. Droz, 1998, p. 167-180.

2. Sur les relations entre Érasme et la chancellerie impériale, voir J. Headley, « Gattinara, Erasmus, and the Imperial Configurations of Humanism », *op. cit.*

3. Voir M. Bataillon, *Érasme et l'Espagne*, *op. cit.*, passim, et tout particulièrement chap. VII, p. 343 *sq.*

4. En 1525-1526 certains textes luthériens circulent à Rome sous la signature d'Érasme.

annonce la réforme catholique. Les humanistes de la chancellerie doivent alors faire jouer l'autorité impériale pour défendre Érasme : ainsi c'est une lettre de l'empereur, rédigée par Valdés, qui défend en 1526 aux théologiens et au chancelier de l'Université de Louvain d'attaquer Érasme, « *vir de christiana republica optime meritum* [1] ». Dans ce contexte, le sac de Rome pouvait coûter cher à Érasme en Espagne : en effet, au mois de mai 1527 devait justement s'ouvrir la conférence de Valladolid qui allait examiner l'orthodoxie de son œuvre sous la houlette de l'inquisiteur général Alonso Manrique, et le soutien impérial risquait d'être à nouveau nécessaire. Gattinara se sent alors fondé à demander un engagement plus franc : il est temps qu'Érasme prenne parti, et dans la mesure où les attaques des théologiens lovanites portaient justement sur la proximité suspecte entre ses positions et certaines critiques de Rome, Gattinara est fondé à imaginer qu'il pourrait rejoindre l'humanisme impérial et anti-romain qu'il nourrit avec Valdés. C'est dans ce contexte que dès 1526 Érasme a été sollicité par Gattinara et Valdés, qui lui ont proposé, dans le cadre de la tension croissante entre Charles Quint et Clément VII, de donner une édition savante du *De Monarchia* de Dante.

Érasme ne donnera pas suite à la proposition des humanistes impériaux. Il va cependant réagir au sac de Rome, mais pour ainsi dire à son compte, c'est-à-dire contre les humanistes romains, et pas « pour » l'empire. C'est ainsi qu'il faut comprendre le fameux « *Roma Roma non est* » du *Ciceronianus*. Le passage en question est assez précis : après avoir longuement disserté des mérites d'une stricte imitation de Cicéron (incarnée par Nosopon, qui refuse d'utiliser une tournure latine si elle

---

1. Le texte de la lettre se trouve dans Valdés, *Obra completa*, Lettre 18, *op. cit.*, p. 68.

n'est pas recensée dans les œuvres du maître, ou d'aborder en latin des sujets qu'il n'aurait jamais traités), Buléphore entame le contre-argument : l'imitation servile est stupide, il faut être aussi intelligent que Cicéron, et cela implique de ne pas l'imiter strictement. Cette attaque vise Christophe de Longueil (1490-1522), humaniste français qui avait été faire reconnaître son éminente qualité de cicéronianiste jusqu'à Rome et s'en était ensuite servi pour attaquer Érasme. C'est dans un passage qui vise explicitement Longueil qu'Érasme utilise l'expression *Roma Roma non est* : Buléphore y évoque les discours fait par Longueil à l'imitation de Cicéron à Rome, et lui reproche d'avoir imité Cicéron alors que la Rome du XVIe siècle n'a plus aucun rapport avec la Rome dont parle l'orateur romain :

> Cicéron parlait d'une façon très adaptée à son temps, c'est à peine si la parole de Longueil trouve quelque écho dans le sien, puisqu'il n'y a plus aujourd'hui à Rome ni Pères Conscrits, ni Sénat, ni autorité du peuple, ni suffrage des tribus, ni magistrats ordinaires, qu'il n'y a plus ces lois, ces comices, cette antique procédure, qu'il n'y a plus de provinces, de municipes, d'alliés, de citoyens, qu'enfin Rome n'est plus Rome et qu'il n'y reste que des ruines, des décombres et la trace des fléaux qui n'ont cessé de s'abattre sur elle. Si tu supprimais le Saint-Père, les cardinaux, les évêques, la curie et ses officiaux, enfin les légats des princes, des églises, des collèges et des abbayes, et ce mélange immonde des hommes qui vivent de tous ces trafics ou qui accourent, simplement poussés par le goût d'une vie plus libre ou par l'ambition de la gloire, que resterait-il de Rome [1] ?

---

1. « Le Cicéronien », dans Érasme, *La Philosophie chrétienne*, textes choisis et trad. par P. Mesnard, Paris, Vrin, 1970, p. 343-344.

Tous les témoignages qui tentent de cerner l'attitude d'Érasme après le sac de Rome montrent qu'il a peu réagi, sans grandes effusions, et qu'il s'est toujours refusé à rédiger le pamphlet anti-impérial que lui réclamaient ses amis[1]. Son « Rome n'est plus Rome » doit ainsi être interprété comme sa réaction véritable : il soulige la stupidité de vouloir ressusciter la Rome classique, et condamne ainsi l'entreprise dont les papes médicéens sont les protecteurs. Ainsi non seulement Érasme ne déplore pas le sac de Rome mais, la date dramatique du dialogue étant placée juste après la mort de Longueil en 1522, ce que décrit Érasme, c'est la Rome de Clément VII avant le sac de Rome, de sorte que ce passage peut être compris comme une dénonciation de la corruption de Rome *avant* sa mise à sac par les troupes impériales. Les humanistes italianisants ne s'y sont pas trompés, et se sont scandalisés (en particulier Jules-César Scaliger), parce qu'ils reconnaissaient dans cette pique couronnant une froideur le vieux fonds réformiste de l'humanisme du Nord, qui méprise l'orgueil de la Rome des papes et ne peut s'empêcher de reconnaître un *ordre* dans l'humiliation de la Ville. C'est dans la reconnaissance de cet ordre, par-delà le caractère extraordinaire de l'événement, que la position d'Érasme peut finalement convenir au moins ponctuellement avec celle de Valdés, assez du moins, comme on va le voir, pour que le second s'inspire à plusieurs reprises du premier dans son *Diálogo*.

---

1. Voir M. Magnien, « *Roma Roma non est* : échos humanistes au sac de Rome », dans A. Redondo (dir.), *Les Discours sur le Sac de Rome de 1527. Pouvoir et Littérature*, Paris, Presses de la Sorbonne Nouvelle, 1999, p. 151 *sq.*; et A. Chastel, « L'intervention d'Érasme », dans *Le Sac de Rome, op. cit.*, p. 181-192.

DOCTRINE ET MÉTHODE DU *DIÁLOGO* :
ENTRE AUGUSTINISME, ÉRASMISME ET MACHIAVÉLISME

Alfonso de Valdés rédige le *Diálogo de las cosas acaecidas en Roma* pour s'opposer de manière raisonnée aux lamentations des chrétiens devant la chute de la Ville en mettant en scène un jeune chevalier espagnol, Latancio, fidèle de Charles Quint, et un archidiacre fuyant Rome et scandalisé par les exactions auxquelles il a assisté. Cette entreprise n'est pas sans évoquer celle d'Augustin : en 1527, Latancio répond en raisonnant à l'horreur passionnée de l'Archidiacre comme en 410 Augustin répondait en raisonnant à l'horreur passionnée des Romains (et des chrétiens d'Hippone). Valdés partage ainsi avec Augustin une certaine assignation formelle du lieu de l'intelligibilité de la crise : Augustin consacre en effet les trois premiers livres de la *Cité de Dieu*, rédigés entre 411 et 413, à montrer que le paganisme ne saurait offrir la moindre perspective pour rendre intelligibles les événements historiques ; il s'oppose ainsi à l'effroi même des chrétiens, qui considéraient implicitement que le statut de siège apostolique aurait dû protéger Rome, et soutient qu'il est impossible d'assigner à Dieu une fonction platement municipale. D'une manière analogue, Latancio considère que l'effroi passionné de l'Archidiacre est une erreur, et qu'il faut faire intervenir un autre plan d'intelligibilité pour comprendre les événements de 1527 : une telle démarche, « augustinienne » en ce qu'elle consiste à placer la véritable intelligibilité de la prise de Rome sur un plan providentiel et moral, rencontre bien sûr un thème constant et bien établi de la propagande impériale telle qu'on l'a examinée sous la plume de Gattinara.

Cependant l'originalité de Valdés tient à ce qu'il ne se contente pas d'adapter les raisonnements d'Augustin à la situation contemporaine : il dédouble l'invocation de la raison qu'il trouve chez Augustin, en adoptant d'abord un point de vue politique (selon lequel, tout au long de la première partie, il va détruire les arguments papistes, prouver la cohérence des actions de l'Empereur, et critiquer le domaine temporel du pape), puis un point de vue providentialiste (selon lequel il va montrer que le sac de Rome a servi à châtier les péchés de la ville, reprenant cette fois un argument augustinien mais en le déplaçant de la Rome païenne à la Rome chrétienne elle-même, par où il tient *stricto sensu* un propos « réformiste »). Cette organisation du *Diálogo* en deux parties clairement annoncées dans le texte lui-même est le ressort de la subversion de l'augustinisme par la politique impériale : il ne s'agit plus seulement d'activer le mécanisme herméneutique par lequel l'intelligibilité de l'événement est arrachée au plan de l'histoire pour être placée dans celui de la providence ; il s'agit aussi, et ce n'est cette fois plus du tout augustinien, de conduire dans le *Diálogo* une démonstration strictement politique. Cette démonstration subvertit l'augustinisme dans la mesure précise où elle n'atteint la conception du plan d'intelligibilité providentiel du sac de Rome qu'à travers une étude technique et précise de ce qu'il signifie comme fait historique et politique – là où Augustin partait précisément du principe même de l'inintelligibilité historique et politique des faits [1] pour assigner

1. Les premiers livres de la *Cité de Dieu* (voir la trad. de L. Jerphagnon dans le second volume des *Œuvres* d'Augustin, Paris, Gallimard, « Bibliothèque de la Pléiade », 2000) sont précédés, en 411, par une série de sermons prononcés devant les chrétiens d'Hippone, dont le fameux *Sermo de excidio urbis Romae*, dans lequel Augustin s'attache à montrer que l'événement historique du sac de Rome n'a aucun sens pour un chrétien, et ne relève que du caractère périssable et transitoire de l'existence terrestre : « Dieu a fait le monde exposé aux accidents, et pour cette raison il t'a fait exposé à la mort. L'homme lui-même, ornement de la cité, l'homme habitant, régissant, gouvernant la cité, n'est ainsi venu que pour s'en aller, n'est né que pour mourir, n'est entré que pour passer. Le ciel et la terre eux-mêmes passent : qu'y a-t-il donc d'étonnant

un « plus haut sens » à la catastrophe. Valdés au contraire ne
nie pas l'intelligibilité intrinsèque des faits : il la constitue.
Ce sont ces mécanismes de constitution de l'intelligibilité du
fait politique qui vont constituer l'objet principal de notre
lecture du *Diálogo*. On peut en analyser trois, qui relèvent de
la construction formelle générale de l'œuvre de Valdés, et qui
tiennent respectivement au travail du dialogue et de la dispute,
à la neutralisation ou à la factualisation de l'événement, et
enfin à l'emploi que Valdés fait des sources diplomatiques et
historiques.

Le premier outil que Valdés met au service de l'intelligibilité
du sac de Rome, c'est le dialogue lui-même : en mettant en
scène, à travers les deux figures emblématiques de Latancio
et de l'Archidiacre, l'affrontement des deux partis inconciliables
qui s'opposent après la catastrophe, Valdés aurait composé
ce que Marcel Bataillon nomme « un colloque satirique plus
âpre que ceux d'Érasme [1] ». Cette allusion au modèle des
Colloques érasmiens mérite d'être approfondie : la référence
à Érasme, qui est explicitement assumée par Valdés, doit être
précisément évaluée si l'on veut comprendre la manière dont
Valdés déploie les « raisons d'empire » dans le *Diálogo*. Dès
la scène d'exposition du *Diálogo*, il semble en effet que l'on
puisse reconnaître chez Valdés un certain nombre de traits
formels empruntés à Érasme : la situation sur laquelle s'ouvre
le *Diálogo* (celle de deux amis qui ne se sont pas vus depuis
longtemps et qui se rencontrent par hasard dans un lieu public,
l'un ou l'autre revenant de voyage), se retrouve dans plusieurs

à ce qu'un jour la cité finisse ? », « Sermo de excidio urbis Romae », § 9, *in*
Augustin, *Sermons sur la chute de Rome*, trad. J.-C. Fredouille, Turnhout,
Brepols, « Nouvelle Bibliothèque Augustinienne », 2004.
    1. M. Bataillon, *Érasme et l'Espagne, op. cit.*, p. 399.

Colloques [1]. Le parallèle le plus frappant est avec *Le Soldat et le Chartreux*, où l'on retrouve en détail le jeu sur le changement d'apparence. Ainsi le Soldat s'étonne du nouvel habit du Chartreux, qui l'a empêché de le reconnaître au premier regard, et le Chartreux lui répond [2] :

> Pourtant je t'ai bien reconnu, toi, quoique tu aies entièrement changé, non seulement de vêtement, mais aussi de visage et d'allure [...]. Et puis comme tes nippes sont déchirées, ton accoutrement singulier et contraire à l'usage commun ! Sans parler de ton crâne tondu, de ta barbe à moitié coupée, de ta moustache en broussaille [...] [3].

La symétrie est frappante avec l'une des premières déclarations de Latancio à l'Archidiacre, qui revient de Rome déguisé en soldat (puisque « il n'y a plus aujourd'hui dans Rome un seul homme pour oser se montrer dans la rue en habit ecclésiastique [4] ») :

> Qui aurait pu vous reconnaître, de la manière que vous venez ? Vous aviez coutume de porter vos vêtements, tous

1. On peut en citer plus d'une demi-douzaine : ainsi Arnaud et Corneille dans *Les Vœux Imprudents*, Pamphage et Coclès dans *La Chasse aux Bénéfices*, Lucrèce et Sophrone dans *Le Jeune Homme et la prostituée* – il est tout à fait remarquable que dans ces trois derniers colloques Arnaud, Pamphage et Sophrone reviennent précisément de Rome, ce qui fournit l'occasion d'une vive critique de la corruption de la capitale catholique – et encore Marculphe et Phèdre dans *Les Funérailles*, ou Iride et Misopon dans *La Mendicité*, ou Ménédème et Ogyge dans *Le Pèlerinage* (avec dans ce dernier colloque le même jeu sur le vêtement inabituel qu'au début du *Diálogo*). Nous consultons les *Colloques* dans l'édition donnée par É. Wolff, Paris, Imprimerie Nationale, 2 vol., 1992.

2. Ce colloque fait partie de ceux qui sont traduits dans l'édition espagnole des *Coloquíos* en 1530.

3. « Le Soldat et le Charteux (*Militis et cartusiani colloquium*) », in *Colloques*, *op. cit.*, vol. I, p. 251.

4. Valdès, *Diálogo*, I, *op. cit.*, p. 288.

plus longs les uns que les autres, traînant par terre, votre bonnet et votre habit ecclésiastique, vos valets et votre considérable mule ; et je vous vois ici à pied, seul, en chemise courte, avec une cape à poil ras ; et cette épée si longue, et ce bonnet de soldat... Et par-dessus tout, avec cette barbe si fournie et cette tête sans nulle trace de tonsure, qui aurait pu vous reconnaître [1] ?

Cependant la comparaison avec les *Colloques* permet surtout de saisir la singularité de la dramaturgie valdésienne : contrairement aux *Colloques*, le *Diálogo* n'est pas du tout un « formulaire », en ce qu'il ne joue à aucun moment le rôle de modèle rhétorique à usage didactique (c'était chez Érasme la première fonction des *Familiarum colloquiorum formulae*). On pourrait cependant soutenir au contraire que le *Diálogo* est lui aussi, à sa façon, un formulaire : Valdés y recense les *formulae* qui permettent de raisonner de l'événement en défendant le point de vue impérial (*formulae* qu'il forge, qu'il glane dans les courriers reçus de Rome, ou dans les courriers émis par la chancellerie impériale, mais aussi dans les discours tenus depuis 1519 par Gattinara – c'est par exemple le cas de la citation de Jean que nous avons déjà plusieurs fois rencontrée) ; toutefois, la notion même de « formulaire » a ici un sens totalement différent puisqu'il ne s'agit plus d'un exercice de latin « colloquial » mais d'un dialogue en vernaculaire. D'autre part le *Diálogo* adopte des dimensions qui ne correspondent à aucun des colloques, même les plus longs. Enfin la division du dialogue en deux journées successives, correspondant clairement à deux parties du dialogue, et développant deux arguments différents, ne se rencontre dans aucun des *Colloques*. Faut-il alors plutôt rapprocher le *Diálogo* du *Ciceronianus*, qui semble mettre

---

1. Valdés, *Diálogo*, I, *op. cit.*, p. 287.

en scène un véritable débat entre deux positions tranchées
(incarnées par Nosopon et Buléphore) ? Cette question mérite
qu'on l'examine de plus près, parce qu'elle permet de formuler
une hypothèse nouvelle : la principale divergence entre Valdés
et Érasme, qui rend le rapprochement esquissé par Bataillon
intenable, tient au statut de la dispute.

Il y a entre l'humanisme impérial et l'archi-humanisme
érasmien un « désaccord sur la concorde » (dont nous avons
tâché de montrer que la *Querela Pacis*, mais aussi la préface
aux *Vies des Douze Césars* ou l'*Institutio Principis Christiani*,
donnaient une idée assez précise) : là où Érasme recherche
la concorde comme mouvement intérieur menant à la *pax
christi*, il ne peut admettre une *pax imperii* qui requiert la
puissance terrestre de l'empereur. Mais cette position d'Érasme
est appuyée sur une autre forme de défense de la concorde,
qui se joue cette fois dans la forme même des *Colloques* : les
dialogues d'Érasme ne mettent jamais en scène une véritable
dispute ni un véritable conflit. Dans les *Colloques* comme
dans le *Cicéronien*, et comme déjà dans les *Antibarbari*, le
véritable adversaire est en dehors du dialogue : l'adversaire
véritable, le scolastique, est un barbare, il n'est pas accessible
à l'usage régulé d'une langue destinée à produire des effets
ordonnés et pas seulement à représenter des choses, de sorte
qu'on ne peut pas le faire entrer dans le « cercle de la parole [1] ».
La mécanique dialogique ne permet donc pas le complexe
travail de distension et de dissension qui fait du conflit à
produire puis à résoudre le véritable moteur du dialogue. Or
Valdés choisit une voie toute différente : au contraire, le

---

1. Pour une analyse détaillée de ce problème dans les *Antibarbari* et le
Ciceronianus, voir Ch. Bénévent, « Des *Barbares* au *Cicéronien* ou comment
accommoder l'art de la dispute selon Érasme », *Actes du 14ᵉ Congrès de
l'International Association for Neo-Latin Studies*, Uppsala, 2-7 août 2009 (à
paraître).

Diálogo existe pour donner un espace possible à l'impossible confrontation entre les deux points de vue sur le sac de Rome.

Dans une lettre écrite à Barcelone le 15 mai 1529, Valdés raconte à Érasme dans quelles conditions il a été amené à rédiger le *Diálogo de las cosas acaecidas en Roma*. Cette lettre présente le *Diálogo* comme la réponse à une crise qui, ouverte par le sac de Rome au sein de la chrétienté toute entière, se trouve d'abord réfléchie dans le cercle des amis humanistes de Valdés :

> Le jour où l'on nous annonça que nos soldats avaient pris la Ville de Rome et l'avaient mise à sac, quelques amis dînaient chez moi, parmi lesquels certains que ce fait faisait rire, tandis que d'autres le détestaient ; et comme tous me harcelaient pour que je donne mon avis à ce sujet, je leur promis de l'écrire, ajoutant que la chose était trop complexe pour que quiconque puisse ou doive se prononcer à l'improviste. Et, louant mon intention, ils voulurent ma parole que j'accomplirais ce que j'avais promis : contraint de la donner, je la donnai. Et ainsi pour accomplir ma promesse j'écrivis, presque comme en jouant, le Dialogue sur la prise et le sac de Rome (*Dialogus de capta et diruta Roma*), mais pour ôter toute faute à César et la faire porter sur le Pape, ou plutôt sur ses conseillers, et j'y mêlai bien des matières que j'empruntai à tes propres œuvres (*multaque his admiscui, quae ex tuis lucubrationibus excerpseram*) [1].

Valdés reconnaît donc d'emblée sa dette envers Érasme : les emprunts sont patents, en particulier dans la seconde partie du *Diálogo*, lorsqu'il s'agit d'attaquer les cultes extérieurs et leurs fastes, de dénigrer l'attachement de la cour pontificale aux richesses mondaines, et plus généralement de dénoncer l'inversion de l'ordre divin et des hiérarchies humaines.

1. Lettre de Valdés à Érasme, de Barcelone, le 15 mai 1529, in *Obra completa, op. cit.*, p. 159.

L'opposition des choses visibles aux choses invisibles, qui est mise en place dès l'adresse « Au lecteur » qui ouvre le *Diálogo*[1], constitue probablement un héritage direct d'Érasme[2], mais ce n'est pourtant pas l'enjeu essentiel de la lettre : cette lettre dit d'abord quelque chose de plus fondamental encore sur le statut dialogique de la crise. Il faut en effet, pour que la catastrophe qui déchire la chrétienté engendre la discursivité du *Diálogo*, la médiation du cénacle humaniste : c'est parce que ce cénacle, réuni autour de Valdés lorsque la nouvelle parvient en Espagne, se trouve instantanément divisé dans sa réaction à l'événement, que la construction d'un discours pour raisonner du sac de Rome devient nécessaire. Divisés, les amis de Valdés miment le clivage de l'Europe chrétienne devant la nouvelle du sac de Rome : le dialogue est alors un arbitrage, ce qui le fait d'emblée reposer sur un désaccord fondamental qu'il lui revient de prendre en charge et de résoudre. Valdés retrouve là une fonction du dialogue humaniste qui n'est pas sans rappeler l'humanisme civique italien : il s'agit de faire reposer l'économie du dialogue sur une crise dans le cercle des amis, que la conduite même du dialogue doit permettre de reconstituer[3]. Le dialogue sert donc à

1. « [...] je voyais les réticences du vulgaire, qui est si bien saisi par les choses visibles qu'il tient les invisibles pour des plaisanteries ; cependant je convins que je n'écrivais pas pour les gentils mais pour les chrétiens, dont la perfection consiste à se détourner des choses visibles et à aimer les invisibles », Valdés, *Diálogo*, « Al lector », *op. cit.*, p. 283-284.

2. Voir par exemple le 5ᵉ canon de l'*Enchiridion milites christiani* : « place la perfection de la piété uniquement dans l'effort pour toujours progresser du visible, qui d'ordinaire est imparfait et médiocre, à l'invisible », trad. A.-J. Festugière dans Érasme, *Éloge de la folie et autres œuvres*, Paris, Robert Laffont, 1992, p. 566.

3. On trouve un exemple parfait de cette manière de faire fonctionner le dialogue humaniste dans les *Dialogi ad Petrum Paulum Histrum* (*Dialoghi a Pier Paolo Vergerio*) rédigés par Leonardo Bruni dans les toutes premières années du XVᵉ siècle : les *Dialogi* mettent en scène une querelle sur la valeur

recomposer le cercle de la parole, mais il ne peut y parvenir qu'à condition d'y faire une véritable place à la discorde et à la dispute (ici entre deux amis, justement, Latancio et l'Achidiacre).

Ainsi Valdés ne pratique pas le même dialogisme qu'Érasme, parce que son dialogisme hérite d'une pratique plus civique qu'évangélique, qui consiste à utiliser la forme du dialogue comme outil pour exprimer la fécondité des discordes. L'assomption de la discorde dans le dialogue permet en effet de recomposer le cercle de la parole (l'Archidiacre se ralliera finalement à la position de Latancio, et les deux « partis » des amis de Valdés se trouveront ainsi réconciliés), mais cet accord s'établit précisément autour de la reconnaissance de la nécessité inévitable du sac de Rome. En effet, s'il est évident qu'il ne relève pas de l'office du pape de déclencher un conflit, en revanche le dialogue va implicitement montrer que le conflit est non seulement un instrument « classique » de la providence, mais aussi un outil politique possible et nécessaire. Ainsi le dialogue ne se contente pas d'intégrer formellement la discorde (ce qu'Érasme ne fait jamais vraiment), il en tire aussi une évaluation positive du conflit. Au « désaccord sur la concorde » qui distinguait théoriquement l'humanisme impérial de l'érasmisme, il faut donc désormais ajouter un « désaccord sur la discorde » qui les distingue rhétoriquement.

Il est d'ailleurs réducteur d'appeler « rhétorique » cette divergence : l'usage de la dispute comme fonction efficace du dialogue se double en effet, on vient de le voir, d'une conception politique de la fécondité du conflit. Cette fécondité

---

littéraire des « *tre corone fiorentine* » (Dante, Pétrarque et Boccace), et cette querelle qui divise le cercle des disciples du vénérable Coluccio Salutati est le moteur même du dialogue qui doit la résoudre et recomposer le « cercle de la parole ».

du conflit peut être comprise, du point de vue de son rôle dans le *Diálogo*, comme une passerelle inattendue entre le prophétisme et le machiavélisme : en effet, le prophétisme impérial dont on a étudié les formes chez Gattinara dans le premier chapitre offre un cadre doctrinal qui permet de penser le conflit et la catastrophe comme des instruments de la marche même de l'histoire telle que la providence la détermine. Mais, d'un autre côté, cette pensée, à la providence près, rencontre évidemment un des fondements techniques de l'épistémologie politique de Machiavel : l'examen des vicissitudes civiles, s'agissant de Rome aussi bien que de Florence, ne peut être conduit sans rappeler d'abord le rôle primordial que joue dans la composition de toutes les cités l'opposition de deux « humeurs », celle des Grands et celle du peuple. Ce principe est explicitement rappelé dans les trois œuvres majeures de Machiavel (le *Prince*, les *Discours* et les *Histoires Florentines*), et il fait l'objet dans les *Discours* d'une analyse précise qui, appliquée à Rome, permet de comprendre que la discorde est un principe littéralement vital pour le maintien et la prospérité d'une république libre [1].

Bien sûr, ce rapprochement entre deux visages très différents de la « fécondité des conflits » peut sembler forcé : il ne fonctionne qu'à condition d'omettre le rôle central que joue la providence dans la version « prophétique » de cette pensée, providence qui chez Machiavel se trouve au contraire rigoureusement réduite à la fortune et ne peut donc plus constituer (c'est même l'un des enjeux cruciaux de la pensée du Florentin que de le démontrer) un foyer d'intelligibilité pour l'histoire et les actions des hommes. Pourtant, dans la composition même du *Diálogo*, on doit remarquer que l'horizon

---

1. Machiavel, *Discours sur la première décade de Tite-Live*, I, 4, *op. cit.*, p. 68-72.

d'intelligibilité que la providence confère au sac de Rome n'intervient que dans la deuxième partie. La première partie, au contraire, choisit de raisonner de la catastrophe en n'invoquant que des raisons purement humaines : il s'agit, pour empêcher que l'on ne fasse porter sur Charles Quint la faute du sac de Rome, d'analyser précisément les faits, et de leur assigner des causes efficientes qui ne sont pas les causes finales, providentielles, que développera la seconde partie du *Diálogo*. Cette recherche qui vise à inscrire le sac de Rome dans un ordre causal strictement humain afin d'en réduire le caractère singulier ou scandaleux nous semble bien, en tant précisément qu'elle cherche à assigner une signification à la crise, rejoindre les soucis théoriques du machiavélisme. Si le *Diálogo* tout entier constitue l'espace d'un discours visant à organiser la confrontation entre les partisans et les opposants de l'empereur, s'il met au travail le principe de la fécondité des conflits dans une perspective qui est d'abord purement politique, c'est au nom d'une conception de l'ordre intrinsèque des faits qui, épistémologiquement, n'est pas sans rapport avec l'entreprise de l'auteur des *Discours*. On retrouve par là le second des mécanismes de constitution de l'intelligibilité du sac de Rome que nous avons évoqués plus haut : la neutralisation de l'événement.

Pour que le dialogue puisse jouer le rôle que nous venons de tenter de lui assigner, il faut réduire le sac de Rome à cet « ordre intrinsèque des faits » dans lequel va se mouvoir toute l'analyse de la première partie du dialogue. Comment faire de cet événement stupéfiant et terrifiant un simple fait, dont il soit possible de comprendre les raisons ? Comment neutraliser l'incandescence symbolique du sac de Rome, de sorte qu'un discours entre les deux partis opposés puisse être articulé ? L'opposition paulino-érasmienne entre choses visibles et choses invisibles sert ce but dans l'adresse au lecteur : elle n'ouvre pas seulement la voie à une interprétation « à plus haut sens » de l'événement qu'est le sac de Rome (annonçant comme on l'a dit la lecture providentialiste que va en fournir la seconde partie du dialogue), elle caractérise également une entreprise qui entend dévoiler le sens brut des faits, caché sous les illusions que colporte le vulgaire. On pourrait sur ce seul point envisager un autre rapprochement avec Machiavel, qui souligne fréquemment que les hommes ne se laissent convaincre que par ce qu'ils voient « *in viso* », c'est-à-dire face-à-face, au lieu qu'il est extrêmement difficile de les conduire à se représenter un accident éloigné dans le futur ou une conséquence lointaine de leurs actes[1]. Il y a ainsi chez Valdés et Machiavel une commune volonté de ne pas s'en tenir aux apparences qui arrêtent le vulgaire : bien sûr, la direction dans laquelle ils cherchent à dépasser ces apparences n'est pas la même, mais le mouvement lui-même, c'est-à-dire si l'on veut l'herméneutique politique conçue comme dépassement des apparences, est analogue.

Cependant, le lieu propre où se joue la « neutralisation » de la charge passionnelle du sac de Rome, c'est le titre du *Diálogo* lui-même : en nommant son œuvre *Diálogo en que particularmente se tratan las cosas acaecidas en Roma el año MDXXVII*, Valdés choisit en effet d'emblée une formulation qui neutralise trois fois le scandale du sac de Rome. Tout d'abord, le titre n'indique que ce dont on va « traiter » : la neutralité du verbe suspend tout jugement de valeur, toute appréciation de l'événement, et objective le sac de Rome en le tenant à distance dans la dénomination même de l'opération

---

1. On trouve une version exemplaire de cet argument dans les *Discours* : « [...] les hommes, habitués à vivre d'une certaine façon, ne veulent pas en changer, d'autant plus qu'ils ne voient pas le mal en face (*non veggendo il male in viso*), et qu'il faut le leur faire voir par conjecture », Machiavel, *Discours...*, I, 18, *op. cit.*, p. 129.

qui le vise. Ensuite, le sac lui-même n'est plus désigné que par l'expression « *las cosas* » : dans le titre latin annoncé à Érasme en 1529, l'objet du dialogue était « Rome, prise et pillée (*capta ac diruta Roma*) » ; dans le titre espagnol, l'objet est mis à distance par l'insertion du verbe (qui fait porter la définition du dialogue sur l'opération qu'il réalise et non pas immédiatement sur l'objet lui-même), puis réduit à la pure neutralité des « choses survenues (*cosas acaecidas*) ». Ainsi l'événement, la catastrophe, ou le scandale, se trouvent ramenés à leur dimension neutre de faits, saisis dans leur survenue, c'est-à-dire dans le mouvement par lequel ils « tombent », provisoirement privés par la grammaire elle-même de toute indication de leur cause – puisque c'est bien là que, précisément, le dialogue va trouver son principal problème. Enfin, ces « choses survenues » sont prises dans les déterminations circonstancielles et simplement objectives de leurs coordonnées spatiales (« *en Roma* ») et temporelles (« *el año MDXXVII* »). Cette neutralisation initiale est essentielle pour délimiter le champ dans lequel le discours peut s'emparer d'un tel événement, lequel se trouve ainsi « factualisé », débarrassé de la rumeur qui l'entoure, et ramené aux dimensions d'un objet possible pour le raisonnement.

Enfin, pour conduire cette démonstration, Valdés va s'appuyer tout au long du *Diálogo* sur un ensemble de connaissances et de rapports très précis : c'est là le troisième mécanisme de constitution d'intelligibilité de l'événement évoqué ci-dessus, et le second qui fasse immédiatement écho avec un principe essentiel de l'épistémologie politique machiavélienne. Quant aux évéments mêmes de Rome, Valdés utilise visiblement la *relación* de Francisco de Salazar, théologien franciscain et futur orateur au concile de Trente [1] ;

---

1. Ce rapprochement est établi, et cette hypothèse soutenue, par J. F. Montesinos, dans son édition du *Diálogo*, Madrid, Escasa-Calpe, 1946.

quant aux événements de 1524-1527, il en a manifestement
une connaissance très précise, aux plans diplomatique et
militaire (sa position à la chancellerie lui assure bien
évidemment une connaissance de première main des rapports
et des lettres qui parviennent d'Italie). Le sac de Rome ne
prend donc sens qu'arraché à l'immanence singulière de
l'événement, et réinséré dans la continuité plus vaste des
causes et des effets qui structurent toute la campagne d'Italie,
depuis la signature de la ligue de Cognac en mai 1526 jusqu'à
l'évacuation finale de Rome par les troupes impériales en
septembre 1528. Ce n'est qu'en le saisissant dans cette séquence
de causes et d'effets que Valdés peut en réduire le caractère
extraordinaire : l'événement est alors compris comme le
produit d'une séquence causale ordonnée, de sorte que son
événementialité même se trouve neutralisée par son inscription
dans la durée historique et politique.

Ainsi la connaissance intime des événements, que Valdés
doit à sa fonction de *segretario de cartas latinas*, et qu'il
investit dans le discours de Latancio, correspond précisément
à la compréhension détaillée des faits que Machiavel investit
dans les exemples historiques qu'il relate et qu'il étudie.
Machiavel met en effet au service de son entreprise une lecture
constante des historiens antiques (c'est la « *continua lectione
delle [cose] antiche* », qui doit selon la lettre-dédicace du
Prince être articulée à la « *lunga experienza delle cose
moderne* » pour produire la connaissance des actions des
hommes [1]). Quant aux *Discorsi* eux-mêmes, ils constituent
d'abord une longue méditation raisonnée sur les dix premiers
livres de l'*Histoire romaine* de Tite-Live. Épistémologiquement,

---

La *relación* de Salazar est par ailleurs éditée par Rodríguez Villa, *Memorias*,
op. cit., p. 142-167.

    1. Machiavel, *Le Prince*, Lettre-dédicace à Lorenzo de' Medici, *op. cit.*,
p. 40.

ce sont les historiens antiques qui permettent de construire les séquences rationnelles rendant raison des faits et éclairant l'expérience. En d'autres termes, l'énorme masse d'informations, issue des lettres et des rapports que reçoit la cour impériale à Valladolid à partir du mois de juin 1527, joue analogiquement le même rôle que les exemples romains ou modernes convoqués et exploités par Machiavel. Bien entendu, de même que ci-dessus la thèse de la fécondité des conflits recouvrait une profonde divergence quant à l'échelle ultime à laquelle cette fécondité devait être estimée, de même ici cette convergence de méthode ne doit pas masquer une divergence dans les sources elles-mêmes : Valdés ne cite jamais les historiens antiques, et ses références textuelles sont presque exclusivement scripturaires, contrairement à la pratique constante de Machiavel. Il n'en reste pourtant pas moins que, raisonnant des faits et, pour une part importante de son dialogue, ne raisonnant que d'eux, Valdés s'inscrit dans une manière de pratiquer la science politique qui entretient méthodologiquement des affinités étonnantes avec celle de Machiavel : voilà un signe supplémentaire de la modernité de l'entreprise de l'humanisme impérial, un signe qui va nous conduire, en lisant le *Diálogo*, à y rechercher les traces d'une pensée prototypique de la raison d'État dont on a fréquemment fait crédit à Machiavel lui-même.

Le *Diálogo* comme laboratoire
de la raison d'état

Dans le *Diálogo*, la *razón* se présente d'abord comme un prolongement logique de l'entreprise de neutralisation de l'événementialité brutale du sac de Rome : elle constitue l'antidote à la passion qui anime l'Archidiacre, dans la longue lamentation sur le sac de Rome qui occupe sa première tirade.

Selon l'Archidiacre, l'Empereur « a fait à Rome ce que jamais ne firent les infidèles », il n'a agi que « par passion particulière », et le sac est une succession « d'ignominies » et « d'outrages » pires que ceux que les Goths avaient infligés à la Ville, de sorte que l'Empereur est coupable d'avoir trahi son rôle de protecteur de la chrétienté, de défenseur de la papauté et d'héritier des Rois catholiques. Face à ce cri du cœur, qui inscrit dans le commencement même du dialogue la version la plus vive de l'acrimonie des partisans de Rome, Latancio choisit de changer de registre :

> J'ai écouté avec attention tout ce que vous avez dit et, en vérité, bien que j'aie entendu beaucoup de gens parler de ce sujet, il me semble que vous récriminez et vitupérez plus qu'aucun autre. Et sur tout cela vous êtes bien mal informé, et il me semble que ce n'est pas la raison, mais la passion de tout ce que vous avez perdu, qui vous fait parler comme vous le faites. Pour moi, je ne veux pas vous répondre avec passion, comme vous l'avez fait, parce que ce seraient là des paroles stériles. Mais, y renonçant, j'espère, confiant dans votre sagesse et votre jugement, qu'avant que vous me quittiez je vous donnerai à entendre combien vous vous trompez en tout ce que vous avez dit ici. Je vous prie seulement que vous soyez attentif, et que jamais vous ne fassiez faute de me contredire quand vous le devrez, pour que vous ne conserviez aucun doute [1].

Ainsi Latancio oppose à la raison qu'il emploiera lui-même la passion, « *voz sin fructo* », qui meut l'Archidiacre. Se détournant de cette passion, il choisit de s'adresser à la *discreción* et au *juicio* de son interlocuteur, c'est-à-dire à sa capacité de discrimination raisonnable : la *razón* se présente donc d'abord comme le moyen par lequel le débat entre

---

1. Valdés, *Diálogo, op. cit.*, p. 290.

positions adverses est rendu possible, par cela même que
l'adversaire se trouve intégré non seulement dans le jeu narratif
du dialogue, mais aussi dans la sphère du jugement sain. En
refusant le discours passionné pour s'installer lui-même, *et
installer son adversaire avec lui*, dans le discours raisonné,
Latancio rend possible la rencontre de deux positions
idéologiquement et moralement inconciliables. Cette réplique
de Latancio est donc décisive : elle pose les bases de l'économie
de la discussion, et requiert de l'Archidiacre un engagement
actif. En demandant à l'Archidiacre d'être « *atento* », et de
ne jamais manquer de « *replicar* » afin qu'aucun doute ne
subsiste, Latancio manifeste le besoin d'une adversité non
pas seulement représentée et muette, mais active, et investie
dans la conduite du débat. La requête de Latancio dessine
ainsi le projet d'une longue chaîne de raisons, continue, qui
doit conduire à la levée de tout doute, et qui exige l'attention
et la production de la contradiction tout au long de ses maillons.
L'Archidiacre n'est donc pas un répondant plastique (à la
manière d'un Ménon ou d'un Théétète, changeant de position
au fil des thèses que Platon veut voir Socrate combattre ou
réfuter), mais un véritable interlocuteur, doté d'une authentique
position, et dont il est vital qu'il contrôle la procédure discursive
et y adhère. Ce n'est en effet que par son investissement
discursif que le « cercle de la parole » que dessine le dialogue
pourra véritablement inclure l'adversaire, et que l'entreprise
de démonstration pourra être efficace.

Cependant l'Archidiacre ne comprend pas la modernité
de cet appel à la raison, et il ne le saisit qu'en le rabattant sur
un usage plus classique du « jugement », en considérant qu'il
va s'agir d'une plaidoierie, et en comparant par bravade le
rôle que Latancio se prépare à assumer à celui de Cicéron :
« je vous tiendrai pour meilleur orateur que Tullius si vous

parvenez à défendre cette cause [1] ». Cette réplique témoigne d'un double malentendu : un malentendu rhétorique sur la nature même du rôle que Latancio se dispose à jouer, doublé d'un malentendu technique sur le sens du mot « *causa* ». En effet Latancio refuse l'hommage paradoxal que porte la comparaison avec Cicéron :

> Je ne demande rien, sinon que vous me teniez pour le plus grand niais du monde si je ne la défends pas par des causes évidentissimes et des raisons très claires (*con evidentíssimas causas y muy claras razones*) [2].

Ainsi Latancio ne veut pas être Cicéron [3], il veut simplement démontrer selon la raison : or, démontrant selon la raison, il dédouble le sens de l'idée de « cause ». S'il entend en effet défendre sa « cause », c'est par le recours à un raisonnement qui porte sur les « causes » (évidentissimes), ajoutant ainsi à la construction de la rhétorique judiciaire l'indication d'un mode argumentatif rationnel, fondé sur des principes que leur évidence même doit rendre incontestables par les deux parties. La *razón* va donc s'incarner dans la construction de démonstrations capables de fournir des explications causales indubitables.

Pour construire ce raisonnement par les causes de telle sorte qu'il emporte la conviction de l'Archidiacre lui-même, il faut établir pour la démonstration un point de départ sur lequel Latancio et l'Archidiacre soient d'accord : ce point de départ, c'est la définition des offices propres du pape et de l'empereur, définition qui saisit les « natures » respectives de la papauté et de l'empire à la fois comme « devoirs » (c'est

---

1. Valdés, *Diálogo, op. cit.*

2. *Ibid.* p. 290.

3. Peut-être y a-t-il là une discrète affinité avec le *Ciceronianus* d'Érasme, publié l'année suivante.

le sens classique de l'*officium*) et comme « fonctions » (selon le sens moderne de l'*officio*). Ces deux définitions constituent alors un « cahier des charges », auquel le travail de la raison consiste à rapporter l'ensemble des faits et gestes des deux agents. Toute la démonstration de la première partie du dialogue consiste alors à relire l'ensemble de la séquence politique qui a conduit au sac de Rome, en analysant en détail les faits et gestes de chacun des deux agents pour les rapporter à leur office. Un tel discours constitue alors proprement un *discursus*, au sens machiavélien que prend le terme dans les *Discorsi* – un *discursus*, c'est-à-dire littéralement un « va-et-vient », qui se jouera ici entre l'ordre des faits et l'ordre des natures : toutes les *razones* qu'invoque Latancio dans sa démonstration sont les arguments qui étayent les mesures de la conformité d'une conduite, d'un geste, d'une action, avec l'office de celui qui en est le sujet. Raisonner, c'est donc ici vérifier qu'un acteur politique agit conformément à ce que porte sa nature – c'est-à-dire à son *officio*.

Cependant ces « mesures de conformité » se présentent successivement sous deux rapports différents : dans un premier temps, la démonstration s'opère en prenant en compte l'office réel du pape, c'est-à-dire le vicariat spirituel auquel tout le comportement de Clément VII n'a cessé de déroger ; puis, dans un second temps, Latancio entreprend de raisonner par fiction, en inversant cet office et en considérant le pape comme un « prince séculier (*príncipe seglar*) ». Cette nouvelle perspective constitue à la fois une dérogation à la raison (qui commande de juger de la conduite du pape en la rapportant à son office propre) et l'amorce d'une autre forme de raisonnement :

> Jusqu'ici j'ai traité cette cause en appelant le Pape vicaire de Jésus-Christ, comme il est de raison. Je veux désormais

la traiter en prenant en compte, ou en imaginant (*fingiendo*), le fait qu'il est également prince séculier, comme l'Empereur, parce qu'ainsi vous connaîtrez avec plus de clarté l'erreur dans laquelle vous étiez [1].

On a donc désormais affaire à un raisonnement par hypothèse, mais cette hypothèse elle-même, ou pour reprendre le terme qu'emploie Latancio cette « fiction », ne fait que prendre acte de la défense que l'Archidiacre ne cesse d'opposer à son interlocuteur (en effet, depuis le début de la démonstration, l'Archidiacre cherche à justifier *politiquement* les manquements du Pape à un office d'abord *spirituellement* défini). De ce point de vue, la fiction qui envisage la conduite du pape comme prince séculier constitue en réalité une condamnation de son comportement, puisqu'elle le saisit dans la vérité nue de son calcul politique, qui déroge à son véritable office. Cette manière de « feindre » l'office politique du pape pour les besoins de la démonstration produit bien sûr, comme en passant, un dévoilement puissamment critique de la réduction par le pape lui-même de son vicariat spirituel à de sordides calculs d'intérêt. Par ailleurs, en reconstruisant l'analyse de la conduite du pape comme prince séculier, Valdés installe de plain-pied sa démonstration dans l'immanence d'un agir politique humain et purement naturel. L'Archidiacre, dont tout le comportement tend à montrer qu'il ne sait au fond raisonner que sous ce biais, accepte naturellement cette manière de conduire la démonstration, quand bien même les conclusions le dérangent. Ainsi, si Rosa Navarro Durán remarque à propos de cette réorientation du propos que « l'exposé est à partir de ce moment essentiellement politique [2] », on pourrait en réalité

---

1. Valdés, *Diálogo*, *op. cit.*, p. 301.
2. R. Navarro Durán, introduction à son édition du *Diálogo*, *op. cit.*, p. 39.

considérer qu'il l'était déjà, et que cette figure du « pape-prince » ne fait que prendre acte de la forme que le dialogue a adoptée dès le début de la première partie.

Les raisons politiques qu'invoquait l'Archidiacre étaient destinées à justifier la conduite du pape en excipant d'une sorte de « raison d'État » embryonnaire, qui eût autorisé les actions de Clément VII au nom de l'intérêt supérieur de ses États. La trace textuelle la plus évidente de cette « proto-raison d'État » se trouve dans l'exclamation de l'Archidiacre sidéré par la précision des informations factuelles qu'exhibe Latancio : « D'où savez-vous cela ? Vous parlez ici comme si vous étiez du conseil secret du Pape (*consejo secreto del Papa*) [1] ». L'Archidiacre se trouve en effet battu sur son propre terrain, qui est celui du conseil secret et des raisons cachées de la politique des souverains, c'est-à-dire celui des *arcana imperii*. La fiction du « pape-prince » permet à Latancio de dénoncer cette « raison d'État », en montrant que le plan politique possède aussi ses raisons ordinaires, auxquelles le pape a également dérogé. Cette manière d'argumenter est particulièrement sensible lorsqu'il s'agit d'imputer aux conseillers du pape l'essentiel des fautes qui ont conduit au désastre : Latancio, en une tirade d'autant plus remarquable qu'elle prend le contre-pied de la position officielle assumée par Charles Quint dans des lettres rédigées par Valdés lui-même, refuse cette « excuse » :

> Pensez-vous qu'un prince s'excusera devant Dieu en renvoyant la faute sur ses conseillers ? Non, non. Puisque Dieu lui a donné bon jugement, qu'il choisisse pour être dans son conseil les bonnes personnes, qui le conseillent bien. Et s'il les choisit ou veut les prendre mauvaises, que

---

1. Valdés, *Diálogo*, *op. cit.*, p. 293.

la faute lui revienne ; et s'il n'a pas assez de jugement pour choisir les hommes, qu'il renonce à son pouvoir [1].

Valdés applique ainsi au Pape le même précepte que Gattinara rappelait à Charles Quint dans le mémoire sur l'empire de 1519 : les princes sont comptables du choix de leurs conseillers, de sorte que la rationalité politique sur laquelle fait fond toute la première partie du *Diálogo* ne peut jamais être comprise comme une pure et simple excuse. Valdés affirme ainsi que cette raison d'État qui est en germe dans l'argumentaire politique qu'il adopte ne doit jamais se concevoir seulement comme une « autorisation d'exceptionnalité », mais qu'elle implique toujours aussi un ordre : la raison d'État est d'abord une raison. Cela signifie avant tout que, si l'humanisme impérial dans la version qu'en développe Alfonso de Valdés dans le *Diálogo* peut être considéré comme un laboratoire de la pensée moderne de la raison d'État, ce n'est pas dans le sens restreint des *arcana imperii*, ni dans l'unique acception d'une rationalité extraordinaire susceptible de fonder la dérogation aux formes « normales » de la justice et de l'ordre institutionnel. L'humanisme impérial, dans sa version « valdésienne », est le laboratoire d'une matrice théorique *complète* dont la raison d'État ne décrira à partir de la fin du siècle qu'un des aspects : cette matrice, c'est celle de la rationalité générale de la politique, ce qui signifie que l'humanisme impérial, comme « laboratoire » de la pensée politique moderne, nous rappelle d'abord que la raison d'État n'est pensable que sur le fond d'un ordre rationnel général dont elle constitue l'exception.

Comment caractériser cet ordre ? Il prend, dans le *Diálogo*, une forme épistémologiquement proche de celle que l'on observe chez Machiavel, chaque fois que Valdés s'emploie

1. *Ibid.*

par la bouche de Latancio à reconstruire les séquences causales qui rendent raison des faits en les saisissant dans leur effectualité. Le principe même de l'effectualité, exposé par Machiavel dans le chapitre XV du *Prince* [1], implique que les faits ne peuvent faire l'objet d'un raisonnement que s'ils sont compris comme effets, c'est-à-dire inscrits dans une séquentialité déterminée dont le discours machiavélien s'attache à produire les formes. Or Valdés lui-même pratique une manière très machiavélienne de reconstruire les séquences causales, ou effectuelles, qui permettent de produire la rationalité des faits. On trouve un très bon exemple de cette pratique dans le passage du *Diálogo* qui concerne le duché de Milan. L'Archidiacre cherchant, comme il le fait tout au long du dialogue, à orienter à son profit le cours de la discussion, il interroge Latancio à brûle-pourpoint sur l'injustice commise contre le duc de Milan, déchu de son duché par l'Empereur. Latancio se lance donc dans une patiente reconstruction de la rationalité des conduites impliquées dans la production de cet événement : il montre tout d'abord que l'Empereur n'était pas contraint de confier le duché à Sforza (la conduite effective de l'empereur ne prend ainsi sens que sur le fond de l'ensemble des conduites possibles), puis il montre qu'une fois accordé à Sforza le duché lui créait une obligation de fidélité qu'il a violée (la rationalité de la conduite d'un agent suppose alors une imputation précise des catégories juridiques de ses actes – ici, c'est la notion de lèse-majesté qui joue un rôle central). Ce premier argumentaire propose ainsi un cas typique de reconstitution d'une séquence causale complète (complète, c'est-à-dire ici ombrée des séquences possibles qu'elle a

1. « […] puisque mon intention est d'écrire chose utile à qui l'entend, il m'est apparu plus convenable de suivre la vérité effective de la chose (*la verità effettuale della cosa*) que l'image qu'on en a », *Le Prince*, chap. XV, *op. cit.*, p. 137.

supplantées). Mais le raisonnement ne s'arrête pas là : Latancio cherche dans un second temps à comprendre pourquoi le Pape s'est interposé lorsque l'Empereur a voulu châtier légitimement son coupable vassal. Affirmant qu'en réalité cette intervention ne relève pas de l'office du pape, il raisonne néanmoins par hypothèse comme si c'était le cas, et multiplie alors les séquences hypothétiques, assignant au moyen de chacune d'entre elles une fin possible aux actes du Pape, et la comparant au résultat effectivement obtenu. Cette manière de quadriller par les séquences causales hypothétiques le réseau des comportements et des faits possibles et réels lui permet de reconstruire la conduite du Pape sur la base des disjonctions hypothétiques qui en examinent et en dissèquent tous les calculs et toutes les raisons, même les moins convenables à son office réel. Il ne reste donc plus que sa conduite concrète, singulière, qui ne correspond à aucune de ces voies rationnelles, et dont Latancio peut alors achever sa démonstration en reconstruisant l'intention réelle :

> Voulez-vous que je vous dise ? Le Pape pensait que l'affaire était faite, et qu'une fois débandée l'armée de l'Empereur, non seulement il le bouterait hors de Lombardie, mais de toute l'Italie, et qu'il lui ôterait tout le royaume de Naples, ainsi qu'ils l'avaient délibéré, et même déjà partagé entre eux. C'est dans cet espoir que le Pape ne voulut pas accepter ce que l'Empereur lui offrait avec don Hugo [1].

Ainsi la *razón*, comme outil du dialogue, est la faculté qui permet de comprendre la *razón*, comme procédure investie dans la mise en œuvre des conduites politiques. Il faut raisonner des ces choses, parce que ces choses sont elles-mêmes des produits de la raison calculante des acteurs, qui établissent leur conduite comme cheminement déterminé par des

---

1. Valdés, *Diálogo*, II, *op. cit.*, p. 303.

motivations et des buts. Ce sont ces procédures que la très fine connaissance que Valdés a du comportement politique de Clément VII permet à Latancio de reconstruire, en acculant ainsi son interlocuteur à reconnaître qu'il a chaque fois identifié la vraie rationalité de la conduite, et donc aussi la vraie cause d'un effet (c'est-à-dire, transitivement, qu'il a ainsi chaque fois atteint la véritable assignation de la culpabilité). La compréhension des faits et des intentions, qui est propre au conseiller, pousse l'Archidiacre à supposer que Latancio appartient au « conseil secret » du pape : ce faisant, il reconnaît implicitement que cette rationalité que recompose Latancio est bien celle qui gouverne concrètement la politique papale – et que cette politique, en réalité, est médicéenne plutôt que papale, comme l'Archidiacre l'avoue d'ailleurs ingénuement :

> [...] en Italie, de nos jours, on a tellement l'habitude de tenir pour rien un Pape qui ne ferait pas la guerre, qu'on considérerait comme une lourde opprobre que de son temps fût perdue la moindre des terres de l'Église [1].

Le cas du duché de Milan fournit ainsi le modèle de la structure argumentative qui gouverne toute la première partie du dialogue : Latancio reconstruit les séquences procédurales qui manifestent la raison des conduites du Pape, puis l'Archidiacre lui oppose tel ou tel fait qu'il juge scandaleux et qui à ses yeux devrait contraindre à reconnaître une faute commise par l'Empereur, de sorte que Latancio doit reprendre la reconstruction pour contredire son adversaire. À la fin de ce processus, l'Archidiacre baisse la garde ; Latancio l'a emporté, l'ensemble des séquences causales qui ont conduit au sac de Rome ont été reconstruites, et elles remontent toutes à la conduite du Pape qui est donc doublement pris en faute

---

1. Valdés, *Diálogo*, II, *op. cit.*, p. 298.

par la raison : d'une part, parce que la raison a montré qu'il avait désobéi à son office en agissant comme prince séculier, et d'autre part, parce que, comme prince séculier, la raison montre qu'il est le véritable agent de la séquence qui a conduit à la catastrophe. Bien sûr, si l'Archidiacre reconnaît ainsi que Latancio a rempli ainsi la première partie de sa promesse, il reste à remplir la seconde, qui consiste à montrer que l'événement même du sac de Rome avait un sens, celui du châtiment de la corruption.

La seconde partie du dialogue emploie alors une autre manière de reconstruire la rationalité de l'événement du sac : il ne s'agit plus de mettre en évidence des procédures et des conduites des acteurs du conflit, mais de proposer une interprétation « à plus haut sens », pour laquelle la raison réside d'abord dans l'identification du véritable plan d'intelligibilité de la catastrophe, qui n'est pas « horizontal » mais « vertical », c'est-à-dire providentiel et transcendant. La rationalité « totale » de la catastrophe ne se conçoit que dans l'intersection de ces deux logiques, humaine et divine. C'est donc, d'abord, une théologie de l'histoire qui doit être construite pour identifier le nouveau contexte pertinent de la catastrophe : ici Valdés renoue avec l'intention d'Augustin dans la *Cité de Dieu*. Cette théologie de l'histoire conduit Valdés à ordonner tous les éléments d'une pédagogie divine, une pédagogie inefficace, dont les Pontifes n'ont jamais écouté les préceptes, de sorte que Dieu a dû formuler des avertissements de plus en plus graves, dont la série culmine avec le sac de Rome lui-même. Dans la mise en ordre de cette séquence qui n'est cette fois que secondairement politique, Érasme lui-même se trouve enrôlé : Érasme, comme Luther, et comme le sac de Rome lui-même, ne sont plus que des éléments du discours que la providence a en vain tenu à l'Église :

[…] comme vous n'avez pas voulu entendre les honnêtes réprimandes d'Érasme, et encore moins les déshonnêtes injures de Luther, Dieu cherche une autre façon de vous convertir, et il a permis que les soldats qui mirent Rome à sac avec don Hugo et les Colonnais commissent ce forfait dont vous vous plaignez […] [1].

La description de cette pédagogie divine dont le sac de Rome constitue l'apogée débouche alors sur une étude minutieuse et impitoyable de la corruption romaine : c'est dans le cadre de cette étude que l'on rencontre les emprunts les plus évidents à la doctrine d'Érasme, Valdés dénonçant tour à tour la simonie, la luxure, l'impiété des ecclésiastiques, tandis que l'Archidiacre se débat faiblement contre des accusations d'une ironie parfois mordante et dont il est incapable de s'exonérer. On retrouve alors l'opposition entre les choses extérieures et visibles et les choses intérieures et invisibles : Valdés stigmatise en effet l'attachement d'un culte dévoyé à des images et à des reliques dont il dénonce le caractère superstitieux, et cette dénonciation culmine avec le rejet vigoureux de la vente des indulgences. Tout au long de ce procès en règle des vices de l'Église, Latancio a systématiquement juxtaposé les plans d'intelligibilité spirituel et matériel : ainsi les rançons que les lansquenets extorquent aux prélats romains sont contrebalancées par le commerce des âmes que Latancio reproche à l'Archidiacre, et les candélabres dérobés dans les églises s'opposent à la raison, seul candélabre de l'Église véritable qu'est le chrétien lui-même. Ainsi la raison qu'utilise Latancio contre les lamentations passionnées de l'Archidiacre n'est pas seulement un outil purement humain et terrestre : c'est un outil donné par Dieu.

---

1. Valdés, *Diálogo*, II, *op. cit.*, p. 320.

Il est remarquable que, tout au long de cette attaque en règle contre la corruption de Rome, qui justifie le sac d'un point de vue providentiel, l'Archidiacre relève que dans l'ordre même de ses raisonnements Lactance « innove » (« vous me dites là des choses que je n'ai jamais entendues [1] » ; « vous voudriez, dirait-on, refaire le monde à neuf [2] » ; « vous me parlez un langage nouveau, et je ne sais que vous répondre [3] »). Cette nouveauté qui étonne l'Archidiacre, et ce nouveau monde que Valdés lui fait pressentir, renferme toute la puissance réformatrice de l'humanisme impérial : c'est là, paradoxalement, un ultime trait par lequel les deux humanismes de Machiavel et de Valdés correspondent pourtant. Ce trait, c'est l'appel à la réforme. De la réforme des institutions républicaines dont Machiavel théorise l'indispensable « *riduzione verso il principio* (reconduction au principe) [4] » à l'appel à la *nova reformatio* de l'Église et de l'empire, c'est-à-dire de la *respublica christiana* toute entière [5], par la grâce de l'empereur doublement élu, il n'y a pas nécessairement communauté de doctrine, mais il y a très certainement analogie de l'expérience du temps présent et de son urgence. Cette conscience et cette urgence culminent dans les deux dernières répliques du dialogue, qui reprennent l'ensemble du prophétisme impérial patiemment mis en forme par Gattinara depuis 1517 : cette fois, le transfert du pastorat spirituel du pape à l'empereur

1. Valdés, *Diálogo*, II, *op. cit.*, p. 334.
2. *Ibid.*, p. 338.
3. *Ibid.*, p. 348.
4. Machiavel, *Discours...*, III, 1, *op. cit.*, p. 389 *sq.*
5. Non seulement le lexique de la *renovatio* ou de la *reformatio* est comme on l'a vu très présent dans les discours et les remontrances de Gattinara entre 1519 et 1527, appliqué à la manière même de gouverner l'empire, mais on le retrouve, appliqué cette fois à la réforme de l'Église, dans les lettres et les rapports envoyés de Rome entre mai et juillet 1527 que rassemble Rodríguez Villa, *Memorias, op. cit.*

est complet, et Charles Quint peut être décrit comme le successeur du Christ lui-même :

> LACTANCE. — En vérité l'Empereur est très bon chrétien, et il recommande toutes ses affaires à Dieu, et les met dans Sa main, Lui qui les dirige au mieux, et de là vient qu'on ne le voit pas ni se réjouir excessivement dans la prospérité, ni s'attrister dans l'adversité, de sorte que l'on ne peut pas bien juger de lui à de tels indices ; mais, à ce que je crois, il ne cessera jamais de se conformer à la volonté de Dieu, en ceci comme en toutes choses.
>
> L'ARCHIDIACRE. — Que ma vie soit semblable à cela ! Que vous paraît-il désormais que sa Majesté voudra faire, dans une affaire aussi importante que celle-ci ? Par ma foi, il a besoin de très bons conseils, car si cette fois il réforme l'Église, puisqu'aujourd'hui tout le monde sait combien c'est nécessaire, outre le service qu'il rendra à Dieu, il atteindra la plus grande gloire et renommée que jamais prince ait atteinte en ce monde, et l'on devra dire jusqu'à la fin du monde que Jésus-Christ a formé l'Église et que l'Empereur Charles Quint l'a restaurée [1].

Cette conclusion, qui reprend le prophétisme de Gattinara, achève de valider notre hypothèse de départ : l'humanisme impérial se montre capable de construire dans la crise ouverte par le sac de Rome un discours souple et articulé, capable de manifester l'intelligibilité de cette impensable catastrophe. Il se révèle ainsi assez puissant pour ordonner le temps de la crise et de l'événement avec la même efficacité qu'il manifestait pour ordonner le temps long de la succession impériale : l'idée d'empire se présente donc bien comme une des matrices de la pensée politique moderne, et le rapport complexe qu'elle entretient avec la raison d'État, dont le concept n'émergera

---

1. Valdés, *Diálogo*, II, *op. cit.*, p. 357.

explicitement que dans les dernières années du XVIe siècle, n'est pas la moindre des preuves de ce caractère matriciel.

Il n'en reste pas moins que, par-delà cette puissance et cette efficacité, l'idée d'empire ne connaît pas de traduction factuelle qui en fournirait, dans cours même du règne de Charles Quint, la validation définitive : au contraire, après la mort de Gattinara en 1530 puis celle de Valdés en 1532, les difficultés qui surgissent semblent battre en brèche avec une virulence redoublée les rêves des deux humanistes. L'unité spirituelle de la chrétienté est tenue en échec par la fragmentation confessionnelle de l'Occident, l'unité politique de l'Europe ne s'impose jamais face aux équilibres fragiles et sans cesse renégociés de la balance des pouvoirs nationaux, l'universalité de la domination se résout, en Amérique, en querelles de potentats pétris d'une avidité sans scrupule. Face à l'immensité de cet échec, Charles Quint, dernier empereur couronné, est aussi le premier et le seul qui de son vivant choisisse d'abdiquer pour se retirer dans un monastère d'Estrémadure où il finira ses jours après avoir légué l'empire à son frère et l'Espagne à son fils, accomplissant lui-même l'ultime dislocation de cet ensemble politique et spirituel qu'en dépit des efforts de l'humanisme impérial il n'a pas su installer durablement dans le paysage moderne. Nous avons cherché à montrer que cet échec n'obérait pas la richesse théorique de l'idée qui l'avait précédé : il nous reste cependant à examiner la postérité de ce « laboratoire » de la pensée politique. Par-delà l'échec historique de l'empire de Charles Quint, et peut-être, paradoxalement, grâce à lui, quel héritage problématique peut-on assigner à cette idée d'empire dont on vient d'étudier la richesse théorique ?

CHAPITRE IV

L'ÉTAT, L'IMPÉRIALISME ET L'EMPIRE
QUESTIONS CONTEMPORAINES

RAISONS DE L'EMPIRE ET RATIONALITÉ DE L'ÉTAT

En montrant de quelle manière l'humanisme impérial parvenait à articuler le prophétisme, la réforme du gouvernement et la gestion de la crise, nous avons cherché à établir la fécondité et l'importance de l'idée d'empire qu'il construisait. Cette fécondité et cette importance ne peuvent toutefois pas se mesurer à ses succès historiques : l'échec de l'empire, la fragmentation confessionnelle de l'Europe chrétienne, la concurrence croissante des souverainetés nationales, et l'abdication finale de Charles Quint, dont nous refusons d'inférer la stérilité des pensées qui ont étayé le début de son règne, demeurent en dépit de ce refus les horizons concrets et indépassables de l'empire au XVIᵉ siècle. Comment, dans ce cas, nous est-il possible de concevoir le rôle que l'humanisme impérial nous semble jouer dans la pensée politique moderne ? Puisqu'il n'est pas question de nier l'échec du « rêve impérial », de quelle manière pouvons-nous affirmer malgré lui, et peut-être même grâce à lui, que l'humanisme impérial constitue un des laboratoires les plus riches de la modernité politique ?

Il est tentant de répondre à cette question en articulant une dialectique rudimentaire, qui consisterait à affirmer que l'échec de l'empire historique est le moment indispensablement négatif qui parachève la construction des concepts élaborés par l'humanisme impérial : une telle analyse nous conduirait à considérer que l'empire n'est chez Gattinara et Valdés qu'une idée consciente de soi mais encore irréfléchie, de sorte que la négativité radicale que constitue pour elle l'expérience de son échec lui est absolument nécessaire pour accéder au statut de concept, statut grâce auquel, précisément, elle est susceptible de prendre sa place parmi les architectures les plus fondamentales de la philosophie politique de l'âge classique. Cette dialectique est toutefois trop mécanique pour fonctionner parfaitement, et nous ne l'exposons que par commodité pratique, parce qu'elle peut, croyons-nous, servir à déterminer par contraste les processus qui ont réellement affecté l'idée d'empire et qui lui ont donné et lui donnent encore sa puissance problématique.

Deux motifs en effet nous poussent à renoncer à cette dialectique : tout d'abord, l'idée d'empire ne rencontre pas, après l'abdication de Charles Quint, le moment théorique et historiquement assignable de sa propre réflexion. Nulle grande pensée ne reprend les éléments légués par l'humanisme impérial pour les réordonner conceptuellement en y intégrant la négativité de l'échec du dernier empereur ; nulle construction philosophique ne décide de produire ce concept d'un empire qui aurait déserté l'horizon historique du concert des États et qui toutefois accèderait au travers de cette désertion à un savoir de soi capable d'intégrer problématiquement son échec pratique. Que de nombreux penseurs de l'âge classique continuent d'utiliser abondamment le terme d'*imperium* n'y change rien : lorsque Spinoza, par exemple, l'emploie dans le *Traité Théologico-politique*[1], c'est à l'instar des autres philosophes modernes pour désigner le pouvoir de commander et d'obliger. Ce pouvoir constitue certainement une des questions centrales de la pensée politique moderne, et il n'est pas douteux que l'Espagne, tout particulièrement dans le cadre de ses relations avec ses possessions ultramarines, ait puissamment contribué à installer sur la scène conceptuelle de l'âge classique la question de la détermination et de la délimitation de ce pouvoir par le droit[2]; toutefois, il n'en reste pas moins que cet *imperium* ne peut en aucun cas être compris comme la forme réfléchie et passée en concept de l'idée que tâchent de construire Gattinara ou Valdés entre 1519 et 1532.

L'absence de ce moment réflexif précisément assignable est donc la première raison qui nous conduit à renoncer à une dialectique trop mécanique qui ferait de l'échec de l'empire la négativité féconde que l'histoire imposerait à l'idée. Nous allons, au contraire, chercher à déterminer ce que l'échec historique de l'empire enlève vraiment à l'idée impériale : non pas ce qu'il lui ajoute, ni ce en quoi il pourrait hypothétiquement la parfaire, mais ce qu'il y supprime, et dont il la libère. Cette autre voie va nous conduire à voir dans l'humanisme impérial un épisode important de la genèse de la raison d'État; cependant, avant de l'emprunter, il nous faut indiquer brièvement le second motif qui nous conduit à nous détourner de la dialectique de l'échec fécond, parce que l'examen de ce second motif va occuper la fin de ce chapitre. En effet, si l'on ne rencontre ni après l'abdication de Charles Quint ni au siècle suivant de reprise théorique qui opérerait

1. Spinoza, *Traité théologico-politique*, trad. J. Lagrée et P.-F. Moreau, Paris, P.U.F., 1999, *passim*.
2. C'est par exemple le sens du travail de Suárez; voir les analyses de J.-F. Courtine, *Nature et empire de la loi*, Paris, Vrin-EHESS, 1999.

indiscutablement une réévaluation réflexive de la notion d'empire, il se trouve que, de manière frappante, cette notion semble néanmoins avoir joué plus tard, et jouer encore aujourd'hui, un rôle indispensable dans la compréhension des phénomènes politiques les plus fondamentaux de la modernité. Dans les pensées qui articulent cette compréhension des phénomènes, et bien qu'elles soient trop tardives pour que la dialectique évoquée ci-dessus demeure tenable, une véritable « actualité » moderne de l'empire semble devoir être envisagée. Nous chercherons à mesurer cette actualité dans trois registres : celui de l'impérialisme, qui est élaboré au XIXᵉ siècle pour rendre pensable l'hégémonie politique et économique des États occidentaux ; celui de la reviviscence de la catégorie d'empire dans le cadre de la pensée de l'intégration européenne, qui traverse dès le premier quart du XXᵉ siècle les discours pan-européens, et qui reste aujourd'hui encore d'une étonnante prégnance rhétorique ; et enfin celui de l'usage critique de cette même catégorie d'empire pour comprendre et analyser le sens et l'avenir de la mondialisation. Mais avant d'entamer ce triple examen, il nous faut d'abord tenter d'élucider le sens de l'idée impériale telle que la modernité en hérite à travers le « filtre » de son échec historique.

Les trois éléments qui nous paraissent structurer l'humanisme impérial, et dont nous avons fait les pivots de nos trois premiers chapitres, font de l'empire une idée qui ne produit pas seulement des puissances de représentation, des effets de légitimité ou des structures du discours : ils présentent d'abord l'idée d'empire comme une chose à partir de laquelle il est possible d'articuler des raisons. Ainsi le prophétisme impérial dont s'empare Gattinara offre le moyen de définir rationnellement le programme de l'empire comme une indispensable *reformatio* : héritant d'une transformation de la pensée prophétique qui, entre le XIVᵉ et le XVᵉ siècle, a converti le thème de l'empire de la fin des temps en annonce de l'empire qui doit venir réformer l'Église corrompue, Gatinara s'est montré capable de saisir dans cette transformation le moyen merveilleusement efficace d'une mise en ordre des raisons temporelles de l'empire. Articulé à la très ancienne entreprise de computation qui soutenait les discours apocalyptiques, et qui lui permet de faire du prophétisme l'outil du calcul quantifiable des occasions historiques qui s'offrent à l'empire, le prophétisme impérial de Gattinara peut raisonner sur l'empire selon les trois dimensions du temps : il rend intelligible l'ordre de l'histoire passée dont l'empire hérite, il peut déterminer le sens politique du moment présent, et il sait enfin articuler à cette détermination les éléments programmatiques d'un gouvernement impérial tout entier consacré à la *reformatio* de la Chrétienté. Non seulement cette *reformatio* agrège l'empire au mouvement même des idées du premier XVIᵉ siècle, dont la réforme est un des principes essentiels, mais elle se montre par là capable de penser ensemble les dimensions spirituelle, morale et politique de cette réforme. Rénover l'homme intérieur, réformer la Chrétienté et ses institutions, refonder l'empire et son administration, ce sont là les tâches dont Gattinara raisonne par le moyen de l'idée d'empire.

D'autre part, cette triple raison temporelle que l'idée d'empire permet à Gattinara de déployer dans l'histoire, il se montre également capable de la penser dans la trame la plus fine des opérations du gouvernement impérial : c'est bien entendu le sens de son analyse du *consilium* dans la *risponsiva oratio*, qui place au cœur de l'élection de Charles Quint la faculté du « conseil » comme maîtrise raisonnée des trois dimensions du temps. Connaître le passé, mesurer le présent, considérer le futur, sont désormais les éléments de cette prudence politique dont l'idée d'empire constitue le foyer et la réalisation. Dans la réélaboration de cette prudence du conseil, le Chancelier parvient à penser sans solution de continuité le lien entre prophétisme impérial et réforme des institutions : comme nous avons tenté de le montrer, c'est par cette faculté temporelle qu'il peut anticiper les exigences du gouvernement impérial et en proposer une étonnante « déterritorialisation » grâce à laquelle les raisons de l'empire s'efforcent de dominer la multiplicité et la diversité réelles de l'empire, en les saisissant dans leurs dimensions les plus objectives et parfois les plus rigoureusement quantitatives. Là encore, l'idée d'empire est si loin de se réduire au statut d'une figure mythique qu'elle se montre au contraire capable de mettre au service du gouvernement impérial les représentations les plus modernes de la raison calculante.

Enfin, et c'est cette fois chez Valdés que nous avons cherché à le montrer, l'idée d'empire permet également d'affronter les crises et les convulsions du siècle : ses raisons ne valent pas seulement pour ordonner le temps de l'histoire impériale et ses scansions, ou les calculs et les programmes du gouvernement et de son administration, elles sont aussi efficaces lorsqu'il s'agit de maîtriser l'événement dans son surgissement le plus brutal. Les raisons d'empire savent alors descendre dans la matière même des faits pour y ordonner des séquences causales rigoureusement agencées, et reconstituer ainsi la rationalité intrinsèque de l'effectualité politique : les outils de ce travail, on a cherché à le montrer dans le détail du *Diálogo* de Valdés, ressemblent parfois étonnamment à ceux que Machiavel construit à la même époque pour penser la situation politique de l'Italie. Raisonnements hypothétiques, disjonctions, neutralisation des événements et mesure des possibles permettent ainsi de calculer finement les intentions des agents politiques, le déploiement de leurs opérations, les effets de la publicité de leurs actes, et de démêler ainsi la complexité incroyablement intriquée des causes concurrentes qui, depuis Boèce, définissaient le hasard[1].

La tâche de l'humanisme impérial peut donc être comprise comme la mise au point du système des raisons qui permettent de penser, d'analyser et de programmer le travail politique dans les trois dimensions de son enracinement historique, de son déploiement institutionnel et de son opération critique. C'est de cette triple compréhension des raisons de l'empire que nous tirons l'hypothèse selon laquelle l'humanisme impérial pourrait bien constituer un des laboratoires de l'idée si importante pour la modernité de « raison d'État ». Il est en effet frappant de constater qu'une grande partie des innombrables traités qui, à la suite de l'ouvrage inaugural de Giovanni Botero, développent l'idée de raison d'État au début de l'âge classique, commencent par affirmer que la notion elle-même est bien connue, et utilisée par toutes les chancelleries et tous les diplomates d'Europe[2]. Les historiens de la raison

---

1. Selon la définition qu'en donne Boèce dans la *Consolation de la Philosophie*, et que reprendra largement le Moyen Âge latin, le hasard se définit comme un événement inopiné issu de causes confluentes : « [*casus est*] *inopinatus eventus ex confluentibus causis* », *Consolation de la philosophie*, livre V, 1, trad. C. Lazam, Paris, Rivages, 1989, p. 190. Pour une étude de la transmission médiévale des définitions du *casus*, voir P. Michaud-Quantin, *Études sur le vocabulaire philosophique du Moyen Âge*, chap. IV, Rome, Ateneo, s.d. [1970], p. 74 *sq.*

2. Voir par exemple G. Botero, *Della ragion di stato* (1589), Livre I, avant-propos, trad. G. Chappuys, *Raison et gouvernement d'estat en dix livres*, Paris, Guillaume Chaudiere, 1599, p. 1-4. L'affirmation la plus frappante se rencontre dans les *Considerationi* de Lodovico Zuccolo, qui est au début du XVIIe siècle un des auteurs importants des traités sur la raison d'État : « [...] non seulement les Conseillers dans les Cours, et les Docteurs dans les écoles, mais même les Barbiers, et d'autres artisans plus humbles, dans leurs boutiques et dans leurs ateliers, discutent et interrogent la Raison d'État, et se font croire qu'ils savent quelles choses se font ou ne se font pas par Raison d'État », L. Zuccolo, *Considerationi Politiche e Morali sopra cento oracoli d'illustri Personaggi antichi*, Oracolo XI, Venise, Marco Ginami, 1621, p. 54.

d'État qui tentent de faire correspondre une réalité pratique à cette déclaration liminaire largement partagée invoquent généralement une source italienne[1] : le « *ragionare dello stato* » de Machiavel, et plus encore l'expression « *ragione e uso degli stati* » qu'emploie son ami Francesco Guicciardini, paraissent constituer les seuls témoins lexicaux, bien pauvres, de ce que les auteurs de la fin du xvie et du début du xviie décrivent cependant comme la vaste diffusion de la notion. Il faut cependant y ajouter une autre occurrence, souvent citée, et qui nous intéresse ici tout particulièrement : l'ambassadeur Giovanni Della Casa emploie en effet l'expression exacte de « *ragione di Stato* » en 1547 dans son *Orazione a Carlo V per la restituzione di Piacenza* dans laquelle il supplie l'Empereur de restituer Piacenza à ses véritables maîtres tout en arguant du fait qu'il a bien conscience qu'une telle demande va contre la « raison d'État »[2].

À quel titre pouvons-nous faire l'hypothèse que, dans cette genèse étrangement silencieuse d'une notion si importante pour la pensée politique moderne (si importante même qu'on a pu faire de son invention l'*analogon* politique de la révolution scientifique[3]), l'humanisme impérial joue un rôle important ?

---

1. Pour l'étude des origines lexicales de la raison d'État, voir R. De Mattei, *Il problema della « ragion di Stato » nell'età della Controriforma*, Milan-Naples, Ricciardi, 1979 (en particulier les chapitres « Il problema della 'ragione di Stato' (locuzione e concetto) nei suoi primi affioramenti » et « Il problema della *Ragion di Stato* nel Seicento »).

2. Cette occurrence est connue et mentionnée dès le xviie siècle : on la trouve par exemple évoquée dans le *Della ragione di stato* de Scipione Chiaramonti en 1635. Voir sur ce point F. Meinecke, *Die Idee der Staatsräson in der neueren Geschichte*, Munich, 1924 (3e éd. 1965), trad., *L'Idée de la raison d'État dans l'histoire des temps modernes*, Genève, Droz, 1973, p. 48-50.

3. « Ce qui a vu le jour, c'est un art absolument spécifique de gouverner, un art qui avait à lui-même sa propre raison, sa propre rationalité, sa propre *ratio*. Événement dans l'histoire de la raison occidentale, de la rationalité

Bien sûr, si l'on ne comprend la raison d'État que du point de vue de l'exceptionnalité de l'action du gouvernant lorsqu'elle s'exonère des lois civiles et morales ordinaires, selon une acception qui semble s'imposer dans le discours moderne et contemporain, seuls les raisonnements fins et proprement machiavéliques de Valdés dans le *Diálogo* semblent pouvoir justifier que l'on fasse de l'humanisme impérial une des racines de la raison d'État ; c'est même précisément la raison pour laquelle nous n'avons évoqué ce rapprochement que dans le chapitre consacré à Valdés. Cependant, il nous semble possible d'adopter une autre perspective.

Lorsque dans ses cours au Collège de France entre 1976 et 1979 Michel Foucault se penche sur l'évolution des formes pratiques du pouvoir entre le XVI e et le XVIII e siècle, il entend avant tout soumettre l'État à la même critique qu'il a cherché à appliquer à l'asile dans l'*Histoire de la Folie à l'âge classique* (1961-1972), ou à la prison dans *Surveiller et punir* (1975) : il s'agit donc pour lui de dénoncer l'hypostase de la forme-État, et de la reconduire à l'ensemble des raisons pratiques du gouvernement. C'est ainsi l'exploration de la rationalité de ses pratiques qui fonde la critique du pouvoir : dans ce but, Foucault analyse un certain nombre de ces pratiques, parmi lesquelles l'administration de la population, la gestion des flux et des circulations (économiques, sociales, sanitaires, etc.), ou encore la construction d'une bureaucratie de gouvernement. Dans le cadre de cette étude, la raison d'État prise comme affirmation de l'exceptionnalité du gouvernement (ou comme « auto-manifestation de l'État », pour reprendre

occidentale, qui n'est sans doute pas moins important que celui qui, exactement à la même époque, c'est-à-dire fin XVI e – courant XVII e siècle, a été caractérisé par Kepler, par Galilée, Descartes, etc. », M. Foucault, *Sécurité, territoire, population (cours au Collège de France, 1977-1978)*, cours du 22 mars 1978, Paris, Gallimard-Seuil, 2004, p. 293-294.

l'expression qu'utilise Foucault[1]) ne représente plus qu'un des aspects d'une rationalisation globale de la politique qui concerne avant tout le développement des arts de gouverner. C'est justement dans ce cadre qu'il est possible penser l'humanisme impérial comme l'un des laboratoires de la raison d'État : il s'agit moins de d'identifier à tout prix la « raison d'État » dans les discours des conseillers de Charles Quint que de constater que la rationalité moderne de l'État se trouve effectivement préfigurée et programmée par leurs travaux. Or c'est précisément là la perspective sous laquelle l'échec historique de l'empire peut nous aider à comprendre le rôle théorique de l'humanisme impérial.

En effet, il peut de prime abord sembler aberrant d'identifier dans la construction de la rationalité de l'État moderne la principale contribution théorique de l'idée impériale : au contraire, on est spontanément tenté d'affirmer que c'est précisément parce que la modernité voit triompher la forme souveraine de l'État-nation que l'empire n'y peut plus trouver sa place. Cependant, si l'on accepte avec Foucault de rejeter l'hypostase de la forme-État pour la ramener à l'ensemble des pratiques du gouvernement, alors on lève l'exclusive de la souveraineté nationale sur la modernité, et l'on fait ainsi mécaniquement réapparaître, parmi ces pratiques, celles qui ont trouvé dans l'humanisme impérial un de leurs laboratoires. En d'autres termes, si la puissance propre de l'idée impériale tient à la mise en ordre des raisons qui permettent de penser les principautés composites ou multiples et d'en envisager l'unification, alors l'échec concret de cette unification ne fait au fond que parachever la « déterritorialisation » du pouvoir que nous avons cherché à mettre en évidence chez Gattinara : l'effort de l'humanisme impérial, pensé du point de vue de

---

1. M. Foucault, *Sécurité, territoire, population*, *op. cit.*, p. 268.

son échec, libère ces pensées de la lourde inféodation à un régime déterminé ; ce régime ayant quitté la scène politique réelle, il ne reste de la raison d'empire que la raison elle-même, c'est-à-dire la forme qui dans la pensée politique moderne va réfléchir la nécessité de dominer des compositions et des multitudes. C'est à ce titre que l'on peut identifier la contribution de l'humanisme impérial à une « raison d'État » dont on comprend désormais qu'elle ne se limite jamais à la pensée de l'exceptionnalité du politique : on retrouve parmi les raisons pratiques du gouvernement sur lesquelles Foucault appuie son analyse la trace des discours très précis par lesquels, dès 1519, les humanistes impériaux proposaient une première articulation raisonnée de ces pratiques. L'échec de la forme-empire comme régime n'entraîne donc pas la disparition des puissances conceptuelles de l'idée d'empire, mais assure au contraire leur fécondité : ce sont des outils, qui n'ont pu survivre que grâce à la mort du régime qui devait les utiliser.

Michel Foucault lui-même, sans l'avoir développée, a approché cette hypothèse : il suggère en effet dans un de ses cours de mars 1978 que « la raison d'État [...] a été formulée en Italie à partir des problèmes spécifiques des relations des petits États italiens entre eux », mais que « si elle s'est développée, si elle est effectivement devenue une catégorie de pensée absolument fondamentale pour tous les États européens », c'est en raison d'une série de phénomènes et de problèmes « qui prennent la figure même de l'Espagne » ; et il conclut que l'on a affaire « avec l'Espagne, à un ensemble de processus qui ont absolument cristallisé toutes ces réflexions sur la raison d'État et l'espace concurrentiel dans lequel désormais on vivait [1] ». Bien sûr, Foucault n'articule pas cette hypothèse à une lecture des textes de l'humanisme impérial,

---

1. *Ibid.*, p. 300.

et il n'en envisage pas même la possibilité, mais il nous semble que son intuition est juste ; nous avons, d'une certaine manière, essayé de l'étayer, parce qu'elle permet de comprendre la fécondité d'une pensée de l'empire au cœur de l'âge des souverainetés nationales. Or, si Foucault identifie dans l'Espagne du XVIe siècle un des lieux où se théorise la raison d'État moderne, c'est parce qu'elle conjoint deux formes de l'empire : il s'intéresse en effet à

> L'Espagne qui, d'une part, en tant qu'héritière par des voies dynastiques de l'empire et de la famille qui détenait l'empire, se trouve héritière de la prétention à la monarchie universelle ; l'Espagne qui, d'autre part, se trouve depuis le XVIe siècle détentrice d'un empire colonial et maritime qui est à peu près planétaire et quasi monopolistique au moins depuis l'absorption du Portugal [...] [1].

Il nous faut maintenant explorer la piste qu'ouvre ici Foucault. Si en effet l'humanisme impérial, par la grâce de l'échec du régime qu'il servait, peut voir ses concepts et ses travaux réinvestis dans les formes de la pensée politique moderne, ne faut-il pas alors considérer tout simplement que c'est précisément dans la construction des empires coloniaux que cet investissement doit prioritairement être recherché ?

IMPÉRIALISME ET EMPIRE

Dans son discours de 1520 devant les Cortes réunies à La Corogne, l'évêque Mota avait souligné que Charles Quint n'avait pas de raison de désirer l'empire, puisqu'il était déjà par simple héritage souverain d'un grand nombre d'états et de territoires, parmi lesquels un « nouveau monde d'or (*nuevo*

---

1. M. Foucault, *Sécurité, territoire, population, op. cit.*, p. 300.

mundo de oro) fait pour lui, puisque jamais il n'avait existé avant nos jours [1] ». Par-delà la stratégie rhétorique de l'évêque de Badajoz, ce « nouveau monde » pose un problème essentiel à l'idée d'empire, un problème qu'Érasme ne manque pas de souligner : loin d'offrir à Charles Quint une extension démesurée de sa domination, la découverte du nouveau monde manifeste avec éclat l'inanité de l'idée même de monarchie universelle [2]. Les terres nouvelles, avec leurs peuples, leur diversité, leurs richesses, signalent l'obsolescence définitive de toute idée de domination *totius orbis* : elles ne pourront être que le cadre d'un affrontement concurrentiel entre des souverainetés nationales prédatrices, auxquelles la colonisation de l'Amérique, de l'Afrique et de l'Asie vont imposer une nouvelle manière de calculer leurs forces et de régler leur équilibre. Faut-il en conclure que la conquête du Mexique, entamée par Hernán Cortés au moment même où Mota prononce le discours évoqué ci-dessus, installe au cœur même de l'empire l'annonce de son dépassement historique ? L'idée d'empire ne fournit-elle à l'Europe moderne une matrice politique essentielle qu'en se convertissant en pensée de l'impérialisme, de sorte que le seul legs de l'humanisme impérial au monde politique moderne devrait être recherché dans la prédation concurrente des nations européennes ?

Il faut, pour répondre à cette question, se rendre attentif au fait que le mot même d'impérialisme n'apparaît véritablement dans le discours politique moderne qu'au XIX e siècle : il est

1. « Discours de Pedro Ruiz de la Mota, évêque de Badajoz, devant les Cortes de Santiago et de La Coruña » (31 mars 1520), dans Y. El Alaoui (éd.), *Autour de Charles Quint...*, *op. cit.*, p. 73.

2. L'argument est développé dans une lettre d'Érasme à Gattinara, datée du 1 er septembre 1527 (*Opus epistolarium D. Erasmi Roterodami*, ed. P. S. Allen, Oxford, Oxford University Press, 1906-1958, Lettre du 1 er septembre 1527, vol. VIII, p. 68-69).

forgé puis employé pour rendre intelligible une situation
historique, politique et économique qui n'est pas du tout celle
de la conquête ; en ce sens, son apparition doit être inscrite
dans l'histoire du bilan critique que l'Europe du dernier quart
du XVIIIᵉ siècle s'emploie à dresser de son expérience coloniale.
De ce bilan, dont l'*Histoire philosophique et politique des
établissements et du commerce des Européens dans les deux
Indes* de l'abbé Raynal constitue probablement en 1772 le
point culminant, la méthode constante est un comparatisme
scrupuleux, qui tâche de tirer de la diversité même des formes
de rapport que chaque État-nation entretient avec ses colonies
une compréhension des faits assez efficace pour proposer le
meilleur règlement possible de ce rapport. Le cadre théorique
dans lequel ce comparatisme prend place n'a plus rien
d'impérial ; au contraire, il repose presque toujours sur une
scrupuleuse dissociation de la logique impériale et de la
fécondité possible de la colonisation. Cependant, avant
d'examiner les motifs de cette dissociation pour y rechercher
les « raisons de l'impérialisme », il faut s'arrêter sur le
processus initial, celui de la conquête : en effet, dès les premiers
temps de sa découverte du Mexique, Hernan Cortés lui-même
articule de manière magistrale, dans ses lettres à Charles
Quint, ce que l'on peut appeler les raisons de la conquête. Or,
comme on va le voir, ces raisons sont parfaitement compatibles
avec le système des raisons de l'empire que l'on a examiné
chez Gattinara et chez Valdés.

Débarqué sur la côte du Yucatan au printemps 1519, Cortés
y fonde Veracruz, et se fait confier par ses *alcades* un mandat
de conquête. Il s'enfonce alors dans l'arrière-pays et dès
l'automne entre en contact avec les populations de la région
de Tlaxcalá, dont il se fait rapidement des alliées. Un an plus
tard, en octobre 1520, dans la seconde *carta de relación*
adressée à Charles Quint, Cortés déclare : « Votre Majesté

peut prendre le nom d'empereur de cette Nouvelle-Espagne, au même titre que celui d'empereur d'Allemagne qu'elle possède déjà [1] ». Dans son *Idea imperial de Carlos V* [2], Ramon Menéndez Pidal attribue cette déclaration au début de la troisième lettre de Cortés, envoyée en 1522, comme si une telle proclamation impériale ne pouvait avoir de sens qu'après la prise de Tenochtlan et la victoire finale des Espagnols : il faut au contraire comprendre que l'empire que proclame Cortés ne réside pas seulement dans la victoire militaire. À bien lire la deuxième lettre, qu'ouvre cette proclamation, on constate en effet que Cortés met en œuvre, dans sa description des territoires aztèques qu'il traverse comme dans son récit de ses manœuvres politiques et diplomatiques, une autre manière de mesurer son entreprise. C'est dans cette autre manière que se trouvent les « raisons de la conquête ».

La première de ces raisons apparaît à l'occasion du portrait de Tlaxcalá. La ville, que Cortés découvre au début de l'automne 1519, est la capitale d'une des régions les plus récemment soumises par les Aztèques ; elle va fournir à Cortés un soutien inespéré dans son entreprise contre Tenochtitlan. Mais, avant même de présenter les enjeux politiques de ce ralliement de la province de Tlaxcalá, Cortés commence par en fournir à Charles Quint une description minutieuse : il énumère les richesses de la ville, dresse la liste de ses commerces, décrit ses marchés et ses bâtiments ; il vante la fécondité et l'ordre des champs cultivés qui l'entourent ; il s'attache systématiquement à estimer les quantités, les distances, les populations. La conquête, dans ce portrait, est d'abord une affaire de mesure : ce souci ne se démentira plus,

---

1. « Secunda Carta », *in* Hernán Cortés, *La Conquête du Mexique*, trad. D. Charnay (1886), Paris, Maspero, 1982, rééd. La Découverte, 1996, p. 73.

2. R. Menéndez Pidal, *La Idea imperial de Carlos V*, La Habana, 1937.

et Cortés ne cessera plus, jusqu'à la marche sur Tenochtitlan, d'interroger ses interlocuteurs indiens sur la configuration du paysage, les voies de communication, les distances, et les quantités d'hommes que peuvent nourrir les provinces qu'il découvre. Le soldat qui a connu la reconquête et les expéditions africaines de Cisneros se comporte au Mexique comme dans n'importe quel territoire inconnu dont il faut s'approprier aussi précisément que possible la configuration : c'est ainsi, avant tout, en le saisissant comme un système de dimensions que Cortés conquiert le Mexique. Cependant le portrait de Tlaxcalá témoigne aussi d'une autre approche : pour rendre les richesses qu'il énumère intelligibles à son souverain, Cortés manie la comparaison. Tlaxcalá est comme Grenade au temps de la conquête [1], et ses provinces se gouvernent comme les républiques italiennes [2] : ainsi le *conquistador* utilise non seulement les leçons de son expérience militaire, mais aussi un système d'analogies qui vient redoubler la « métrique de la conquête » pour fournir à Charles Quint les coordonnées politiques exactes de ses nouvelles possessions.

Cette manière de prendre la mesure du Mexique met en évidence un des aspects essentiels de l'attitude de Cortés : il ne se considère à aucun moment comme un explorateur face à un territoire vierge, offert à son appétit de richesses et de prédation. Le Mexique qu'il arpente lui apparaît très

1. « Cette ville [Tlaxcalá] est si grande et si belle que je n'en dirai pas la moitié de ce que j'en pourrais dire, et le peu que j'en dirai est presque incroyable, car elle est plus grande que Grenade ; elle est mieux fortifiée ; ses maisons, ses édifices et les gens qui les habitent sont plus nombreux que Grenade au temps où nous en fîmes la conquête, et mieux approvisionnés de toutes les choses de la terre, pain, oiseaux, gibier, poissons des rivières, légumes et autres vivres […] », *La Conquête du Mexique, op. cit.*, p. 89.

2. « La province a quatre-vingt dix lieues de tour et les habitants se gouvernent eux-mêmes comme cela se pratique à Venise, Gênes ou Pise, où il n'y a pas de souverain », *ibid.*, p. 90.

évidemment comme constituant lui-même un empire, analogue en cela à la situation européenne, et ce ne sont pas des sauvages, mais des vassaux et des seigneurs, des cités et des lois, des institutions et des États, qu'il sait devoir affronter. Tlaxcalá lui paraît plus policée que n'importe laquelle des cités d'Afrique dont Cisneros a tenté la conquête [1], et cette « police » implique que l'on peut comprendre politiquement les relations de domination, de fidélité et de souveraineté qui s'y tissent : or, les comprendre politiquement, c'est aussi pouvoir en jouer. Au fil de ses entretiens avec les Tlaxcaltèques et avec les émissaires de Moctezuma, Cortés analyse froidement la situation du jeune empire aztèque qui peine à maintenir une hégémonie encore très récente : exactement comme dans l'empire inca conquis par Pizarro quelques années plus tard, la division potentielle de l'empire aztèque constitue l'élément principal sur lequel les Espagnols peuvent s'appuyer. Les Indiens ne sont ni des sauvages ni des sous-hommes : ce sont des hommes, pris dans des relations politiques, agrégés en un État auquel s'applique le système des raisons qui préside de l'autre côté de l'Atlantique aux relations entre les princes. Tandis qu'il mène avec les habitants de Tlaxcalá et les envoyés de Tenochtitlan des négociations discrètes et parfaitement contradictoires, Cortés résume ainsi la règle de son jeu :

> Voyant la contradiction des uns et des autres, j'en éprouvai un grand plaisir, car ils me paraissaient tellement tenir à mon alliance qu'il me serait plus facile de les subjuguer ; et je me rappelai cette parole évangélique qui nous dit que tout royaume divisé sera détruit : « *omne regnum in se ipsum*

---

1. « Enfin un ordre parfait règne dans cette ville dont les gens paraissent sages et policés comme aucune ville d'Afrique n'en pourrait offrir un tel exemple », *ibid.*, p. 90.

divisum desolabitur [1] ». Je négociai donc avec les uns et avec les autres et je remerciai chacun en secret de l'avis qu'il me donnait, en les assurant tous deux de mon amitié [2].

La première forme de l'extension de l'empire par-delà les mers n'est donc pas celle de la prédation aveugle, mais au contraire celle d'une estime raisonnée des forces et des dimensions. Ce calcul prudent des grandeurs et des circonstances, qui permet à Cortés de jouer au Mexique un jeu politique parfaitement homogène à celui que requiert en Europe le gouvernement de Charles Quint, appartient de plein droit aux raisons de l'empire, et il en fournit même une illustration nouvelle, qui vient conforter la leçon que nous avons cherché à tirer de Valdés : la neutralisation des faits, leur réduction à des objets possibles du calcul, la reconstruction des séquences causales qui gouvernent les opérations politiques, font de Cortés un politique parfaitement machiavélien [3].

Ce détour par Cortés est indispensable pour montrer à quel point l'impérialisme dont le dernier XVIIIe siècle va entreprendre de faire la critique n'est en aucun cas l'héritier des raisons d'empire qui sont investies dans le processus de la conquête à ses débuts. Après la prise de Mexico-Tenochtitlan, lorsqu'aux *conquistadores* succèdent des gouverneurs et des

1. « Tout royaume intérieurement divisé s'écroulera », Matthieu, XII, 25.

2. *La Conquête du Mexique, op. cit.*, p. 92.

3. Le constat est formulé par V. Frankl, qui décrit le Cortés de 1520 comme « un politique selon le cœur de Machiavel » (V. Frankl, « Imperio universal e imperio particular en las cartas de relación de Hernán Cortés », *in* D. Armitage (ed.), *Theories of empire, 1450-1850*, Aldershot, Ashgate, 1998, p. 99 note 1). Frankl est par ailleurs à notre connaissance le seul à tenter d'analyser systématiquement la contradiction entre le concept d'empire que Cortés défend dans la deuxième lettre et celui qui prévaut dans les quatrième et cinquième lettres, qui retrouvent des accents universalistes et mystiques dont l'empirisme politique de 1520 ne portait pas la trace.

propriétaires terriens, la machine prédatrice qui se met en marche change profondément la nature de ces raisons. C'est de cette seconde conquête que la mise au point de la catégorie d'impérialisme essaye de dresser le bilan ; il est à ce titre très frappant que, tandis que Cortés menait la conquête du Mexique armé de ses raisons dans toute la puissance métrique et calculante de leur modernité, c'est au contraire au nom de la raison moderne que va s'instruire le procès de l'impérialisme, lequel cesse alors aussitôt de pouvoir prétendre au statut d'héritier des conceptions nourries par l'humanisme impérial.

Parmi les documents qui rendent compte de la manière dont s'instruit au XVIIIe siècle le procès de l'impérialisme colonial, *L'Esprit des lois* joue un rôle important. Montesquieu y synthétise, dans le livre XXI, les leçons qu'il avait mises en forme dans deux opuscules antérieurs, les *Considérations sur les richesses de l'Espagne* (1724), et les *Réflexions sur la monarchie universelle en Europe* (1727). Montesquieu considère que l'Espagne du Siècle d'Or incarne la décadence et les excès qu'entraîne invariablement la domination d'un esprit de conquête sur un esprit d'industrie : la monarchie universelle, préparée par le règne de Charles Quint, mais essentiellement incarnée aux yeux de Montesquieu par celui de Philippe II, n'est pas le principe de la grandeur de l'Espagne, mais son fléau. En cédant, parce que la tentation de l'empire le commandait, à un appétit strictement prédateur, la conquête espagnole du Nouveau Monde a jeté la monarchie catholique dans une illusion qui en a définitivement ruiné les espérances, et la démonstration de cette ruine passe par un raisonnement économique précis qui prend en compte l'afflux permanent de métal précieux et la dépréciation que cet afflux lui-même produit mécaniquement. L'Espagne, en se laissant obnubiler par les richesses métallifères de l'Amérique, a lié son sort à des « richesses de fiction [1] » qui ont irrigué l'Europe tout en perdant constamment de leur valeur et en remplaçant dans le royaume le goût de l'industrie et la production des richesses naturelles. Ainsi, contre l'ordre même de la conquête du Mexique par Cortés, dont les raisons d'empire étaient l'outil, Montesquieu démontre que l'avidité qui définit à ses yeux l'aspiration à la monarchie universelle (laquelle est parfaitement anachronique dans l'Europe moderne) est intrinsèquement irrationnelle, et sa démonstration consiste précisément à reconstituer les raisons auxquelles l'impérialisme colonial a rendu l'Espagne aveugle.

Montesquieu n'est pas le seul à produire ce diagnostic, que les politiciens espagnols formulent également [2], mais il présente l'intérêt de conjoindre dans la formulation de son jugement deux oppositions extrêmement fécondes : d'une part, il oppose à la logique impériale irrationnelle la saine prudence rationnelle des arts de gouverner modernes ; d'autre part, et par ce biais, il rend pensable une opposition fonda-mentale entre l'« impérialisme » (si l'on accepte d'entendre par là, avant la détermination du sens précis du terme, la résurgence incongrue d'un goût archaïque de la conquête et de l'hégémonie sans mesure) et le « capitalisme » (si l'on accepte d'entendre par là, malgré l'anachronisme, la logique qui gouverne dans l'Europe des Lumières la concentration des capitaux à des fins de développement industriel). Cette double critique s'inscrit dans une conception de la marche de

1. Montesquieu, « De L'Esprit des Lois », XXI, 22, dans *Œuvres Complètes*, éd. D. Oster, Paris, Seuil, 1964, p. 674.

2. Ainsi Pedro Rodríguez de Capomanes, ministre des finances de Charles III dans le dernier tiers du XVIIIᵉ siècle, reproche lui aussi à l'Espagne de ne pas avoir converti la richesse tirée des Indes en une véritable force de développement de l'industrie et du commerce espagnols. Sur Capomanes, voir l'analyse de A. J. Pagden, *Lords of all the World...*, *op. cit.*, p. 63-102.

l'histoire qui voit l'esprit de commerce succéder naturellement à l'esprit de conquête : selon un processus qui est constamment commenté depuis Machiavel jusqu'à Benjamin Constant [1], le progrès de l'histoire de l'humanité passe par l'établissement de relations commerciales qui déterminent désormais la puissance des États. L'esprit de commerce est donc la règle de la balance des puissances européennes : or le champ d'application ainsi assigné à une raison politique que l'on oppose à l'esprit impérial se trouve très facétieusement correspondre exactement à ce que nous avons défini comme la principale fécondité théorique de l'idée d'empire, c'est-à-dire le calcul de l'équilibre des entités composées. C'est en effet parce que « l'Europe n'est plus qu'une nation composée de plusieurs [2] » que la raison qui calcule les quantités et les causalités doit désormais l'emporter sur la soif aveugle de domination et de conquête, de sorte que l'impérialisme se trouve blâmé au nom d'un système d'analyse politique qui, paradoxalement, descend en droite ligne de ces raisons de l'empire dont nous avons essayé de montrer la consistance !

Toutefois, si Montesquieu, comme après lui Raynal ou Constant, fixe dans la conscience politique européenne l'idée d'une opposition entre le despotisme archaïque qui innerve l'esprit de conquête et les promesses de paix et de progrès que renferme le commerce raisonnable des nations dont l'humanité est désormais pensée comme la composition, la figure définitive de l'idée d'impérialisme ne se trouve

1. Machiavel définit très explicitement l'antagonisme entre le pouvoir des richesses et les vertus civiques, en particulier dans les *Discours* (*passim*). Quant à B. Constant, voir en particulier « De L'Esprit de conquête et d'usurpation dans leurs rapports avec la civilisation actuelle » (1814), dans *Écrits politiques*, éd. M. Gauchet, Paris, Gallimard, 1997, p. 117-302.

2. Montesquieu, « Réflexions sur la monarchie universelle en Europe », § 18, dans *Œuvres Complètes*, *op. cit.*, p. 196.

lexicalement fixée qu'au cours du XIXᵉ siècle. Le mot même apparaît en France en 1836[1], et ne désigne d'abord que la doctrine à laquelle adhèrent les défenseurs de l'empire napoléonien ; repris par leurs détracteurs en France, en Angleterre et en Allemagne, il en vient très vite à dénoncer commodément les appétits hégémoniques de telle ou telle nation. Ce n'est toutefois qu'au début du XXᵉ siècle que, sous la plume d'un journaliste anglais, John Atkinson Hobson, l'impérialisme est érigé en catégorie décisive pour assurer l'intelligibilité du monde contemporain. Hobson publie en effet en 1902 un ouvrage[2] qui soutient que l'impérialisme n'est pas la pure et simple résurgence d'une attitude prédatrice archaïque, ni le résultat de l'exacerbation nationaliste d'une volonté hégémonique, mais le produit d'une tendance structurellement inscrite dans le développement du capitalisme occidental, qui en entrant dans sa phase financière doit nécessairement trouver des débouchés nouveaux pour un capital qui ne parvient plus à s'investir sur son marché intérieur avec assez de profit. C'est à l'ouvrage de Hobson que Rosa Luxembourg[3] puis Lénine[4] vont emprunter leur propre analyse de l'impérialisme : contrairement à l'analyse de Marx, qui voyait dans le mode d'exploitation colonial la vérité démasquée

1. Sur l'histoire du mot même d'impérialisme, voir G. Pervillé, « Impérialisme, le mot et le concept », dans *Enjeux et puissances, pour une histoire des relations internationales au XXᵉ siècle*, Paris, Publications de la Sorbonne, 1986, p. 41-56, et R. Koebner, *Imperialism, The story and significance of a political word 1840-1960*, Cambridge, 1964.

2. J. A. Hobson, *Imperialism. A Study*, Londres, Nisbet, 1902, rééd. Londres, Allen & Unwin, 1968.

3. R. Luxembourg, *L'Accumulation du capital. Contribution à l'explication économique de l'impérialisme* (1913), trad. I. Petit, Paris, Maspéro, 2 vol., 1969.

4. Lénine, *L'Impérialisme, stade ultime du capitalisme : un essai de vulgarisation* (1917), Paris, Le Temps des Cerises, 2001.

de l'exploitation capitalistique en général, tout en diagnostiquant son inefficacité en termes d'accumulation capitalistique (puisque le nombre de travailleurs, structurellement insuffisant, empêche le maintien d'un salariat contrôlé et par là l'enrichissement suffisant du capitaliste, tout en donnant naissance à une force industrielle dont les produits viennent concurrencer le marché métropolitain de ce même capitaliste)[1], Rosa Luxembourg et Lénine défendent une conception de l'impérialisme comme phénomène bien plus profondément ancré dans le progrès historique du capitalisme que ne l'est le simple colonialisme.

Loin de ne constituer à leurs yeux que le choix politique contingent de l'extension de sa domination par un État national – loin de pouvoir être rapporté à une simple option hégémonique, et éventuellement anachronique, du nationalisme – l'impérialisme est pour eux une étape structurellement inévitable de l'accumulation du capital, dans laquelle les États-nations bourgeois n'ont pas de véritable liberté de décision, puisque le capitalisme financier qui s'est émancipé de leur tutelle a désormais pris la place du capitalisme industriel : ainsi ramené à une nécessité historique intrinsèque de l'histoire du capitalisme, l'impérialisme en constitue la phase ultime en ce sens qu'elle signale l'extension maximale, planétaire, de l'exploitation de la richesse. De cette phase ultime, Lénine tire naturellement la considération selon laquelle l'impérialisme annonce l'agonie du capitalisme – toutefois, c'est une agonie dangereuse, parce que l'impérialisme, en exportant les excédents de capital et en ouvrant de nouveaux marchés, délocalise l'exploitation et utilise le profit de cette

---

1. Voir en particulier l'analyse du colonialisme et la critique de Wakefield (« A View of the Art of Colonization », Londres, 1849) dans K. Marx, *Le Capital*, livre I, 8e section, chapitre XXXIII, trad. J. Roy, Paris, Éditions Sociales, 1976, vol. I, p. 559-565.

exploitation « externalisée » pour le distribuer à sa propre classe ouvrière et la corrompre en l'associant à cette domination nouvelle, faisant d'elle un acteur de l'exploitation et l'empêchant à la fois de se percevoir elle-même comme exploitée et de percevoir par là son essentielle parenté avec le prolétariat étranger soumis à l'exploitation coloniale. Cette analyse implique que la lutte contre l'impérialisme n'est pas seulement indispensable pour obtenir l'émancipation des prolétariats colonisés, mais aussi pour rendre possible la révolution dans les pays impérialistes eux-mêmes. À ce double titre – comme stade ultime du capitalisme, et comme obstacle à l'unification des classes ouvrières des pays colonisateurs et des pays colonisés – l'interprétation de l'impérialisme revêt une signification prophétique qui constitue peut-être, de manière détournée, l'héritage le plus inattendu de l'idée d'empire au sein de la théorie de l'impérialisme.

Cette lecture léniniste de l'impérialisme, qui après la seconde guerre mondiale dominera les débats théoriques accompagnant la décolonisation, est toutefois vivement contestée : dès 1918 Josef Schumpeter soutient que l'impérialisme n'est qu'une résurgence du féodalisme [1], à laquelle s'oppose le développement du capitalisme qui promeut au contraire des relations économiques et commerciales pacifiées entre les nations ; cette conception libérale de l'opposition entre capitalisme et impérialisme, reprise par bon nombre d'économistes libéraux, se retrouve chez Hannah Arendt, qui défend en 1951 dans la deuxième partie des *Origines du totalitarisme* [2] la thèse selon laquelle l'impérialisme est une

1. J. A Schumpeter, « Zur Soziologie der Imperialismen », *Archiv für Sozialwisschschaft und Sozialpolitik*, Tübingen, 1918, p. 1-39 et 1919, p. 215-310.

2. H. Arendt, *L'impérialisme (Les Origines du totalitarisme*, II), trad. M. Leiris revue par H. Frappat, Paris, Seuil, 2006.

manifestation de l'appétit de domination parfaitement anti-
moderne, prenant la forme d'une expansion prédatrice qui
s'oppose à la construction de relations économiques et
juridiques reposant sur les États.

Ainsi, là où Montesquieu ou Constant opposent
l'impérialisme au capitalisme industriel au motif que le premier
n'est qu'une résurgence féodale au milieu d'un mode nouveau
de production et de distribution des richesses, les analyses de
Rosa Luxembourg ou de Lénine reconduisent cette même
opposition, mais cette fois au motif que ce qu'ils nomment
« impérialisme », loin de n'être qu'une survivance médiévale,
est caractéristique du capitalisme financier, c'est-à-dire d'un
stade de développement des rapports de production et des
rapports de domination qui est ultérieur au capitalisme
industriel (ultérieur au point, selon Lénine, d'en annoncer la
fin). La position de Schumpeter ou d'Arendt rejoint, d'une
certaine manière, celle de Montesquieu et de Constant : c'est
une position essentiellement libérale, qui consiste à affirmer
le caractère médiéval et archaïque de l'impérialisme, en le
dissociant ainsi soigneusement du processus historique
contemporain. La définition problématique de l'impérialisme
semble donc toute entière reposer sur la question de son
actualité : faut-il le comprendre comme une résurgence du
passé féodal, ou comme un produit authentique du développement du capitalisme ? Constitue-t-il un obstacle à la marche
de la modernité, ou en révèle-t-il au contraire la dynamique
la plus intime ?

La constance des termes de ce débat, du début du XVIIIe
siècle à la fin du XXe, appelle deux remarques : d'une part, si
l'on ne peut en aucun cas considérer le concept économico-
politique d'impérialisme qui est au cœur des polémiques des
années 1916-1950 comme un héritage de l'idée d'empire telle
que la pense l'humanisme impérial, il est frappant qu'en

revanche on retrouve les lignes de rupture d'un débat qui l'a elle aussi partagée : l'empire est-il devant nous ou derrière nous ? Cette forme historique et politique est-elle une survivance médiévale, ou un programme d'avenir – l'avenir en question dusse-t-il être pensé dans un horizon proprement eschatologique ? D'autre part, cette polémique recoupe, sur une séquence chronologique très proche, le débat historiographique qui oppose entre 1937 et 1957 les partisans d'un empire médiéval, germanique, connaissant avec Charles Quint son ultime incarnation avant l'échec, à ceux d'un empire essentiellement espagnol et moderne, inscrit dans l'héritage des rois catholiques, et accouchant de la forme nouvelle de domination qu'incarnera la *monarquía católica* de Philippe II : là encore, il s'agit avant tout de mettre en débat l'actualité de l'empire.

Ainsi ce n'est semble-t-il pas dans l'idée d'empire elle-même qu'il faut rechercher les formes par lesquelles l'humanisme impérial transmet ses efforts à la pensée politique moderne, mais dans la structure problématique fondamentale que cette idée d'empire permettait aux humanistes impériaux d'articuler, et que nous avons approchée sous le nom de « raisons temporelles de l'empire ». Parce que l'empire oblige les humanistes de la cour de Charles Quint à penser la domination composite et ses raisons, et parce que ces raisons constituent d'abord pour eux une certaine manière de mettre en ordre les différentes dimensions temporelles de l'opération politique, l'humanisme impérial semble bien déterminer dès le début du XVIe siècle les conditions générales sous lesquelles le monde moderne et contemporain est appelé à construire l'intelligibilité de sa propre composition politique multiple, et à concevoir problématiquement son avenir. Nous allons confronter cette hypothèse à deux formes de pensée de la composition politique et de l'ordre du temps qu'elle commande, deux formes dans lesquelles la catégorie d'empire connaît au XXᵉ siècle une reviviscence puissante : la pensée programmatique de l'intégration européenne, et la pensée critique de la mondialisation.

HEURISTIQUE DE L'EMPIRE, DE L'INTÉGRATION EUROPÉENNE À LA MONDIALISATION

Dans la réactivation contemporaine de l'idée d'empire, on pourrait d'abord penser qu'une des hypothèses que nous venons de formuler se trouve prise en défaut : si, au cours des quinze dernières années, un certain nombre d'auteurs ont choisi d'utiliser l'idée d'empire pour comprendre la configuration et l'évolution des réalités politiques contemporaines, n'est-ce pas précisément parce que cette idée possède en elle-même une puissance heuristique – en elle-même, comme catégorie politique, et pas seulement comme puissance de mise en ordre des raisons temporelles qui gouvernent les opérations collectives des hommes ? Nous allons tenter de montrer qu'il n'en est rien et que, bien au contraire, « l'empire » auquel s'intéressent aussi bien les théoriciens de l'Union Européenne que les critiques de la mondialisation ne peut être véritablement compris que du point de vue de ses effets de mise en ordre du temps.

Si, comme nous avons essayé de le montrer, les raisons de l'empire que l'humanisme impérial lègue à la pensée politique moderne concernent de façon privilégiée l'ensemble des problèmes que pose le gouvernement d'entités politiques composites et fragmentées, il n'est de prime abord pas surprenant de retrouver, dans les études consacrées au processus de construction de l'Union Européenne, et tout particulièrement aux conséquences de son récent élargissement à l'Est, une

référence très constante à l'idée impériale. À vrai dire, cette
référence n'est pas elle-même très neuve, encore que les
auteurs qui s'en prévalent ne le reconnaissent pas toujours :
on la trouve en effet de manière constante dans les discours
pro-européens depuis les débuts du mouvement paneuropéen,
fondé en 1926. L'émergence de cette utilisation de l'idée
d'empire est très étroitement liée à la construction des critiques
de l'impérialisme que nous venons d'examiner : il s'agit en
effet, face à la bipolarisation croissante d'un monde politique
dominé par les deux grandes figures impériales russe et
américaine (dont Tocqueville avait déjà pronostiqué
l'hégémonie [1]), d'en appeler à la constitution d'une troisième
force qui ne pourrait garantir son indépendance et sa prospérité
qu'en se haussant elle aussi à la hauteur de la puissance
impériale. Ces premiers essais de description de l'union de
l'Europe comme empire se prolongent ensuite dans un réseau
très serré et très consistant de métaphores impériales, qui
depuis les grands fondateurs (Robert Schumann ou Jean
Monnet) jusqu'aux éditorialistes contemporains, ne cesse de
comprendre l'Europe en projetant sur elle, avec plus ou moins
de bonheur, l'image parfois très schématique de l'empire –
parfois celui de Rome, parfois celui de Charlemagne, parfois
celui de François-Joseph [2]. Cependant, par-delà ce réseau de
métaphores qui ne s'élèvent que rarement au-delà du procédé

1. A. de Tocqueville, *De la Démocratie en Amérique*, I. II, chap. 10, éd.
F. Furet, Paris, GF-Flammarion, 1981, vol. 1, p. 541 : « Leur point de départ
est différent, leurs voies sont diverses ; néanmoins, chacun d'eux semble
appelé par un dessein secret de la Providence à tenir un jour dans ses mains
les destinées de la moitié du monde ».
2. Pour une présentation synoptique de cette métaphore impériale, voir
J.-L. Chabot, « L'idée d'empire dans la représentation de la construction
européenne », dans Th. Ménissier (dir.), *L'Idée d'empire dans la pensée
politique, historique, juridique et philosophique*, Paris, L'Harmattan, 2006,
p. 245-262.

rhétorique commode, un certain nombre de travaux plus récents tentent de faire de l'idée d'empire un usage plus consistant : il s'agit, cette fois, de saisir l'empire comme seule catégorie politique pertinente pour décrire la forme que l'Union Européenne est en train d'adopter – ou, et nous verrons que cette équivoque est au cœur de cet usage inattendu de l'idée de l'empire, la forme qu'elle *devrait* adopter.

Il faut avant tout remarquer que ces analyses de « l'empire européen » se distinguent radicalement des différentes analyses de « l'empire » américain, qui ont en commun, pour la plupart, de s'inscrire dans le droit fil des analyses de l'impérialisme au XXᵉ siècle plutôt que dans l'héritage de l'empire à proprement parler. Le discours sur l'empire européen présente précisément, par contraste, l'intérêt de rompre avec le discours sur l'impérialisme : c'est du concept de l'empire lui-même que les travaux cherchent à réactiver la fécondité. En d'autres termes, ils présentent donc pour nous l'intérêt de se saisir de l'idée d'empire pour répondre à une difficulté qui est d'abord épistémologique : ils partagent en effet tous un même constat selon lequel la conception classique de l'État-nation n'est plus adaptée à la description de la configuration politique inédite à laquelle correspond la construction européenne. Ainsi, selon un mécanisme que nous avons déjà vu à l'œuvre en lisant les cours de Michel Foucault au Collège de France, l'empire semble devoir son actualité théorique à la nécessité, interne à la science politique, de dépasser la forme-État ; plus précisément même : l'empire se présente d'abord comme une machine conceptuelle avant tout destinée à prononcer l'obsolescence de l'État d'un point de vue épistémologique. On trouve une formulation exemplaire de cette obsolescence dans l'ouvrage co-signé en 2004 par Ulrich Beck et Edgar Grande, *Pour un empire européen* :

Pour comprendre et repenser l'Europe, il faut tout d'abord prendre quelque distance avec le concept d'État. Notre *thèse* centrale consiste à dire que les singularités du projet européen ne peuvent être appréhendées à l'aide du concept d'État [...] le concept d'État n'est plus approprié pour comprendre cette nouvelle forme de domination politique dont l'avènement se fait sous nos yeux en Europe. [...] Notre proposition consiste à utiliser le concept d'*empire* pour désigner ces nouvelles formes de domination politique qui apparaissent, et dont l'Europe offre un parfait exemple [1].

On trouve un jugement semblable dans l'ouvrage de Jan Zielonka, *Europe as empire* [2] : c'est pour lutter contre la prédominance de la logique « étatique » dans le vocabulaire et les analyses de la science politique que Zielonka explore l'hypothèse d'une structuration impériale de l'Europe, qu'il qualifie de « néo-médiévale ». Contre le paradigme d'un « super-État westphalien », qui ne lui semble pas pouvoir décrire les formes de l'intégration européenne, il choisit de comprendre l'Union Européenne issue de l'élargissement à l'Est comme un empire en voie de constitution. Zielonka est

1. U. Beck et E. Grande, *Das Kosmopolitische Europa : Gesellschaft und Politik in der Zweiten Moderne*, Frankfurt, Suhrkamp, 2004, trad. A. Duthoo, *Pour un empire européen*, Paris, Flammarion, 2007, p. 80-81. Dans une perspective plus large, Jane Burbank et Frederick Cooper ont récemment proposé une vaste fresque des empires qui ont structuré l'histoire politique de l'humanité, fresque qui s'ouvre sur une proclamation analogue : « Ce livre se démarque du récit conventionnel menant inexorablement de l'empire à l'État-nation », J. Burbank et F. Cooper, *Empire in World History. Power and the Politics of Difference*, Princeton, 2010, trad. C. Jeanmougin, *Empires. De la Chine ancienne à nos jours*, Paris, Payot, 2011, p. 14.

2. J. Zielonka, *Europe as empire. The nature of the enlarged European Union*, Oxford, Oxford University Press, 2006.

d'ailleurs loin d'être le seul à tenter cette voie « néo-médiévale », qui connaît une certaine actualité théorique[1].

Chez Zielonka, comme chez Beck et Grande, le recours au concept d'empire repose sur trois principes fondamentaux : d'une part, il permet de penser une entité territoriale ouverte, aux frontières floues, susceptible d'importantes variations dans les rapports qu'elle entretient avec ses marges et avec ses voisins ; d'autre part, il offre la possibilité de penser une entité hiérarchique polycentrique, dans lequel les lieux institutionnels et géographiques du pouvoir sont multiples, et les rapports de pouvoir asymétriques ; enfin, il fournit le modèle d'une entité politique rassemblant une grande diversité de situations institutionnelles, sociales et culturelles sans que cette diversité soit nécessairement perçue et conçue comme une difficulté à résoudre par la réduction à l'unité de l'ensemble[2]. Il est ainsi manifeste que le concept d'empire est d'abord mobilisé parce qu'il permet de penser les formes d'une domination composite et multiple sans passer par l'identification d'une puissance hégémonique assurant depuis un foyer unique et circonscrit l'effort de cette domination. Il n'en reste pas moins que ces différents usages de l'empire laissent ouverte la difficile question de l'instanciation historique de la notion : de ce point de vue, les analyses de Zielonka et celles de Beck et Grande présentent des configurations différentes.

1. Voir en particulier l'analyse, et la bibliographie, du long article d'O. Waever, « Imperial Metaphors : Emerging European Analogies to Pre-Nation-State Imperial Systems », *in* O. Tunander, P. Baev, V. I. Einagel (eds), *Geopolitics in Post-Wall Europe*, Londres, Sage, 1997, p. 59-93.

2. C'est le sens des différents critères que Zielonka présente dès le début de son introduction, *Europe as empire...*, *op. cit.*, p. 10-14, ainsi que des dix « caractéristiques de l'empire européen » qu'énumèrent Beck et Grande dans leur second chapitre, *Pour un empire européen...*, *op. cit.*, p. 93-110.

L'empire dont parle Zielonka est avant tout un empire médiéval, qui présente pour lui l'intérêt théorique d'être antérieur à l'émergence même de l'État-nation : de même que Franco Cardini et Sergio Valziana[1] cherchent à écrire l'histoire de ce que l'Europe aurait pu être si l'empire de Charles Quint n'avait pas échoué, tâchant par là d'entrevoir ce qu'eût pu devenir une Europe qui n'aurait pas été dominée par le jeu de souverainetés nationales qui ne se sont imposées qu'après l'échec même de l'empire et en partie à cause de lui, de même Zielonka distingue d'emblée son paradigme impérial néo-médiéval de toute analyse « impérialiste », pour ne saisir dans l'idée d'empire que la configuration d'une domination composite antérieure à la fixation des pôles de domination hégémoniques que constituent les « États westphaliens » :

> Le contraste est énorme entre l'UE et la puissance impériale des États-Unis contemporains, ou de l'Angleterre du dix-neuvième siècle. Cela est dû au fait que l'UE ressemble à un empire que nous avons connu bien des siècles plus tôt. Son système de gouvernement à plusieurs niveaux, par cercles concentriques, ses frontières floues, et les formes douces de la projection de son pouvoir vers l'extérieur, ressemblent au système que nous avons connu au Moyen Âge, avant l'émergence des États-nations, de la démocratie, et du capitalisme[2].

Ainsi, tandis qu'Ole Waever n'hésite pas à confronter l'Union Européenne à une multitude de formes impériales différentes (de la Mésopotamie aux États-Unis en passant par

---

1. F. Cardini et S. Valziana, *Le radici perdute dell'Europa...*, *op. cit.*
2. J. Zielonka, *Europe as empire...*, *op. cit.*, p. 1.

Rome, la Chine, le Saint-empire ou l'Angleterre moderne) [1],
Zielonka semble s'arrêter sur un modèle historique déterminé.
Cette détermination est cependant toute relative : le paradigme
néo-médiéval que construit Zielonka ne fait pratiquement
appel à aucune étude précise de « l'empire médiéval ». Est-ce
celui de Charlemagne, ou celui d'Othon, ou celui de Frédéric
II ? Quelles sont concrètement les formes de circulation du
pouvoir, les types d'emprise territoriale, les enjeux symboliques
ou juridiques de cet empire ? Ces questions ne font pas partie
de l'objet que construit Zielonka, qui ignore également
l'ancienneté de la métaphore impériale dans le discours
européen [2]. La méthode mise en œuvre par Beck et Grande
est de ce point de vue plus frustrante encore : « l'empire »
qu'ils évoquent est une gigantesque hypostase, soigneusement
arrachée à toute détermination historique trop précise. Cet
évidage soigneux de la notion, qui perd toute épaisseur
historique, finit par troubler : pourquoi, au fond, Zielonka,
ou Beck et Grande, utilisent-ils précisément ce concept, et
pas un autre ? N'a-t-on pas simplement affaire à une
gigantomachie lexicale, dans laquelle l'hypostase de l'État
et celle de l'empire s'affronteraient commodément, mais sans
qu'aucune référence historique ne vienne déterminer cet
affrontement qui ne servirait alors qu'à annoncer le dépassement
de la première par la seconde ? L'empire n'est-il pas réduit
dans ces analyses à un simple mot, qui ne serait en réalité
choisi que par défaut ? [3]

1. O. Weaver, « Imperial Metaphors », *op. cit.*, *passim*.

2. Tout au plus mentionne-t-il, en introduction et en conclusion, la
récurrence de la métaphore impériale dans les discours anti-européens.

3. C'est au fond ce que Zielonka avoue ingénument dès son introduction :
« Pourquoi, alors, utiliser le terme d'empire néo-médiéval ? Comme je l'ai
déjà dit, je trouve les autres termes actuellement utilisés pour décrire l'UE
assez peu adéquats » (*Europe as empire…*, *op. cit.*, p. 17).

Ces questions s'appliquent à l'ensemble des usages contemporains de l'idée d'empire [1] : ces usages ne sont en effet rendus possible que par une surprenante « disponibilité » du concept d'empire, qui rend possible son application à des réalités politiques apparemment très éloignées de ses différentes incarnations historiques. Cette disponibilité tend à faire de l'empire un concept « vide », qu'il est ensuite possible de « remplir » en fonction des besoins de l'analyse – ce processus et ses défauts méthodologiques sont évidents chez Beck et Grande : l'empire y est élevé au concept au moyen d'une brutale généralisation, et ne se trouve ainsi historiquement sous-déterminé que pour être aussitôt sur-déterminé par les enjeux politiques de la construction européenne contemporaine. L'empire n'est pourtant pas un lexème creux : malgré cette généralisation brutale, la disponibilité du concept et la possibilité de l'utiliser pour diagnostiquer un indispensable changement de paradigme épistémologique doivent reposer d'une manière ou d'une autre sur une certaine puissance problématique, propre au concept tel que les auteurs qui l'emploient l'ont d'abord reçu ou perçu. Il nous semble possible, à la lumière de ces raisons d'empire que nous avons voulu mettre en évidence dans le discours de l'humanisme impérial, d'envisager trois manières de déterminer cette

---

1. Ce constat peut s'appliquer, par exemple, à la manière dont H. Münkler, sur la base d'une analyse historique et d'une typologie infiniment plus informées et plus détaillées que chez Zielonka ou chez Beck et Grande, tâche d'appliquer l'idée d'empire à la description de la domination américaine d'un côté et à celle de la construction européenne de l'autre (H. Münkler, *Imperien. Die Logik der Weltherrschaft – vom Alten Rom bis zu den Vereinigten Staaten*, Berlin, Rowohlt Berlin Verlag, 2005, trad. anglaise *Empires : The Logic of World Domination from Ancient Rome to the United States*, Cambridge, Polity Press, 2007 ; voir en particulier la conclusion du dernier chapitre, qui porte sur le « challenge impérial de l'Europe »).

puissance problématique qui est implicitement à l'œuvre dans les analyses de « l'empire européen ».

Le premier élément de cette puissance problématique tient évidemment, nous l'avons souligné d'emblée, à la possibilité que fournit le concept d'empire de penser une domination composite. Dans cette perspective, l'empire est une matrice problématique essentielle pour aborder les questions les plus importantes de la modernité politique : cette domination composite, en tant qu'on entend aussi bien par là l'exercice spécifique d'un pouvoir distribué sur des territoires différents que les difficultés du gouvernement face à la diversité sociale et institutionnelle des entités auxquelles il s'applique, est comme nous l'avons souligné ci-dessus dans le chapitre 2 un des problèmes les plus importants que Machiavel affronte dans le *Prince*, et c'est précisément par là, nous l'avons vu, que les efforts de l'humanisme impérial manifestent leur profonde modernité. Pourtant, à l'exception de Cardini et Valziana, dont les objectifs et la méthode sont très singuliers, aucun des auteurs que nous avons cité ci-dessus n'accorde à l'empire de Charles Quint une importance particulière. Nous est-il possible, au rebours, de nous appuyer sur les acquis de notre lecture de l'humanisme impérial pour tenter d'éclairer les raisons de cet usage contemporain de l'idée d'empire ?

C'est là le second élément par lequel il nous paraît possible de déterminer la puissance problématique de cette idée : il est en effet essentiel, pour faire de l'humanisme impérial un des laboratoires de la pensée politique moderne, d'y comprendre comme un de ses aspects essentiels l'échec même de l'empire de Charles Quint comme régime. Seul cet échec libère les outils théoriques qui avaient été construits à son service de leur inféodation à sa singularité historique, les rendant ainsi disponibles pour la pensée politique de l'âge classique. Il ne s'agit pas ici d'affirmer que les analyses contemporaines de l'empire européen constituent précisément ce moment manquant de la « réflexion » dont nous signalions au début de ce chapitre qu'il était introuvable dans la pensée moderne, et que son absence rendait intenable la dialectique schématique élevant l'idée d'empire au concept. Les auteurs que nous avons cité ne produisent pas cette réflexion ; au contraire, ils s'emparent de l'idée d'empire en semblant y négliger l'inclusion de son échec. Non seulement ils contournent ainsi le fait historique que la productivité théorique de l'idée d'empire ait été investie, au seuil de l'époque moderne, dans la construction de ce même État-nation dont ils cherchent paradoxalement à diagnostiquer l'obsolescence, mais ils négligent peut-être plus gravement encore le fait qu'ils emploient une catégorie politique qui porte désormais avec elle la nécessité de l'échec pratique de l'entité qu'elle cherche à penser.

Il nous semble enfin possible d'avancer une troisième et dernière détermination de la puissance problématique du concept d'empire, une détermination rendue pensable par l'humanisme impérial, déjà investie dans les débats du début du XXe siècle autour de la définition de l'impérialisme, et que l'on retrouve à l'œuvre dans les analyses de l'empire européen. Les éléments par lesquels Zielonka ou Beck et Grande cherchent à définir l'empire européen en train de se construire sous leurs yeux sont en effet constamment affectés d'une équivoque : s'agit-il de fournir, grâce à l'idée d'empire européen, une description raisonnée de la construction européenne telle qu'elle est en train de se réaliser, ou s'agit-il plutôt, en employant cette idée, de prescrire à l'Europe la forme que, selon nos auteurs, elle devrait adopter pour incarner pleinement sa propre notion et correspondre totalement à la configuration historique que lui propose le nouveau siècle ? Les deux opérations sont conjointes chez Zielonka : chacun de ses chapitres cherche simultanément à montrer que la catégorie politique qu'il construit (le paradigme d'un empire néo-médiéval) est plus adaptée à la description de la réalité, mais aussi qu'elle convient mieux à la situation de l'Europe contemporaine et aux problèmes qu'elle va affronter dans les décennies qui viennent. Il oppose ainsi le raisonnement « normatif », qui est habituellement celui des études sur l'élargissement, au raisonnement empirique qu'il essaye lui-même d'adopter, mais curieusement son « empirisme » tâche avant tout de comprendre les potentialités des faits, donc d'anticiper : il retrouve par là le geste même de la politique empirique moderne, le geste d'un Machiavel par exemple, mais il fait aussi dès lors explicitement un usage prescriptif de l'idée d'empire européen[1]. Le discours de Beck et Grande est moins clair : si leur approche de l'empire européen semble répondre à une préoccupation purement épistémologique, visant à mettre au point le dispositif théorique le mieux adapté à ce qu'Ulrich Beck théorise depuis plusieurs années sous le nom de « modernité réflexive » ou « seconde modernité[2] »,

1. Ce double usage de l'idée d'empire européen est d'ailleurs parfaitement assumé dans le chapitre conclusif : ainsi Zielonka pense que « le néo-médiévalisme *est déjà* le modèle dominant dans l'UE élargie », mais il défend aussi la thèse selon laquelle « l'Europe *devrait* adopter une UE néo-médiévale » (*Europe as empire…*, *op. cit.*, p. 166, nous soulignons). Ainsi le descriptif et le prescriptif se mêlent en permanence.

2. *Pour un empire européen* est en effet le troisième volume d'une trilogie entamée en 2002 (*Macht und Gegenmacht im globalen Zeitalter. Neue Weltpolitische Ökonomie*, Francfort, Suhrkamp, 2002, trad. A. Duthoo *Pouvoir et contre-pouvoir à l'ère de la globalisation*, Paris, Aubier, 2003, et *Der kosmopolitische Blick oder : Krieg ist Frieden*, Francfort, Suhrkamp, 2004, trad. A. Duthoo *Qu'est-ce que le cosmopolitisme ?*, Paris, Aubier, 2006), et destinée à exposer les nouvelles formes de distribution et de légitimation de la domination qui définissent ce que Beck nomme la seconde modernité, que ne marque pas la rupture avec la modernité (thèse « postmoderne ») mais plutôt l'approfondissement et l'accomplissement de la modernité même.

il est évident que le discours des deux auteurs oscille entre la description de la réalité européenne et la définition strictement théorique de ce que l'Europe doit être conformément à la notion qu'ils en ont et qui, parfois, est tragiquement éloignée des faits [1].

On pourrait penser que ces remarques sur l'équivocation du descriptif et du prescriptif sont sans rapport avec notre lecture de l'humanisme impérial, et prouvent simplement que les auteurs que nous lisons n'ont réellement aucun rapport avec ce que nous avons tâché de mettre au jour dans les chapitres précédents : il nous semble, au contraire, que ce rapport existe. La principale puissance problématique du concept d'empire, constamment mais silencieusement mise en œuvre par nos auteurs, nous paraît en effet étroitement liée à un aspect précis des « raisons temporelles » de l'empire que nous avons essayé de mettre en évidence : par-delà la sous-détermination historique du modèle impérial qu'utilisent ces analystes de « l'empire européen », la catégorie politique d'empire leur est rendue nécessaire par la nature prophétique du discours qu'ils articulent.

Penser l'empire européen à venir, ce serait ainsi, à la lumière de la leçon de l'humanisme impérial, penser la composition et la variété de la domination, dans le cadre d'un discours qui s'abstient d'intégrer dans sa réflexion l'échec pratique, intimement lié à l'effort théorique dont il reprend

L'idée bénéficie d'une certaine notoriété, en partie due à Antony Giddens, qui est avec Ulrich Beck l'autre grand théoricien de cette seconde modernité : Giddens, qui a été conseiller d'Antony Blair, est un des théoriciens de la « troisième voie » entre socialisme et libéralisme, adoptée entre 1997 et 2003 par l'ancien *Prime Minister* anglais.

1. Cet éloignement est tout particulièrement sensible lorsqu'il s'agit de définir l'empire européen comme espace d'égalité sociale, d'accueil de la diversité culturelle, ou de gestion ouverte des frontières (voir tout particulière-ment le chapitre 2, *Pour un empire européen... op. cit.*, p. 93-106).

pourtant le nom, mais dont il ignore manifestement un des principaux moments, celui-là même dont hérite la pensée politique moderne. De cet effort, et de l'échec ignoré qui lui est propre, ne reste alors plus que le squelette problématique, c'est-à-dire la tentative pour raisonner de la temporalité politique présente et à venir, incarnée dans les discours sur l'Europe par le prophétisme malaisément assumé des auteurs qui les développent.

Un ultime exemple va nous permettre, pour conclure, d'illustrer ce mécanisme dans lequel la reprise de l'idée impériale semble, alors même qu'on l'emploie pour déterminer les raisons de la domination composite, se résoudre en prophétisme. Il ne s'agit plus cette fois de penser l'intégration européenne, mais bien la mondialisation elle-même : c'est en effet à la détermination rationnelle de la figure du temps politique qui advient avec la mondialisation que s'attaquent Michael Hardt et Antonio Negri dans *Empire* [1]. L'empire est conçu par les auteurs comme la « nouvelle forme de l'organisation mondiale », celle qui advient après la fin de l'impérialisme, qui n'était qu'une extension de la domination propre à la figure de la souveraineté de l'âge des États-nations : l'empire est désormais le nouveau « pouvoir souverain qui gouverne le monde [2] », régime sans frontières temporelles ni spatiales, dont il est urgent de produire la critique raisonnée pour discerner par ce moyen les lieux et les lignes de force des oppositions que l'on pourra et devra lui opposer. D'une manière désormais familière, on retrouve dans *Empire* le diagnostic de l'obsolescence de la forme-État, couplé à l'appréhension d'une domination désormais polymorphe et

---

1. M. Hardt, A. Negri, *Empire* (Harvard, 2000), trad. D.-A. Canal, Paris, Exils, 2000, rééd. Paris, UGE, « 10/18 », 2004.

2. *Empire, op. cit.*, préface, p. 15.

polycentrique, « nomade », dessinant des espaces différenciés et clivés dans lesquelles les marges sont des lieux privilégiés d'examen de l'exercice du pouvoir. Cependant, au milieu de ces analyses techniques, qui prennent en charge l'étude des enjeux culturels, institutionnels et économiques de ce nouvel ordre mondial, une déclaration portant spécifiquement sur la forme temporelle de l'empire frappe par son caractère péremptoire : l'empire est défini comme « un ordre qui suspend effectivement le cours de l'histoire et fixe par là même le cours des affaires présentes pour l'éternité[1] ». L'empire se présente ainsi comme un régime éternitaire, platonicien, qui ne dit pas de quelle manière il entend transformer les choses, mais comment elles sont et ont toujours été. Une telle approche contredit évidemment la conception prophétique de l'empire que l'on a examinée dans l'humanisme impérial, et qui au contraire permettait d'orienter le temps, de penser la réforme, la rénovation, et la reconduction au principe. Toutefois cette contradiction n'est pas surprenante par elle-même, puisque Hardt et Negri, comme Zielonka, Beck et Grande, redéfinissent en profondeur l'idée d'empire et annoncent qu'ils en appliquent le nom à une réalité littéralement inouïe.

Cependant, cette définition « éternitaire » de l'empire prend un sens plus précis au fil des pages : on comprend en effet peu à peu que, l'empire ayant été défini comme l'ordre qui gouverne désormais la totalité du monde, il ne tolère pas de dehors. Aucune extériorité ne permet de le penser ni de le combattre, de sorte que c'est depuis l'empire lui-même que ces définitions critiques sont produites, et que sont également approchées les puissances et les techniques qui sont susceptibles de s'opposer à lui. Il devient alors peu à peu évident que l'horizon dynamique au service duquel l'humanisme impérial

---

1. *Empire, op. cit.*, préface, p. 19.

avait mis les « raisons temporelles » de l'empire lui a d'une
certaine manière été arraché, et que ces raisons se trouvent
désormais du côté de la contestation de l'empire – une
contestation qui ne lui est pas extérieure mais qui, en son sein
même, définit un faisceau de puissances « autres ». Ce
déplacement se confirme dans les deux derniers chapitres du
livre, dans lesquels on retrouve certains éléments d'une analyse
déjà produite par Antonio Negri dans *Le Pouvoir constituant* [1] :
les forces qui construisent le « tissu ontologique de l'empire »
(autrement dit, les forces qui en produisent les rapports sociaux
réels) sont constituantes, tandis que le pouvoir impérial lui-
même est constitué, de sorte que ces forces, qui le construisent,
s'opposent sans cesse à lui. Mais cette opposition et ce refus
sont accidentels, et ne constituent pas les moments négatifs
d'une quelconque dialectique. En effet, les pouvoirs constituants
ne sont pas négatifs mais « totalement positifs », et ils
définissent « une résistance qui devient amour et
communauté [2] » : se dessine alors une épiphanie de la
citoyenneté mondiale comme horizon des luttes, et cette
« Pentecôte laïque [3] » qui annonce l'émancipation finale
s'appuie sur le prophétisme de la fin de l'histoire. À ce titre,
il est remarquable que les auteurs n'oublient pas d'intégrer
dans leur conception de l'empire la conception de son échec :
mais ils ne comprennent cet échec que comme fin et déclin
de la forme-empire elle-même [4], un déclin qui ne touche pas
le sujet véritable de leur prophétie, c'est-à-dire la coopération
sociale des pouvoirs constituants. Ainsi, en construisant au

---

1. A. Negri, *Le Pouvoir constituant. Essai sur les alternatives de la
modernité* (1992), trad. É. Balibar, F. Matheron, Paris, Seuil, 1997.

2. *Empire, op. cit.*, p. 436.

3. *Ibid.*, p. 437.

4. « [...] toute théorie de l'empire conçoit la possibilité de son propre
déclin », *ibid.*, p. 451.

cœur même de leur conception de l'empire un clivage entre le pouvoir impérial et les forces de la multitude qui lui résiste, Hardt et Negri assument à la fois le prophétisme et l'échec comme figures de la mise en ordre des raisons temporelles de l'empire. Il est tout à fait frappant que la forme de ce clivage, qui renferme la dynamique même de l'histoire à venir, soit exposée dès le premier chapitre par le moyen d'une analyse transposée de la figure impériale de l'aigle à deux têtes, celle-là même dont le commentaire permettait à Gattinara, dans sa *risponsiva oratio* aux légats des Princes-Électeurs, de définir l'articulation temporelle de l'empire :

> L'emblème héraldique de l'empire austro-hongrois – un aigle à deux têtes – pourrait donner une première représentation adéquate de la forme contemporaine de l'empire. Mais si, dans l'emblème historique, les deux têtes regardaient vers l'extérieur pour signifier l'autonomie relative et la coexistence pacifique des territoires respectifs, dans notre cas les deux têtes seraient tournées l'une vers l'autre pour s'attaquer mutuellement [1].

La première tête est désormais comprise comme celle de l'ordre juridico-économique, la seconde comme celle de la multitude subjective qui produit constamment la mondialisation et résiste à cet ordre qui tente de la réduire. Qu'au moment de proclamer l'avènement du monde comme catégorie politique réelle, au moment d'en tirer un essai de configuration des possibilités qui sont ouvertes dans cet âge nouveau, ce soit vers ce très ancien symbole glosé par le dernier Grand Chancelier de l'empire que se tournent ses critiques les plus médiatiques, nous ne pouvons le comprendre que comme une discrète confirmation de la fécondité de l'humanisme impérial. Il y a toutefois là un avertissement à entendre. On a pu reprocher

---

1. *Empire, op. cit.*, p. 91.

avec virulence à Hardt et à Negri un enthousiasme irréfléchi pour ces formes de la vie contemporaine qu'ils analysent comme ferments de la « coopération sociale » alors même qu'elles en constituent peut-être les plus essentielles corruptions [1] : ce débat n'est pas le nôtre. Force est toutefois de constater que la critique de la mondialisation, comme l'analyse de la construction européenne, semblent incapables de trouver leur langage sans réactiver d'abord le prophétisme impérial dont nous avons tâché de montrer que toute la fécondité théorique dépendait d'abord de son échec : cela, au moins, n'est pas bon signe.

---

1. Voir en particulier A. Jappe et R. Kurz, *Les Habits neufs de l'empire. Remarques sur Negri, Hardt et Rufin*, Paris, Leo Scheer, 2003, en particulier p. 86-90.

CONCLUSION

DE LA *RATIO IMPERII* À L'*IMPERIUM RATIONIS*

L'idée d'empire dont nous avons tenté de montrer la construction chez Gattinara et Valdés travaille les formes de la rationalité politique moderne à plusieurs titres. Si elle appartient à la genèse de l'idée de raison d'État, c'est avant tout parce qu'elle se montre capable d'articuler au sein des raisons politiques l'ordinaire et l'extraordinaire : les « raisons de l'empire » que nous avons étudiées sont en effet avant tout des raisons temporelles, grâce auxquelles les humanistes impériaux se rendent capables de penser la mission prophétique et historique de l'empire, son programme politique et institutionnel, et sa capacité de réaction face aux crises et aux accidents qui constituent la trame la plus fine de l'opération politique. En circulant librement entre ces échelles temporelles différentes, et en y concevant chaque fois les formes propres de la réforme et de la rénovation qu'elles permettent, l'idée d'empire fournit une matrice parfaite pour saisir le caractère exceptionnel et secret des raisons politiques (qui anticipe sur la raison d'État au sens des *arcana imperii* ou de ce que Gabriel Naudé appellera les « coups d'État ») sans jamais la dissocier pourtant d'une pensée des raisons ordinaires et ordonnées du gouvernement de l'État. La « raison d'État » dont l'idée d'empire fournit ainsi une des figures les plus précoces ne peut ainsi jamais être simplement pensée comme le fondement théorique autorisant le pouvoir à s'exonérer de l'ordre institué : cette exonération n'a de sens et n'est pensable que sur le fond de la rationalité générale et ordinaire des affaires politiques, de sorte que c'est dans le cadre de la genèse de la rationalité ordinaire de l'État qu'il faut ménager la place de la genèse de la raison d'État extraordinaire.

Si ce passage de l'ordre à l'extraordre nous semble en dernière analyse jouer un rôle si décisif, c'est parce qu'il constitue le sens conceptuel de l'intégration du principe de réforme aux pensées de l'empire que nourrit l'humanisme de Gattinara et de Valdés : l'empire s'y trouve conçu comme cette forme du pouvoir qui assume le fait que son horizon est toujours constitué d'une instauration ou d'une réinstauration à accomplir, et l'humanisme impérial entend fonder cette entreprise indispensable sur la considérations des raisons qui rendent intelligibles ensemble le temps court et le temps long, le passé mythique et l'événement imprévisible, la mémoire et le projet, entre lesquels l'opération politique est destinée à se déployer. Une conception fine et précisément articulée des déterminations séquentielles du temps de l'opération humaine constitue donc à nos yeux l'élément le plus riche de l'héritage de l'idée impériale pour la pensée politique moderne.

De ce point de vue, on peut avancer que la singularité de l'idée impériale tient à ce qu'elle fonde la rationalité politique moderne sur un déploiement de la raison qui ne repose pas, contrairement au *ragionare dello stato* de Machiavel par exemple, sur un clivage rigoureux de la nature et de la surnature. Si la pensée politique machiavélienne ne se rend capable d'ordonner les raisons de l'État que dans la mesure où elle s'est de prime abord conçue et formulée comme une pensée naturaliste de la politique[1], ce n'est pas là le geste propre de l'humanisme impérial, qui atteint au contraire dans le refus de ce clivage le point focal depuis lequel ses propres raisons lui sont accessibles. Dans la mise en ordre prophétique du temps politique, dans la réappropriation conjointe d'une mémoire et d'un destin, se trouvent ainsi fondés les éléments qui permettent d'analyser les dispositifs institutionnels, les programmes politiques, ou les crises et les convulsions qui font la substance même de l'opération commune des hommes. Prendre en compte le rôle de l'idée impériale dans la genèse de la rationalité politique moderne, c'est ainsi rappeler que si cette dernière fonde sa propre modernité dans le choix épistémologique d'une détermination naturaliste de ses objets, de Machiavel à Rousseau via Hobbes et Spinoza, elle tire également son origine d'une pensée de la composition et de la temporalité des objets et des faits politiques qui, en reprenant à son compte l'impératif permanent de la réforme, importe dans la politique moderne un modèle qui n'est pas celui de la physique.

Toutefois ces deux racines de la pensée politique moderne, la politique de la nature et la politique de la réforme, conviennent doublement : elles conviennent en ce qu'elles cherchent à tirer de la pensée de l'ordre propre de leurs objets une compréhension des crises et des singularités qui les affectent, et elles conviennent aussi en ce qu'elles choisissent de nommer « raison » la faculté qui permet d'articuler ainsi le singulier au régulier. Si les raisons de l'empire appartiennent à l'histoire de la rationalité moderne, c'est d'abord en ce qu'elles pensent un mode de domination de la multiplicité

---

1. Pour une présentation d'ensemble, qui reste une des plus complètes, des enjeux du naturalisme de Machiavel, voir l'article de G. Sasso, « In tema di naturalismo machiavelliano », in *Studi su Machiavelli*, Naples, Morano, 1967, p. 281-358.

qui passe avant tout par la mise en ordre des singularités dans des chaînes causales, et qui articule ainsi l'ordre à l'extraordre. Que le modèle de la rationalité politique moderne ne soit pas exclusivement physique n'affecte donc pas cette rationalité comme telle : au contraire, nous avons essayé de le montrer, c'est précisément sous la figure du triomphe de la raison que les constructions élaborées par l'humanisme impérial se transmettent au monde moderne, dans la mesure même où l'échec du régime que ces constructions devaient servir les libère de leur assujettissement à une figure historique exclusive. C'est de ce « renoncement à l'empire » que nous avons tenté de résumer le principe par le chiasme facile qui convertit les « raisons de l'empire » en « empire de la raison ».

De cette conversion, nous avons finalement cherché à mesurer les effets dans les différentes figures modernes et contemporaines sous lesquelles l'idée d'empire se trouve reprise. Des critiques de l'impérialisme européen au XVIIIe et au XIXe siècle jusqu'aux analyses contemporaines de la mondialisation, l'idée d'empire semble constituer un modèle indispensable, bien qu'infiniment réinterprété, pour donner un sens aux entités politiques et aux formes de domination qui se succèdent de l'âge classique à nos jours. Quelles leçons ces reprises, qui sont toujours aussi des déformations et des transformations, et en aucun cas des accomplissements ni des répétitions, fournissent-elles sur les raisons de la pensée politique ?

La première de ces leçons est sensible dans la construction même de l'idée d'impérialisme, telle que nous avons cherché à l'appréhender chez Montesquieu d'abord, puis dans les écrits de Rosa Luxembourg ou de Lénine : à travers la critique de l'impérialisme, l'idée d'empire se prolonge dans la pensée politique moderne comme un chef d'accusation possible permettant de stigmatiser une forme archaïque de domination.

L'idée d'empire n'est alors plus en elle-même la forme dans laquelle une certaine mise en ordre des raisons temporelles de la politique peut être envisagée : elle devient un marqueur historique, qui permet de définir comme anachronique une forme de domination en la renvoyant à une passion obsolète. Non seulement l'empire ne remplit plus dans la figure théorique de l'impérialisme la fonction d'un ordre de raisons, mais il désigne au contraire ce qui résiste et entrave l'avènement des raisons politiques modernes.

Ces raisons modernes, Montesquieu les comprend à partir d'un calcul précis de la circulation des richesses, et Lénine ou Rosa Luxembourg à partir d'une conception rationnelle de l'entrelacement des forces historiques : l'empire n'est plus raison, il est le nom même de cette passion archaïque qui fait obstacle à la marche des raisons. Mais il est aussi, dans cette pensée des raisons de l'histoire, le nom d'une force intrinsèque à l'œuvre dans l'évolution des rapports de production. À travers la critique qu'en fournit le léninisme, l'idée d'empire quitte en effet son seul statut de repoussoir irrationnel et archaïque pour prendre le visage d'un ordre des raisons aveugle, mécaniquement inscrit dans le système des passions qui fonde l'économie politique – mais un ordre des raisons tout de même. Si Lénine replie ainsi l'une sur l'autre les raisons modernes et les passions archaïques que le libéralisme d'un Montesquieu ou d'un Constant entendait opposer, il ne peut le faire qu'en restituant à l'idée d'empire sa nature de « raison temporelle », et en lui reconnaissant la force d'un principe capable de déterminer le rythme des époques politiques.

C'est aussi, sous un autre visage, cette force historique qui se fait jour dans les analyses de la construction européenne ou de la mondialisation que nous avons examinées. Elle y prend le visage d'un autre conflit : en effet, chez Zielonka comme chez Beck et Grande ou chez Hardt et Negri, c'est aux raisons du droit, cet autre figure de l'universalité moderne de la raison civile, que l'universalité problématique des raisons de l'empire se trouve confrontée. Si le « droit de la raison » constitue à l'âge classique la grande forme théorique de l'universalité pratique, les reprises critiques de l'idée d'empire mettent précisément en scène la rencontre de ces deux figures de l'universalité pratique, celle des raisons du droit, et celle des raisons de l'empire. De ce conflit, nous avons tenté de discerner la nécessité, et nous avons cru pouvoir la trouver dans la composition et dans la multitude dont l'idée d'empire avait permis de penser la domination. Les raisons de cette domination, que nous avions d'abord saisies dans un ordre de l'histoire, un ordre du gouvernement et un ordre de la crise, permettent à la rationalité moderne de trouver dans la politique un des terrains privilégiés où la nouveauté, l'accident, la singularité sont anticipables et réinsérables dans un ordre. Dans ces reprises critiques, la vertu des raisons de l'empire, qui tient à l'articulation de l'ordinaire et de l'extraordinaire, trouvait sa pleine mesure en même temps que sa limite, qui est d'être la vertu d'un échec.

Comment comprendre cette dernière affirmation ? Que signifie que la puissance de pensée que renferme toujours l'idée d'empire infiniment transformée porte pourtant toujours à nos yeux le signe de son échec ? Ce sont les analyses de Hardt et Negri qui pointent, sans la thématiser, la difficulté essentielle : si la rationalité politique moderne se montre capable de dominer, aussi bien que les multitudes spatiales, les compositions temporelles qui constituent la matière même de son opération, et si les raisons d'empire fournissent à cette capacité une de ses sources, aussi riche que celle du *ragionare* machiavélien, cependant une chose essentielle a changé. La politique de la nature et la politique de la réforme, le *ragionare* machiavélien et les raisons de l'empire, ont donné à la pensée politique moderne les moyens de penser le temps sous toutes les formes de son écoulement. Mais les rythmes de l'action politique, qui avaient d'abord su bâtir cet ordre focalisé dans le sujet qui le maintenait (l'État), sont désormais distancés par les flux de l'information, les circulations de la richesse, la plasticité hallucinée des existences individuelles et collectives. Hardt et Negri entreprennent un effort désespéré pour tirer de cette multiple fluidité les formes d'une opérativité renouvelée, mais cette opérativité, comme le montre leur étonnante relecture des aigles impériales affrontées, n'est toujours qu'un des visages de l'empire, et porte donc elle aussi avec soi son échec. Peut-être n'a-t-on finalement ressuscité la figure de l'empire qu'au moment même où son héritage devenait définitivement inopérant : ce n'est plus en effet le temps qu'il s'agit désormais de dominer dans la composition politique, c'est la vitesse. C'est là, peut-être, l'échec qu'annonce de nouveau une pensée politique qui tente de se dire dans les formes de l'empire.

BIBLIOGRAPHIE

Sources

Sources antérieures à 1800

ARBORIO DI GATTINARA, Mercurino, *Autobiografia*, trad. e note a cura di G. Boccotti, Rome, Bulzoni, 1991.

[ARBORIO DI GATTINARA, Mercurino], « Opuscule sur la monarchie universelle » (1517), *in* Boccotti, Giancarlo, « Mercurino Arborio, cancelliere di Carlo V, e un opuscolo inedito sulla monarchia universale », *Atti dell'Istituto veneto di scienze, lettere ed arti*, tomo 153, vol. I, Venezia, 1995, p. 155-195.

[ARBORIO DI GATTINARA, Mercurino], « Mémoire sur l'empire » (1519), *in* Bornate, Carlo, « *Historia Vite et gestorum per dominum magnum cancellarium* (Mercurino Arborio di Gattinara) con note, aggiunte e documenti », *Miscellanea di storia italiana*, 3a serie, tomo XVII, Turin, 1915, p. 405-413.

ARBORIO DI GATTINARA, Mercurino, *Responsiva oratio [...]*, in *Legatio ad sacratissimum ac invictum Caesarem divum Carolum semper Augustum*, Anvers, Johannes Thibault, 1519.

[ARBORIO DI GATTINARA, Mercurino], « *Memorandum* de 1523 », *in* Headley, John M., *The Emperor and his Chancellor. A Study of the Imperial Chancellery under Gattinara*, Cambridge University Press, 1983, Annexe IV, p. 161-163.

[ARBORIO DI GATTINARA, Mercurino], « Remontrance de 1523 à Charles Quint », *in* Gossart, Ernest, *Espagnols et Flamands au XVIᵉ siècle : Charles Quint roi d'Espagne. Suivi d'une étude sur l'apprentissage politique de l'empereur*, Bruxelles, 1910, Appendice, p. 236-258.

[ARBORIO DI GATTINARA, Mercurino], « Remontrance de Bruxelles » (1525), *in* Headley, John M., *The Emperor and his Chancellor. A Study of the Imperial Chancellery under Gattinara*, Cambridge University Press, 1983, Annexe III, p. 151-160.

AUGUSTIN, « Les Confessions », trad. fr. L. Jerphagnon, dans *Œuvres*, tome I, « Bibliotèque de la Pléiade », Paris, Gallimard, 1998.

– « La Cité de Dieu », trad. fr. L. Jerphagnon, dans *Œuvres*, tome II, « Bibliotèque de la Pléiade », Paris, Gallimard, 2000.

– *Sermons sur la chute de Rome*, trad. fr. J.-C. Fredouille, « Nouvelle Bibliothèque Augustinienne », Turnhout, Brepols, 2004.

BACON, Francis, *Novum Organum*, éd. et trad. fr. M. Malherbe et J.-M. Pousseur, « Épiméthée », Paris, P.U.F., 1986.

BOÈCE, *Consolation de la Philosophie*, trad. fr. C. Lazam, Paris, Rivages/Poche, 1989.

BOTERO, Giovanni, *Della ragion di stato* (1589), trad. fr. G. Chappuys, *Raison et gouvernement d'estat en dix livres*, Paris, Guillaume Chaudiere, 1599.

BRUNI, Leonardo, « *Dialogi ad Petrum Paulum Histrum* », a cura di S. U. Baldassari, Florence, Olschki, 1994.

– « Oratio in funere Iohanni Strozze », 1427, in *Opere leterarie e politiche*, a cura di P. Viti, Turin, UTET, 1996.

Corpus Iuris Civilis, ed. P. Krüger, Dublin, Weidmann, 1946.

CORTÉS, Hernán, *La Conquête du Mexique*, trad. fr. Désiré Charnay (1886), Paris, Maspero, 1982 ; rééd., Paris, La Découverte, 1996.

DANTE, *La Monarchie*, trad. fr. M. Gally, Paris, Belin, 1993.

– *Le Banquet (Il Convivio)*, éd. et trad. fr. Ph. Guiberteau, Paris, Les Belles Lettres, 1968.

EL ALAOUI, Youssef (dir.), *Autour de Charles Quint. Textes et documents*, Paris-Amiens, Indigo-Université de Picardie, 2004.

[ÉRASME], *Opus epistolarum D. Erasmi Roterodami*, éd. P. S. Allen, Oxford, Oxford University Press, 12 vol., 1906-1958.

[ÉRASME], *Praefatio* aux *C. Suetonii Tranquilli Duodecim Caesares, ex Erasmi recognitione*, Paris, Simon de Colines, 1543 (la *praefatio* d'Érasme, adressée au Prince Frédéric et au duc de Saxe, se trouve par ailleurs reproduite dans Érasme, *Opus epistolarum...*, *op. cit.*, vol. II, p. 578-586).

ÉRASME, *Colloques*, éd. et trad. fr. É. Wolff, Paris, Imprimerie Nationale, 2 vol., 1992.

– *Éloge de la folie et autres textes*, éd. Cl. Blum *et al.*, « Bouquins », Paris, Robert Laffont, 1992.

– *Guerre et paix*, textes choisis, traduits et annotés par J.-Cl. Margolin, Paris, Aubier-Montaigne, 1973.

– *Jules, privé de paradis !*, éd. et trad. fr. S. Bluntz, Paris, Les Belles Lettres, 2009.

– *La Correspondance d'Érasme : édition intégrale*, éd. A. Gelo et P. Foriers, Paris-Bruxelles, Gallimard-Presses académiques européennes, 12 vol., 1967-1984.

– *La Philosophie chrétienne*, textes choisis et trad. fr. par P. Mesnard, Paris, Vrin, 1970.

GIRÓN, Pedro, *Crónica del emperador Carlos V*, edición de Juan Sánchez Montes, prólogo P. Rassow, Madrid, Consejo superior de investigaciones científicas, 1964.

GUICHARDIN, François, *Histoire d'Italie*, trad. fr. J.-L. Fournel et J.-Cl. Zancarini, « Bouquins », Paris, Robert Laffont, 2 vol., 1996.

GUILLAUME D'OCKHAM, *Court traité du pouvoir tyrannique*, trad. fr. J.-F. Spitz, Paris, P.U.F., 1999.

ISIDORE DE SÉVILLE, *Étymologies*, livre IX (« Des langues et des groupes sociaux »), éd. et trad. fr. M. Reydellet, Paris, Les Belles Lettres, 1984.

JUSTINIEN, Constitution « *Imperatoriam Maiestatem* », préface aux *Institutes* (21 nov. 533), cité par J.-M. Carbasse, *Introduction historique au droit*, Paris, P.U.F., 1999, p. 54.

LA BOÉTIE, Étienne de, *Discours de la servitude volontaire*, éd. L. et A. Tournon, Paris, Vrin, 2002 ; édition en poche, Vrin, 2014.

LICHTENBERGER, Johannes, *Prognosticatio in latino by John Lichtenberger : A reproduction of the first edition (printed at Strasbourg, 1488)*, ed. W. H. Rylands, Manchester, Brothers, 1890.

MACHIAVEL, Nicolas, *De principatibus / Le Prince*, éd. G. Inglese, trad. fr. J.-L. Fournel et J.-Cl. Zancarini, Paris, P.U.F., 2000.

– *Discours sur la première décade de Tite-Live*, trad. fr. A. Fontana et X. Tabet, Paris, Gallimard, 2004.

MACHIAVELLI, Niccolò, *Discorsi sopra la prima deca di Tito Livio*, a cura di R. Rinaldi, Turin, UTET, 1999, 2 vol.

– *Tutte le Opere*, a cura di M. Martelli, Florence, Sansoni, 1992.

MARSILE DE PADOUE, *Le Défenseur de la Paix*, trad. fr. J. Quillet, Paris, Vrin, 1968.

MONTESQUIEU, « Considérations sur les richesses de l'Espagne », in *Œuvres Complètes*, ed. D. Oster, Paris, Seuil, 1964, p. 207-210.

– « De L'Esprit des Lois », in *Œuvres Complètes*, éd. D. Oster, Paris, Seuil, 1964, p. 527-795.

– « Réflexions sur la monarchie universelle en Europe », in *Œuvres Complètes*, éd. D. Oster, Paris, Seuil, 1964, p. 192-197.

Pro divo Carolo [...] quinto [...] Apologetici libri duo [...], Antverpiae, apud G. Dumaeum, 1527.

RABELAIS, François, « Gargantua », in *Œuvres Complètes*, éd. M. Huchon, « Bibliothèque de la Pléiade », Paris, Gallimard, 1994.

RODRÍGUEZ VILLA, Antonio, *Memorias para la historia del asalto y saqueo de Roma en 1527 por el Ejército Imperial*, Madrid, Imprenta de la Biblioteca de instruccion y recreo, 1875.

[RUIZ DE LA MOTA, Pedro], « Discours de Pedro Ruiz de la Mota, évêque de Badajoz, devant les Cortes de Santiago et de La Coruña », 31 mars 1520, dans Y. El Alaoui (ed.), *Autour de Charles Quint. Textes et documents*, Paris-Amiens, Indigo-UPJV, 2004, p. 72-75.

SANDOVAL, Prudencio de, *Historia de la vida y hechos del emperador Carlos V*, Madrid, Atlas, 1955-1956, 3 vol.

SAVONAROLA, Girolamo, « Compendio delle rivelazioni » (1495), *in* P. Villari, E. Casanova, *Scelta di prediche e scritti di Fra Girolamo Savonarola, con nuovi documenti intorno alla sua vita*, Firenze, Sansoni, 1898, p. 362-364.

SAVONAROLE, Jérôme, *Sermons, écrits politiques et pièces du procès*, trad. fr. J.-L. Fournel et J.-Cl. Zancarini, Paris, Seuil, 1993.

THOMAS D'AQUIN, *Somme Théologique*, IIa IIae pars, trad. fr. A.-M. Roguet, Paris, Cerf, vol. 3, 1985.

VALDÉS, Alfonso de, *Diálogo de las cosas acaecidas en Roma*, éd. J. Fernández Montesinos, Madrid, Escasa-Calpe, 1956.

– *Diálogo de las cosas ocurridas en Roma*, éd., introduction et notes J. L. Abellán, Madrid, Edición Nacional, 1975.

– *Diálogo de las cosas acaecidas en Roma*, éd. R. Navarro Durán, Madrid, Cátedra, 2001.

– *Diálogo de Mercurio y Carón*, éd., introduction et notes J. Fernández Montesinos, Madrid, Escasa-Calpe, 1947 (repr. de l'éd. de 1929).

– *Diálogo de Mercurio y Carón*, ed. R. Navarro Durán, Barcelone, Planeta, 1987.

– *Obra completa*, ed. A. Alcalá, Madrid, Biblioteca Castro, 1996.

ZUCCOLO, Lodovico, *Considerationi Politiche et Morali sopra cento oracoli d'illustri Personaggi antichi*, Venise, Marco Ginami, 1621.

Sources postérieures à 1800

ARENDT, Hannah, *L'Impérialisme* (*Les Origines du totalitarisme*, II), trad. fr. M. Leiris revue par H. Frappat, Paris, Seuil, 2006.

BECK, Ulrich et Grande, Edgar, *Das Kosmopolitische Europa : Gesellschaft und Politik in der Zweiten Moderne*, Frankfurt, Suhrkamp, 2004, trad. fr. A. Duthoo, *Pour un empire européen*, Paris, Flammarion, 2007.

CONSTANT, Benjamin, *De L'Esprit de conquête et d'usurpation dans leurs rapports avec la civilisation actuelle* (1814), in *Écrits politiques*, éd. M. Gauchet, Paris, Gallimard, 1997, p. 117-302.

HARDT, Michael et Negri, Antonio, *Empire* (Harvard, 2000), trad. fr. D.-A. Canal, Paris, Exils, 2000 ; rééd., Paris, UGE, « 10/18 », 2004.

HOBSON, John Atkinson, *Imperialism. A Study*, Londres, Nisbet, 1902 ; rééd., Londres, Allen & Unwin, 1968.

LÉNINE, Vladimir Illitch Oulianov, dit, *L'Impérialisme, stade ultime du capitalisme : un essai de vulgarisation* (1917), Paris, Le Temps des Cerises, 2001.

LUXEMBOURG, Rosa, *L'Accumulation du capital. Contribution à l'explication économique de l'impérialisme* (1913), trad. fr. I. Petit, Paris, Maspéro, 1969, 2 vol.

MARX, Karl, *Le Capital*, livre I, trad. fr. J. Roy, Paris, Éditions Sociales, 1976, vol. I.

NEGRI, Antonio, *Le Pouvoir constituant. Essai sur les alternatives de la modernité* (1992), trad. fr. É. Balibar et F. Matheron, Paris, Seuil, 1997.

SCHUMPETER, Joseph, « Zur Soziologie der Imperialismen », *Archiv für Sozialwisschschaft und Sozialpolitik*, Tübingen, 1918, p. 1-39 et 1919, p. 215-310.

WAEVER, Ole, « Imperial Metaphors : Emerging European Analogies to Pre-Nation-State Imperial Systems », *in* O. Tunander, P. Baev, V. I. Einagel (eds.), *Geopolitics in Post-Wall Europe*, Londres, Sage, 1997, p. 59-93.

ZIELONKA, Jan, *Europe as empire. The nature of the enlarged European Union*, Oxford, Oxford University Press, 2006.

SOURCES SECONDAIRES

Monographies, recueils et actes de colloques

ARMITAGE, David (ed.), *Theories of empire, 1450-1850*, Aldershot, Ashgate, 1998.

AVONTO, Luigi (ed.), *Mercurino Arborio di Gattinara Gran Cancelliere di Carlo V nel 450 anniversario della morte (1530-1980)*, (Atti del convegno di studi storici, Gattinara 4-5 ottobre

1980), Gattinara-Vercelli, Società Storica Vercellese-Associazione culturale di Gattinara, Società Storica vercellese, 1982.

AVONTO, Luigi, *Mercurino Arborio di Gattinara e l'America : documenti inediti per la storia delle Indie nuove nell'Archivio del Gran Cancelliere di Carlo V*, Vercelli, Societa Storica Vercellese, 1981.

– *Mercurino Arborio di Gattinara Gran Cancelliere di Carlo V*, Mostra documentaria, Vercelli, 1984.

BARBERO, Giovanni, « Idealismo e realismo nella politica del Gattinara, Gran Cancelliere di Carlo V », *Bollettino storico per la provincia di Novara*, 1967.

BATAILLON, Marcel, *Érasme et l'Espagne. Recherches sur l'histoire spirituelle du XVIe siècle*, Genève, Droz, 1937, nouv. éd. augmentée 1991 (3 vol.) ; rééd. en un vol., Droz, 1998.

BIERLAIRE, Franz, *Les Colloques d'Érasme : réforme des études, réforme des mœurs et réforme de l'Église au XVIe siècle*, Paris, Les Belles Lettres, 1978.

BIETENHOLZ, Peter G. et Deutscher, Thomas B. (ed.), *Contemporaries of Erasmus : a biographical register of the Renaissance and Reformation*, 3 vol., Toronto, University of Toronto Press, 1985.

BORNATE, Carlo, « *Historia Vite et gestorum per dominum magnum cancellarium* (Mercurino Arborio di Gattinara) con note, aggiunte e documenti », *Miscellanea di storia italiana*, 3a serie, tomo XVII, Turin, 1915, p. 231-586.

BOSBACH, Franz, *Monarchia Universalis. Ein politischer Leitbegriff der frühen Neuzeit*, Göttingen, Vandehoek & Ruprecht, 1988, trad. *Monarchia universalis. Storia di un concetto cardine della politica europea, secoli XVI-XVIII*, 1988, Milan, Vita e Pensiero, 1998.

BRANDI, Karl, *Kaiser Karl V, Werden und Schicksal einer Persönalität*, Munich, F. Bruckmann Verlag, 1937, trad. fr. *Charles Quint, 1500-1558*, Paris, 1951.

BURBANK, Jane et Cooper, Frederick, *Empire in World History. Power and the Politics of Difference*, Princeton, 2010, trad. fr. C. Jeanmougin, *Empires. De la Chine ancienne à nos jours*, Paris, Payot, 2011.

CARDINI, Franco, et Valziana, Sergio, *Le radici perdute dell'Europa. Da Carlo Quinto ai conflitti mondiali*, Milan, Mondadori, 2006.

CARRASCO, Raphaël (dir.), *L'Empire espagnol de Charles Quint (1516-1556)*, Paris, Ellipses, 2004.

CAROZZI, Claude, *Apocalypse et salut dans le christianisme ancien et médiéval*, Paris, Aubier, 1999.

CHASTEL, André, *Le Sac de Rome, 1527*, Paris, Gallimard, 1984.

CHAUNU, Pierre et ESCAMILLA, Michèle, *Charles Quint*, Paris, Fayard, 2000.

CLARETTA, Gaudenzio, *Notizie per servire alla vita del gran cancelliere di Carlo V Mercurino di Gattinara. Memoria 1*, C. Clausen, Turin, 1897 (estr. dalle « Memorie della Reale Accademia delle Scienze di Torino », serie II, t. XLVII), p. 67-147.

COURTINE, Jean-François, *Nature et empire de la loi*, Paris, Vrin-EHESS, 1999.

CZERNIN, Ursula, *Gattinara und die Italienpolitik Karls V : Grundlagen, Entwicklung und Scheitern eines politischen Programmes*, Frankfurt-Berlin, Peter Lang Vlg., 1993.

D'AMICO, Juan Carlos, *Charles Quint maître du monde. Entre mythe et réalité*, Caen, Presses Universitaires de Caen, 2004.

– *Le Mythe impérial et l'allégorie de Rome. Entre Saint-Empire, Papauté et Commune*, Caen, Presses Universitaires de Caen, 2009.

DE MATTEI, Rodolfo, *Il problema della "ragion di Stato" nell'età della Controriforma*, Milan-Naples, Ricciardi, 1979.

DONALD, Dorothy et LÁZARO, Elena, *Alfonso de Valdés y su época*, Cuenca, Diputación de Cuenca, 1983.

DUFOURNET Jean, FIORATO Adelin et REDONDO Augustin (dir.), *Le Pouvoir monarchique et ses supports idéologiques aux XIVe-XVIIe siècles*, Paris, Publications de la Sorbonne Nouvelle, 1990.

DUVERGER, Maurice (dir.), *Le Concept d'empire*, Paris, P.U.F., 1980.

El erasmismo en España, Santander, Sociedad Menéndez Pelayo, 1986.

ESPINOSA, Aurelio, *The Empire of the Cities : Emperor Charles V, the Comunero Revolt, and the Transformation of the Spanish System*, Leiden-Boston-Köln, Brill, 2009.

ÉTIENVRE, Jean-Pierre (dir.), *Littérature et politique en Espagne aux siècles d'or*, Paris, Klincksieck, 1998.

FERRERAS, Jacqueline, *Les Dialogues espagnols du XVIe siècle ou l'expression littéraire d'une nouvelle conscience*, Paris, Didier Érudition (atelier des thèses, Lille), 2000.

FERRETTI, Franco, *Un maestro di politica : l'umana vicenda di Mercurino dei nobilia Arborio di Gattinara*, Milan, BAIA, 1980.

FIRPO, Massimo, *Il Sacco di Roma del 1527. Tra profezia, propaganda politica e riforma religiosa*, Cagliari, CUEC, 1990.

FOLZ, Robert, *L'Idée d'empire du Ve au XIVe siècle*, Paris, Aubier, 1953.

FOUCAULT, Michel, *Sécurité, territoire, population* (cours au Collège de France, 1977-1978), Paris, Gallimard-Seuil-Hautes Études, 2004.

GERBIER, Laurent (dir.), *« Raisons d'empire » : autour du règne de Charles Quint*, *Erytheis*, revue d'études en sciences de l'homme et de la société, n° 3, Sabadell, 2008. [http://idt.uab.es/erytheis/numero3/numero3_erytheis.html].

GIOVANNI CENTELLES, Guglielmo de (a cura di), *Mercurino, Carlo V e l'Europa. Atti della Conferenza Diplomatica Internazionale per le celebrazioni del Cardinale Mercurino Arborio di Gattinara, Gran Cancelliere di Carlo V*, Gattinara (Vercelli), 3 giugno 2000, Città di Gattinara, Gattinara (Vercelli) 2005.

GOSSART, Ernest, *Espagnols et Flamands au XVIe siècle : Charles Quint roi d'Espagne. Suivi d'une étude sur l'apprentissage politique de l'empereur*, Bruxelles, 1910.

GOUWENS, Kenneth et REISS, Sheryl E., *The pontificate of Clement VII : history, politics, culture*, Aldershot, Ashgate Publishing, 2005.

GOUWENS, Kenneth, *Remembering the Renaissance. Humanist narratives of the Sack of Rome*, Leiden-Boston-Köln, Brill, 1993.

GRIMAL, Pierre, *L'Empire romain*, Paris, Livre de Poche, 1993.

HABSBOURG, Otto de, *Charles Quint, un empereur pour l'Europe*, Bruxelles, Racines, 1999.

HARAN, Alexandre Y., *Le Lys et le globe : messianisme dynastique et rêve impérial en France à l'aube des temps modernes*, Paris, Champ Vallon, 2000.

HEADLEY, John M., *The Emperor and his Chancellor : a Study of the Imperial Chancellery under Gattinara*, Cambridge University Press, 1983.

HEULLANT-DONAT, Isabelle (dir.), *Cultures italiennes, XIIe-XIVe*, « Sources médiévales », Paris, Cerf, 2000.

HÖRNQVIST, Mikael, *Machiavelli and empire*, Cambridge, Cambridge University Press, 2004.

JAPPE, Anselm et KURZ, Robert, *Les Habits neufs de l'empire. Remarques sur Negri, Hardt et Rufin*, Paris, Leo Scheer, 2003.

KOEBNER, Richard, *Imperialism, The Story and Significance of a Political Word, 1840-1960*, Cambridge, Cambridge University Press, 1964.

LONGHURST, John E., *Alfonso de Valdés and the Sack of Rome*, Albuquerque, New Mexico Press, 1952.

MARAVALL, José A., *Carlos V y el pensamiento político del Renacimiento*, Madrid, Instituto de Estudios Políticos, 1960.

– *Las comunidades de Castilla, una primera revolución moderna*, Madrid, Instituto de Estudios Políticos, 1970.

– *Utopía y reformismo en la España de los Austrias*, Madrid, Instituto de Estudios Políticos, 1982.

MARTÍNEZ MILLÁN, José et EZQUERRA REVILLA, Ignacio J. (a cura di), *Carlos V y la quiebra del humanismo político en Europa (1530-1558)*, Atti del Congreso internacional, Madrid 3/6-7-2000, Madrid, Sociedad Estatal para la Conmemoración de los Centenarios de Felipe II y Carlos V, 4 vol., 2001.

MEINECKE, Friedrich, *Die Idee der Staatsräson in der neueren Geschichte*, München, 1924, [3]1965, trad. fr. *L'Idée de la raison d'État dans l'histoire des temps modernes*, Genève, Droz, 1973.

MENÉNDEZ PIDAL, Ramón, *La Idea imperial de Carlos V*, La Habana, 1937 (rééd., Madrid, 1941).

MÉNISSIER, Thierry, (dir.), *L'Idée d'empire dans la pensée politique, historique, juridique et philosophique*, Paris, L'Harmattan, 2006.

MICHAUD-QUANTIN, Pierre, *Études sur le vocabulaire philosophique du Moyen Âge*, Rome, Ateneo, s.d. [1970].

MIGLIO, Massimo ; DE CAPRIO, Vincenzo ; ARASSE, Daniel et ASOR ROSA, Alberto (eds.), *Il Sacco di Roma del 1527 e l'immaginario collettivo*, Rome, Quaderno di studi romani, 1986.

MOLINIÉ, Annie (dir.), *Charles Quint et la monarchie universelle*, Paris, Presses de la Sorbonne, 2001.

MÜNKLER, Herfried, *Imperien. Die Logik der Weltherrschaft – vom Alten Rom bis zu den Vereinigten Staaten*, Berlin, Rowohlt Berlin Verlag, 2005, trad. angl., *Empires : The Logic of World Domination from Ancient Rome to the United States*, Cambridge, Polity Press, 2007.

NAVARRO DURÁN, Rosa, *Alfonso de Valdés, autor del Lazarillo*, Madrid, Gredos, 2003.

NIETO, José Carlos, *Juan de Valdés y los orígenes de la Reforma en España e Italia*, éd. espagnole revue et augmentée, Madrid, Fondo de Cultura Económica, 1979.

PAGDEN, Anthony J., *Lords of All the World. Ideologies of empire in Spain, Britain and France c. 1500-1800*, New Haven-London, Yale University Press, 1995.

PAGDEN, Anthony J., *Peoples and empires. A Short History of European Migration, Exploration, and Conquest, from Greece to the Present*, New York, Random House, 2001.

PENNINGTON, Kenneth, *The Prince and the Law. 1200-1600. Sovereignty and Rights in the Western Legal Tradition*, University of California Press, 1993.

PÉREZ PRIEGO, Miguel Angel (dir.), *Los Valdés. Pensamiento y literatura*, Actas del seminario celebrado en Cuenca, diciembre 1991, Cuenca, Instituto Juan de Valdés, 1991.

PÉREZ, Joseph, *Charles Quint. Empereur des deux mondes*, « Découvertes », Paris, Gallimard, 1994.

RALLO GRUSS, Asunción, *El Mercurio y Carón de Alfonso de Valdés. Construcción y sentido de un dialogo renacentista*, Rome, Bulzoni, 1989.

RAMOS ORTEGA, Francisco (dir.), *Doce consideraciones sobre el mundo hispanico-italiano en tiempos de Alfonso y Juan de Valdés*, Actas del Coloquio Interdisciplinar (Bologna, avr. 1976), Rome, Instituto Español de Lengua y Literatura de Roma, 1979.

RASSOW, Peter, *Die politische Welt Karls V.*, Munich, H. Rinn, 1947.

– *Karl V. : der letzte Kaiser des Mittelalters*, Berlin-Francfort, Musterschmidt, 1957.

REDONDO, Augustin (dir.), *Les Discours sur le sac de Rome de 1527. Pouvoir et littérature*, Paris, Presses de la Sorbonne Nouvelle, 1999.

REEVES, Marjorie, *The Influence of Prophecy in the Later Middle Ages : A Study in Joachimism*, Oxford, Clarendon Press, 1969 ; rééd., Notre Dame, Notre Dame University Press, 1993.

RENAUDET, Augustin, *Érasme et l'Italie*, Genève, Droz, 1954 ; rééd., Droz, 1998.

RIVERO RODRIGUEZ, Manuel, *Gattinara : Carlos V y el sueño del Imperio*, Madrid, Silex, 2005.

SALLMAN, Jean-Michel, *Charles Quint, l'empire éphémère*, Paris, Payot/Rivages, 2000 (rééd. PBP, 2004).

SÁNCHEZ-MONTES GONZÁLEZ, Francisco, y Castellano Castellano, Juan Luis (dir.), *Carlos V. Europeísmo y universalidad*, Actas del congreso nacional de Granada, mayo 2000, Madrid, Sociedad Estatal para la Conmemoración de los centenarios de Felipe II y Carlos V, 2001, 5 vol.

SENELLART, Michel, *Les Arts de gouverner. Du* regimen *médiéval au concept de gouvernement*, Paris, Seuil, 1995.

VASOLI, Cesare, *Profezia e ragione : studi sulla cultura del Cinquecento e del Seicento*, Naples, Morano, 1974.

VIAN HERRERO, Ana, *El « Diálogo de Lactancio y un arcidiano » de Alfonso de Valdés, obra de circunstancias y diálogo literario. Roma en el banquillo de Dios*, Toulouse, Presses Universitaires de Toulouse-Le Mirail-CNRS, « Anejos de Criticón », n° 3, 1994.

WEINSTEIN, Donald, *Savonarole et Florence. Prophétie et patriotisme à la Renaissance* (Princeton, PUP, 1970), trad. fr. M.-F. de Paloméra, Paris, Calmann-Lévy, 1973.

YATES, Frances A., *Astraea. The Imperial Theme in the Sixteenth Century*, London, Routledge & Kegan Paul, 1975 ; trad. fr. J.-Y. Pouilloux, *Astrée : le symbolisme impérial au XVIᵉ siècle*, Paris, Belin, 1989.

Articles

BÉNÉVENT, Christine, « Des *Barbares* au *Cicéronien* ou comment accommoder l'art de la dispute selon Érasme », *Actes du 14ᵉ Congrès de l'International Association for Neo-Latin Studies*, Uppsala, 2-7 août 2009 (à paraître).

BOLLARD DE BROCE, Kathleen, « Authorizing Literary Propaganda : Alfonso de Valdes'Dialogo de las cosas acaecidas en Roma (1527) », *Hispanic Review*, vol. 68, n° 2, spring 2000, p. 131-145.

BOSBACH, Franz, « The European Debate on Universal Monarchy », *in* D. Armitage (ed.), *Theories of empire, op. cit.*, p. 81-98.

BRUNELLI, G., « Gattinara, Mercurino Arborio marchese di », *in* A. M. Ghisalberti (ed.), *Dizionario biografico degli Italiani*, vol. 52, Rome, Istituto della enciclopedia italiana, 1999, p. 633-643.

CANTIMORI, Delio, « L'influenza del manifesto di Carlo V contro Clemente VII (1526) e di alcuni documenti analoghi nella letteratura filoprotestante e anticuriale italiana », in *Umanesimo e Religione nel Rinascimento*, Turin, Einaudi, 1975, p. 182-192.

CHABOT, Jean-Luc, « L'idée d'empire dans la représentation de la construction européenne », dans Th. Ménissier (dir.), *L'idée d'empire, op. cit.*, p. 245-262.

CHAUNU, Pierre, « L'empire de Charles Quint », dans M. Duverger (dir.), *Le concept d'empire*, Paris, P.U.F., 1980, p. 253-271.

CUART MONER, Baltasar, « La historiografía áulica en la primera mitad del siglo XVI : los cronistas del Emperador », *in* C. Codoñer et J. A. Gonzalez Iglesias (dir.), *Antonio de Nebrija : Edad Media y Renacimiento*, Salamanque, Ed. Univ. Salam., 1994, p. 39-58.

DRUEZ, Laurence, « Perspectives comparées du règne de Charles Quint : histoire officielle, histoire luthérienne, histoire italienne », dans C. Grell (éd.), *Les Historiographes en Europe de la fin du Moyen Âge à la Révolution*, Paris, Presses de l'Université Paris-Sorbonne, 2006, p. 77-108.

ELLIOTT, John, « Monarquía compuesta y monarquía universal en la época de Carlos V », *in* F. Sánchez-Montes González, J. L. Castellano (dir.), *Carlos V. Europeísmo y universalidad, op. cit.*, p. 699-718.

FERNÁNDEZ, Juan Meseguer, OFM, « Nuevos datos sobre los hermanos Valdés : Alfonso, Juan, Diego y Margarita », *Hispania*, 17/68, Madrid, juil.-sept. 1957, p. 369-394.

FRANKL, Viktor, « Imperio universal e imperio particular en las cartas de relación de Hernán Cortés », *in* D. Armitage (ed.), *Theories of empire, op. cit.*, p. 99-138.

GERBIER, Laurent, « Les raisons de l'empire et la diversité des temps. Présentation, traduction et commentaire de la *risponsiva oratio* de Mercurino Gattinara prononcée devant la légation des princes-électeurs le 30 novembre 1519 », *Erytheis*, n° 3, Sabadell, septembre 2008.
[http://idt.uab.es/erytheis/numero3/gerbier.html].

– « Le machiavélisme problématique de Valdés dans le *Diálogo de las cosas acaecidas en Roma* », *Quaderns d'Italia*, n° 16, Barcelone, 2011, p. 115-142.

HEADLEY, John M., « Gattinara, Erasmus and the Imperial Configurations of Humanism », *Archiv für Reformationsgeschichte*, 71, Gütersloh, Gütersloher Verlagshaus Mohn, 1980, p. 64-98.

– « Rhetoric and Reality : Messianic, Humanist, and Civilian Themes in the Imperial Ethos of Gattinara », *in* M. Reeves (ed.), *Prophetic Rome in the High Renaissance Period*, Oxford, 1992, p. 241–269.

– « The conflict between nobles and magistrates in Franche-Comté, 1508-1518 », *The Journal of Medieval and Renaissance Studies*, 9, 1979, p. 49-80.

– « The Habsburg World empire and the Revival of Ghibellinism », *in* D. Armitage (ed.), *Theories of empire, op. cit.*, p. 45-79.

HOOK, Judith, « Clement VII, the Colonna and Charles V : A Study of the political instability of Italy in the second and third decades of the sixteenth century », *European Studies Review*, 9, 1972, p. 281-299.

MAGNIEN, Michel, « *Roma Roma non est* : échos humanistes au sac de Rome », dans A. Redondo (dir.), *Les Discours sur le Sac de Rome…, op. cit.*, p. 151-168.

MEESTER, Patrice de, « Francisco Quiñones de Léon et son tombeau », dans J. Paviot (dir.), *Liber Amicorum Raphaël de Smedt*, Louvain, Peeters, 2001, p. 198-213.

MORREALE, Margherita, « El diálogo de las cosas ocurridas en Roma de Alfonso de Valdés : Apostilla formales », *Boletín de la Real Academia Española*, XXXVII/152, 1957, p. 395-418 ; rééd. in *Estudios sobre el diálogo renacentista español, « b » antología de la crítica* (A. Rallo Gruss y R. Malpartida Tirado), Madrid, 2006, p. 293-314.

– « Comentario de una página de Alfonso de Valdés : el tema de la reliquias », *Revista de Literatura*, XXI, 41-42, en.-jun. 1962, p. 67-77.

– « Para una lectura de la diatriba entre Castiglione y Alfonso de Valdés sobre el Saco de Roma », *Academia Literaria Renacentista*, Salamanque, Universidad de Salamanca ; rééd. *in* V. García de la Concha, *Nebrija y la introducción del Renacimiento en España*, Salamanque, Academia Literaria Renacentista, 1996, p. 65-104.

PERVILLÉ, Guy, « Impérialisme, le mot et le concept », dans *Enjeux et puissances, pour une histoire des relations internationales au XXᵉ siècle*, Paris, Publications de la Sorbonne, 1986, p. 41-56.

PREZZOLINI, Giuseppe, « Castiglione and Alfonso de Valdés », *Romanic Review*, 29/1, fév. 1938, p. 26-36.

RUBINSTEIN, Nicolai, « Political Rhetoric in the Imperial Chancery », *Medium Aevum*, XIV, 1945, p. 21-43.

SASSO, Gennaro, « In tema di naturalismo machiavelliano », in *Studi su Machiavelli*, Naples, Morano, 1967, p. 281-358.

SCHMIDT, Peer, « Monarchia universalis vs. monarchie universales. El programa imperial de Gattinara y su contestación en Europa », in *Carlos V y la quiebra del humanismo político en Europa*, *op. cit.*, vol. I, p. 115-130.

STEIN, Peter G., « Le droit romain », dans J. H. Burns (dir.), *Histoire de la pensée politique médiévale* (Cambridge, 1988), trad. fr. sous la direction de J. Ménard, Paris, P.U.F., 1993, p. 37-46.

VEYNE, Paul, « L'empire romain », dans M. Duverger (dir.), *Le Concept d'empire*, Paris, P.U.F., 1980, p. 121-130.

INDEX DES NOMS

ABELLÁN José Luis, 227

ADRIEN D'UTRECHT (Adrien VI), 45, 67, 89, 128

ALARIC, 131

ALCALÁ Angel, 19, 62, 90, 126, 227

ALEXANDRE VI, 70

ALLEN Percy S., 183, 192, 224, 228

ARASSE Daniel, 233

ARBORIO DI GATTINARA Mercurio, 12, 17, 28, 29, 33, 38, 55, 57-59, 61, 223, 224, 228, 229, 231, 235

ARENDT Hannah, 194, 195, 227

ARISTOTE, 42

ARMITAGE David, 188, 228, 235-237

ASOR ROSA Alberto, 233

AUGUSTE (empereur), 85, 88, 89, 96, 97

AUGUSTIN (d'Hippone), 58, 131, 140-142, 165, 224, 230, 234

AVOGADRO Andreetta, 33

AVONTO Luigi, 228, 229

AYTINGER Wolfgang, 51, 52

BACON Francis, 123, 224

BAEV Pavel, 201, 228

BALDASSARI Stefano Ugo, 224

BALIBAR Étienne, 211, 228

BARBERO Giovanni, 229

BATAILLON Marcel, 53, 62, 125, 136, 142, 145, 229

BECK Ulrich, 199-201, 203, 204, 206-208, 210, 220, 227

BÉNÉVENT Christine, 145, 235

BERNARD DE WORMS, 85, 91, 92

BERNARD-PRADELLE Laurence, 42

BIERLAIRE Franz, 229

BIETENHOLZ Peter G., 229

BLAIR Anthony, 208

BLUM Claude, 225

BLUNTZ Sylvain, 225

BOCCACE, 148

BOCCOTTI Giancarlo, 37, 55-61, 223

BOÈCE, 177, 224

BOLLARD DE BROCE Kathleen, 235

BONIFACE VIII, 127

BORNATE Carlo, 100, 103, 223, 229

BOSBACH Franz, 11-13, 17, 20, 63, 229, 235

BOTERO Giovanni, 177, 224

BOURBON Charles de (connétable de Bourbon), 130, 131, 133

BOVELLES Charles de, 62

BRANDI Karl, 9, 229

BRANT Sebastian, 52

BRUNI Leonardo, 42, 147, 224

BURBANK Jane, 200, 229

BURNS James H., 110, 238

CAMBRONNE Patrice, 58

CANAL Denis-Armand, 227

CANTIMORI Delio, 235

CAPOMANES Pedro Rodríguez de, 190

CARBASSE Jean-Marie, 110, 225

CARDINI Franco, 14-18, 202, 205, 230

CAROZZI Claude, 47, 230

CARRASCO Raphaël, 230

CASANOVA Eugenio, 54, 226

CASTELLANO Juan Luis, 16, 84, 234, 236

CASTIGLIONE Baldassare, 114, 237

CHABOT Jean-Luc, 198, 235

CHAPPUYS Gabriel, 177, 224

CHARLEMAGNE, 9, 49, 50, 52, 102, 198, 203

CHARLES LE TÉMÉRAIRE, 71

CHARLES QUINT (Charles de Bourgogne Charles de Gand), 8-13, 15, 17-21, 23, 28, 29, 31, 32, 34, 35, 38, 40, 45, 46, 56, 64, 70, 71, 78-80, 83, 90, 98-100, 102, 103, 119, 121, 124, 128-130, 133, 134, 137, 140, 150, 160, 161, 168, 169, 171-173, 175, 180, 182-186, 188, 189, 196, 202, 205, 223, 224, 226, 229-236

CHARLES V, 49, 231, 237

CHARLES VI, 49

CHARLES VIII, 53

CHARNAY Désiré, 185, 224

CHASTEL André, 123, 131, 132, 135, 139, 230

CHAUNU Pierre, 45, 83, 98, 99, 230, 235

CHIARAMONTI Scipione, 178

CICÉRON, 61, 94, 137, 138, 156, 157

CISNEROS Francisco Jimenes de, 37, 53, 61, 62, 91, 186, 187

CLARETTA Gaudenzio, 230

CLÉMENT VII (Jules de Médicis), 114, 128-130, 133, 137, 139, 158, 160, 164

CODOÑER Carmen, 235

COLOMB Christophe, 52, 125

COLONNA Pompeo, 129, 130, 133, 237

CONSTANT Benjamin, 51, 89, 140, 191, 195, 219, 227

COOPER Frederick, 200, 229

CORTÉS Hernán, 183-190, 224, 236

COURTINE Jean-François, 173, 230

CRANACH Lucas, 132

CUART MONER Baltasar, 235

CZERNIN Ursula, 230

D'AMICO Juan Carlos, 230

DANTE, 9, 23, 29, 31, 42, 43, 46-49, 64, 69, 70, 89, 92, 97, 127, 128, 137, 148, 224

DE CAPRIO Vincenzo, 233

DE CHASSEY Philippe, 39

DE LA PERRIÈRE Guillaume, 68, 101, 106

DELLA CASA Giovanni, 178

DE MATTEI Rodolfo, 178, 230

DESCARTES René, 179

DEUTSCHER Thomas B., 229

DONALD Dorothy, 230, 235

DRUEZ Laurence, 236

DUFOURNET Jean, 230

DUTHOO Aurélie, 200, 207, 227

DUVERGER Maurice, 75, 83, 230, 235, 238

EINAGEL Victoria Ingrid, 201, 228

ELLIOTT John, 84, 236

ÉRASME, 19, 20, 53, 62, 67-83, 89, 101, 107, 112, 125, 126, 135-139, 142, 144-148, 152, 157, 165, 166, 183, 224, 225, 229, 234, 235, 241

ESCAMILLA Michèle, 45, 98, 99, 230

ESPINOSA Aurelio, 231

ÉTIENVRE Jean-Pierre, 231

EZQUERRA REVILLA Ignacio J., 81, 232

FERNÁNDEZ ÁLVAREZ Manuel, 16

FERRERAS Jacqueline, 231

FERRETTI Franco, 231

FESTUGIÈRE André-Jean, 147

FIORATO Adrien, 230

FIRPO Massimo, 231

FOLZ Robert, 231

FONTANA Alessandro, 226

FORIERS Paul, 225

FOUCAULT Michel, 101, 106, 107, 179-182, 199, 231

FOURNEL Jean-Louis, 31, 54, 225-227

FRANKL Viktor, 188, 236

FRAPPAT Hélène, 194, 227

FREDOUILLE Jean-Claude, 142, 224

FREHER Marquard, 85

FRUNDSBERG Georg von, 130

FUGGER (famille), 83

FURET François, 198

GALILÉE, 179

GALLY Michèle, 48, 224

GARCÍA DE LA CONCHA Victor, 237

GATTINARA Mercurino Arborio di, 3, 5, 12, 17-24, 28-46, 51-53, 55-65, 67, 70, 77-82, 85-101, 103-118, 121, 123-128, 132, 134-137, 140, 144, 149, 161, 167-169, 172-175, 180, 183, 184, 212, 215, 216, 223, 224, 228-232, 234-236, 238, 241

GAUCHET Marcel, 191, 227

GELO Aloïs, 225

GERBIER Laurent, 2, 5, 86, 87, 231, 236

GHISALBERTI Alberto M., 235

GIDDENS Anthony, 208

GIOVANNI Centelles Guglielmo de', 231

GIRÓN Pedro, 225

GODEFROY DE VITERBE, 68

GONZALEZ Iglesias Juan Antonio, 236

GOSSART Ernest, 223, 231

GOUWENS Kenneth, 135, 231

GRANDE Edgar, 18, 20, 47, 49, 50, 64, 77, 81, 96, 102, 104, 131, 132, 168, 172, 177, 186, 199-201, 203, 204, 206, 207, 210, 220, 227

GRELL Chantal, 236

GRIMAL Pierre, 75, 231

GUIBERTEAU Philippe, 43, 224

GUICCIARDINI Francesco, 29, 178

GUILLAUME DE VERGY, 39, 40, 44

GUILLAUME D'OCKHAM, 127, 225

HABERMAS Jürgen, 132

HABSBOURG Otto de, 9, 32, 35, 37-41, 50, 53, 78, 232

HANE Philip, 85

HANKINS James, 42

HARAN Alexandre Y., 53, 232

HARDT Michael, 209, 210, 212, 213, 220, 221, 227, 232

HEADLEY John M., 39, 40, 42, 44, 80, 81, 96, 135, 136, 223, 224, 232, 236

HEULLANT-DONAT Isabelle, 34, 232

HOBBES Thomas, 23, 217

HOBSON John A., 192, 228

HÖRNQVIST Mikael, 232

HUCHON Mireille, 75, 226

INGLESE Giorgio, 31, 226

ISIDORE DE SÉVILLE, 77, 225

JAPPE Anselm, 213, 232

JEAN DE BOTZHEIM, 72

JEAN DE DANTZIG (Dantiszek Jan), 29

JEAN DE PARIS, 127

JEAN (l'évangéliste), 29, 39, 40, 65, 67, 72, 77, 79, 80, 103, 127, 128, 144, 198, 230

JEANMOUGIN Christian, 200, 229

JEANNE LA FOLLE (Juana la Loca), 34

JÉRÔME (de Stridon), 131, 136, 227

JERPHAGNON Lucien, 58, 141, 224

JOACHIM DE FLORE, 23, 28, 31, 47

JULES II, 70

JUSTINIEN (empereur), 76, 108-110, 225

KEPLER Johannes, 179

KOEBNER Richard, 192, 232

KRÜGER Paul, 76, 224

KURZ Robert, 213, 232

LA BOÉTIE Étienne de, 43, 225

LAGRÉE Jacqueline, 173

LANDI Sandro, 132

LANNOY Charles de (Vice-roi de Naples), 130, 133

LAZAM Colette, 177, 224

LÁZARO Elena, 230

LEIRIS Michel, 194, 227

LÉNINE (Vladimir Illich Oulianov dit), 192, 193, 195, 218, 219, 228

LÉONARD DE VINCI, 54

LÉON X (Jean de Médicis), 128

LE SAUVAGE Jean, 40, 65, 67, 72, 77, 79, 80

LICHTENBERGER Johannes, 51, 225

LONGHURST John E., 232

LONGUEIL Christophe de, 138, 139

LOUIS XII, 37

LÜNIG Johann, 85

LUTHER, 128, 134, 136, 165, 166

LUXEMBOURG Rosa, 192, 193, 195, 218, 219, 228

MACHIAVEL (Machiavelli Niccoló), 19, 20, 31, 35, 36, 44, 60, 75, 78, 83, 95, 101, 103, 104, 106, 112, 114, 118, 124, 128, 149, 151, 153, 154, 161, 162, 167, 176, 178, 188, 191, 205, 207, 216, 217, 226

MAGNIEN Michel, 139, 237

MALHERBE Michel, 123, 224

MANRIQUE Alonso, 137

MANUEL de Portugal, 98

MARAVALL José A., 232

MARGOLIN Jean-Claude, 68, 225

MARGUERITE DE BOURGOGNE, 31, 36, 38, 39, 43, 67

MARSILE DE PADOUE, 70, 92, 127, 226

MARTELLI Mario, 35, 226

MARTÍNEZ Millán José, 81, 232

MARX Karl, 192, 193, 228

MATHERON Alexandre, 211, 228

MATTHIEU (l'évangéliste), 188

MAXIMILIANUS Transylvanus, 85

MEESTER Patrice de, 134, 237

MEINECKE Friedrich, 178, 232

MENÉNDEZ Pidal Ramón, 9, 125, 185, 230, 232

MÉNISSIER Thierry, 198, 233, 235

MESNARD Pierre, 138, 225

MICHAUD-QUANTIN Pierre, 177, 233

MIGLIO Massimo, 233

MOCTEZUMA, 187

MOÏSE, 60, 106

MOLAS Ribalta Pere, 81

MOLINIÉ Annie, 233

MONCADA Hugo de, 133

MONNET Jean, 198

MONTESINOS José F., 152, 227

MONTESQUIEU (Charles-Louis de Segondat baron de), 189-191, 195, 218, 219, 226

MOREAU Pierre-François, 173

MOREL-FATIO Olivier, 13

MORREALE Margherita, 237

MÜNKLER Herfried, 204, 233

NAVARRO DURÁN Rosa, 159, 227, 233

NEBRIJA Antonio de, 236, 237

NEGRI Antonio, 209-213, 220, 221, 227, 228, 232

NÉRON, 68

NIETO José Carlos, 125, 233

OSTER Daniel, 190, 226

OTHON, 9, 203

PAGDEN Anthony J., 190, 233

PALOMÉRA Marie-France de, 54, 235

PAUL (de Tarse), 13, 57, 59, 127, 235, 238

PAUL III, 13

PAVIOT Jacques, 134, 237

PENNINGTON Kenneth, 108, 233

PÉREZ Joseph, 16, 233

PÉREZ PRIEGO Miguel Angel, 16, 233

PERVILLÉ Guy, 192, 237

PETIT Isabelle, 30, 56, 57, 60, 113, 192, 228

PÉTRARQUE, 148

PHILIBERT DE SAVOIE, 34

PHILIPPE LE BEAU, 34, 37, 51, 60-62, 89

PIERRE MARTIR D'ANGHIERA, 125

PLATON, 42, 107, 156

POUILLOUX Jean-Yves, 235

POUSSEUR Jean-Marie, 123, 224

PREZZOLINI Giuseppe, 237

QUILLET Jeanine, 70, 226

QUIÑONES Francisco de, 134, 237

RABELAIS François, 54, 75, 226

RALLO Gruss Asunción, 234, 237

RAMOS Ortega Francisco, 234

RASSOW Peter, 9, 225, 234

RAYNAL Guillaume-Thomas (abbé), 184, 191

REEVES Marjorie, 50, 52, 234, 236

REISS Sheryl, 231

RENAUDET Augustin, 136, 234

REYDELLET Marc, 77, 225

RINALDI Rinaldo, 226

RIVERO Rodríguez Manuel, 30, 35, 36, 234

RODRÍGUEZ DE CAPOMANES Pedro, 190

RODRÍGUEZ VILLA Antonio, 133, 134, 153, 167, 226

ROMULUS AUGUSTULE, 109

ROUSSEAU Jean-Jacques, 217

ROY Jules, 102, 193, 228

RUBINSTEIN Nicolai, 238

RUCELLAI (famille), 95

RUIZ DE LA MOTA Pedro (évêque de Badajoz), 37, 89, 90, 183, 226

RYLANDS William H., 51, 226

SALAZAR Francisco de, 152, 153

SALLMANN Jean-Michel, 79

SALUTATI Coluccio, 42, 148

SÁNCHEZ-MONTES González Francisco, 16, 84, 234, 236

SÁNCHEZ MONTES Juan, 225

SANDOVAL Prudencio de, 29, 226

SASSO Gennaro, 217, 238

SAVONAROLE Jérôme (Savonarola Girolamo), 27, 31, 53, 54, 227, 235

SCALIGER Jules-César, 139

SCHMIDT Peer, 238

SCHUMANN Robert, 198

SCHUMPETER Joseph A., 194, 195, 228

SENELLART Michel, 68, 234

SÉNÈQUE, 42, 68

SOCRATE, 156

SPINOZA Benedictus de, 23, 27, 172, 173, 217

SPITZ Jean-Fabien, 225

STEIN Peter G., 110, 238

SUÁREZ Francisco, 173

SUÉTONE, 77, 88, 89

TABET Xavier, 226

TELESFORO DA COSENZA, 49, 50

THIBAULT Johannes, 85, 223

THOMAS D'AQUIN, 94, 227

TOCQUEVILLE Alexis de, 198

TOURNON André, 225

TOURNON Luc, 225

TRAJAN (empereur), 96

TRIBONIEN, 76, 109

TUNANDER Ola, 201, 228

VALDÉS Alfonso de, 17-19, 21, 22, 24, 70, 80, 90-92, 103, 114, 125, 126, 129, 130, 134-137, 139, 140, 142, 144-148, 151-155, 157, 159-169, 172, 173, 176, 179, 184, 188, 215, 216, 227, 230, 232-234, 236, 237

VALDÉS Juan de, 17-19, 21, 22, 24, 70, 80, 90-92, 103, 114, 125, 126, 129, 130, 134-137, 139, 140, 142, 144-148, 151-155, 157, 159-169, 172, 173, 176, 179, 184, 188, 215, 216, 227, 230, 232-234, 236, 237

VALZIANA Sergio, 14-18, 202, 205, 230

VASOLI Cesare, 54, 234

VEYNE Paul, 75, 238

VIAN Herrero Ana, 234

VILLARI Pasquale, 54, 226

VITI Paolo, 42, 224

WAEVER Ole, 201, 202, 228

WEINSTEIN Donald, 54, 235

WIRSUNG Max, 85

WOLFF Étienne, 143, 225

YATES Frances A., 235

ZANCARINI Jean-Claude, 31, 54, 225-227

ZIELONKA Jan, 200-204, 206, 207, 210, 219, 228

ZUCCOLO Lodovico, 177, 227

TABLE DES MATIÈRES

Introduction : L'humanisme impérial 7
    Problèmes 7
    Corpus 17
    Méthode 21

Chapitre premier : Prophétisme et politique 27
    Gattinara, chancelier invisible et prophète désarmé ?..... 29
    La formation politique de Gattinara 33
    Le prophétisme impérial avant Gattinara 46
    Le *libellus* de 1517 et les équivoques de la raison
        impériale 55

Chapitre II : Penser le gouvernement de l'empire 67
    Un désaccord sur la concorde : Érasme et l'empire 67
    La difficile collecte des héritages 80
    La *responsiva oratio* de novembre 1519 84
    Les raisons techniques du gouvernement impérial 100

Chapitre III : Le Sac de Rome et ses raisons 121
    La crise et l'essai 121
    Le sac de Rome, des causes aux discours 126
    Érasme, le *Ciceronianus* et la propagande impériale 135
    Doctrine et méthode du *Diálogo* : entre augustinisme,
        érasmisme et machiavélisme 140
    Le *Diálogo* comme laboratoire de la raison d'État 154

CHAPITRE IV : L'ÉTAT, L'IMPÉRIALISME ET L'EMPIRE :
QUESTIONS CONTEMPORAINES 171
Raisons de l'empire et rationalité de l'État 171
Impérialisme et empire 182
Heuristique de l'empire, de l'intégration européenne à la
mondialisation 197

CONCLUSION : DE LA *RATIO IMPERII* À L'*IMPERIUM
RATIONIS* 215

BIBLIOGRAPHIE 223

INDEX NOMINUM 239

TABLE DES MATIÈRES 247

Imprimé en France par CPI
en août 2016
Dépôt légal : août 2016
N° d'impression : 137015